天津市社科规划重大项目成果

新时代政治思维方式
研究丛书
XINSHIDAI ZHENGZHI SIWEI FANGSHI
YANJIU CONGSHU

陈晏清◎主 编
王新生 阎孟伟◎副主编

创造社会治理的
新格局

CHUANGZAO SHEHUI ZHILI DE
XIN GEJU

齐艳红 张保伟 等◎著

人民出版社

合作单位

南开大学—中国社会科学院大学 21 世纪马克思主义研究院

南开大学当代中国问题研究院

南开大学马克思主义学院

南开大学哲学院

丛书编委会

主　　任:邢元敏　杨庆山　陈晏清

委　　员(按姓氏拼音排序):

　　　　陈晏清　付　洪　李淑梅　刘凤义　史瑞杰　王新生

　　　　邢元敏　阎孟伟　杨庆山　翟锦程

本书作者

齐艳红　南开大学哲学院副教授

张保伟　河南师范大学科技与社会研究所副教授

刘盛威　南开大学哲学院博士研究生

目　　录

"新时代政治思维方式研究丛书"总序

陈晏清

党的十八届三中全会决议提出："把完善和发展中国特色社会主义制度，推进国家治理体系和治理能力现代化作为全面深化改革的总目标。"这是党中央在新时代推进中国社会改革和建设的伟大战略部署，是习近平新时代中国特色社会主义思想的重要组成部分。

国家治理就是国家秩序、社会秩序的建构，在广义上就是政治建设。实现这个目标，依赖于高超的政治智慧，特别是正确的政治思维方式。国家治理现代化问题的提出，表明我们国家的社会治理已经逐渐由传统的自上而下的国家统治向更加复杂的现代社会治理转变。与此相适应，一些重要的政治观念及建立于其上的政治思维方式也应随之变更。基于这些考虑，我们选择了"新时代政治思维方式"的研究课题，并获准列入天津市社科规划重大委托项目。这套丛书就是这个课题研究的最终成果。

政治思维方式的研究是一种政治哲学的研究。马克思创立的政治哲学可以理解为一种基于事实与价值相统一的理想性政治哲学，它主要是对资本主义社会政治的批判，没有也不可能有关于社会主义制度下政治活动的系统性哲学阐释。在现时代，我们无疑应在承续这种理想性政治哲学批判性传统的同时，着力建设一种适应现实生活的现实性政治哲学，即基于事实与价值相统一的建构性的马克思主义政治哲学。这套丛书的写作和出版，就是朝着这个学术目标所做的一种努力。因此，在这里，我想结合这套丛书的设计、研究和写作过程中的一些问题及其解决之道，就研究和建构现实性马克思主义政治哲学中的几个重要问题,谈谈我的一些初步认识,以作为丛书的序言。

一、"政治"概念的澄明

古往今来,特别是近代以来,出现了各种"政治"定义,但相互之间没有公度性,几乎不可通用。究其原因,主要在于两个方面:一是各种政治学说的学术旨趣不同,或理论视角不同,因而对于"政治"的本质的理解和阐释也就不同;二是现实社会政治生活的变化较快,"政治"概念的外延不确定,相应地,它的内涵也难以确定,现代社会尤其如此。这使得政治思想的研究和对话、交流都不可避免地存在着逻辑上的障碍。我们过去使用的"政治"概念,是列宁的"政治"定义(政治就是各阶级之间的斗争),这在阶级社会是正确的、适用的,即使在现时代,对于某些重要的政治现象的思考仍然必须运用阶级的观点,但从总体上说,这样的概念显然是不够用了。

现在对于政治的关注和研究成为哲学社会科学的热点,政治哲学和政治科学的研究都十分活跃,却极少有人试图根据变化了的社会政治生活重新定义"政治"。有些学者对原来使用的"政治"概念作了必要的修正和补充,这当然是非常有益的,而且目前来说也只能如此。在我看来,出于上面所说的原因,要做出一个可公度、可通用的"政治"定义仍是很困难的。但若没有对于"政治"的基本规定,研究工作便无所依循。这套丛书是一套政治哲学的研究著作。我想超出政治科学的视野,先从哲学上作些思考,将来如有可能的话再回到政治科学上来,这样或许可以提供一些新的研究线索。这里说的从哲学上思考,也不是企图作一个关于"政治"的哲学定义,而只是从哲学角度把握政治的一般规定,提供一个研究政治生活的观念框架。

按照马克思主义的人类活动论(或实践论)的哲学范式,哲学是对于人类自身活动的反思。人类是以自己能动地改变世界的活动来满足自己的需要的。人类生活有三大基本的需要:一是作为有生命的存在物,首先有生存的需要或物质生活资料的需要;二是作为社会性的存在物,有秩序的需要;三是作为有意识有思想的存在物,有意义的需要。满足物质生活资料需要的活动是物质生产活动或广义的经济活动,满足秩序需要的活动是广义的政治活动,而满足生活意义的需要的活动便是广义的文化活动,它们构成人类活动的三大基本领域,即经济、政治、文化的领域。哲学反思人类自身的活动,当然包括对于这三大基本活动及其相互关系的思考。而政治哲学作为哲学的一个重要分支,作为一种专门的哲学形式,它的主要任务正应当是对于现存秩序及其构成方式的合理性(主要是正义性)的批判性思考。这个看法,就是我作出国家治理是广义上的政治建设以及对于国家治理问题的哲学研究是一种政治哲学的研究这一论断的观念依据。这样的观念,同列宁的"政治"定义是可以相容的。在阶级社会,阶级斗争无疑是改变旧秩序、建设新秩序的根本途径。只是在我国国内剥削阶级作为一个阶级已不复存在,阶级矛盾已不是社会的主要矛盾,社会主义建设包括政治建设即社会秩序的建构和维护的活动,不再以阶级斗争为纲,因此,就国内政治来说,对于原来作为指导思想的"政治"概念需要有所澄清。

当然,说广义的政治活动是满足人类的秩序需要的活动,这是对于"政治"的最为一般即最为抽象的规定,还必须有一系列的补充说明,即作出一系列的限定。秩序普遍存在于自然界和人类社会中,进入"政治"范畴的只能是社会秩序。进一步说,即使在社会生活中,也不是任何一种秩序都与政治相关。人的一切活动都是需要有一定秩序的,这种"秩序"或"秩序性"同人的理性的运作直接相关,但有的只是同科学理性相关,只是一种技术上的要求,而同价值理性无涉,不关乎人们的利益关系的调整。例如,在经济活动中,任何一个具体的生产过程都是按照一定的操作规程有序地进行的,这种"秩序"与政治不相干,而宏观的经济运行秩序如市场秩序,则会涉及人们的利益关系,不仅影响经济活动,而且会影响整个社会生活。这样的秩序合理与否就具有政治的性质了,这是经济中的政治。政治视野里的秩序,主要是社会成员共同生活的公共秩序,它的最重要的内容或标志,就是形成能够组织、协调和控制社会共同生活的社会权力,并建立起社会个体对社会权力的服从关系。

公共秩序实际上就是调控和维护个体与共同体即个人与社会的关系的秩

序。它的存在样态是由社会和人本身的发展状态决定的,是历史关系的产物。马克思指出:"人的依赖关系(起初完全是自然发生的),是最初的社会形态,在这种形态下,人的生产能力只是在狭窄的范围内和孤立的地点上发展着。以物的依赖性为基础的人的独立性,是第二大形态,在这种形态下,才形成普遍的社会物质变换,全面的关系,多方面的需求以及全面的能力的体系。建立在个人全面发展和他们共同的社会生产能力成为他们的社会财富这一基础上的自由个性,是第三个阶段。第二个阶段为第三个阶段创造条件。"①马克思的这个论述,为我们研究社会秩序建构的历史类型提供了基本的指导线索。

就文明社会以来的历史考察而论,这第一个阶段即人的依赖性的阶段,是指的前市场经济社会。在这个阶段上,个体依附于共同体,没有个体的独立性;生产规模狭小,生产力水平低下,人们相互之间的经济交往和社会交往极不发达,因而社会关系十分狭隘和简单,基本上是一种以人身依附关系为基础的自上而下的统治和服从的线性关系;经济活动本身不可能起到对于社会个体活动的整合作用,公共秩序只能依靠超经济的力量特别是政治的强制性力量来建立和维持。这就是专制政治得以产生的社会基础。在这种社会形态下,人只是"一定的狭隘人群的附属物"。这种"狭隘人群"就是古代的共同体,如家族、公社、行会等。社会与国家一体,国家就是社会的共同体。皇帝、国王就是国家,皇权、王权就是秩序。所有的人包括那些小的共同体的首领和成员都是国家的臣民,都依附于国家,即依附于皇帝或国王。

第二个阶段是指市场经济社会。这个阶段上传统的共同体解体,人们解除了人身依附关系,成为独立的自主活动的主体;社会生产有了巨大的发展,生产规模不断扩大,日益成为社会化的大生产;随着商品经济的发展,人们相互之间的经济交往和社会交往也逐步发展起来,使整个社会关系越来越丰富和复杂,使从前的以人身依附关系为基础的线性的关系,逐步为以纯粹的经济利益关系为基础的、由错综复杂的横向交往所织成的非线性的网络式的关系

---

① 《马克思恩格斯全集》第46卷上册,人民出版社1979年版,第104页。

所代替;社会化的生产和市场化的经济本身也对个体的活动具有整合的功能,社会秩序的建立和维护对于政治的强制性力量的依赖程度显然不如上述第一个阶段那么高,而主要依靠强力支撑的专制政治在客观上也已不适合于管理一个社会关系日益复杂的商品社会。这就是近代资产阶级民主政治兴起的社会基础。这里需要特别注意的是,马克思讲的第二个阶段的人的独立性是"以物的依赖性为基础的人的独立性"。这种"独立性",只是说的个人已解脱了人身依附,由人的依赖性变成了物的依赖性。这个"物"不是指的自然物,而是社会关系的物化,或物化的社会关系。"物的依赖关系无非是与外表上独立的个人相对立的独立的社会关系,也就是与这些个人本身相对立而独立化的、他们互相间的生产关系"①。由人的依赖性转变到物的依赖性,不过是由"人的限制即个人受他人限制"转变为"物的限制即个人受不以他为转移并独立存在的关系的限制"②。本来是人在自己的活动中创造的并作为自己活动的社会形式的社会关系,又反过来限制人的活动,并成为支配人的力量,这也是一种异化,即社会关系的异化。在以交换价值为基础的市场经济社会,"个人的产品或活动必须先转化为交换价值的形式,转化为货币,才能通过这种物的形式取得和表明自己的社会权力"③。所以马克思说,这种个人是"在衣袋里装着自己的社会权力"④,谁的腰包越鼓,谁的社会权力就越大。而且,按照市场经济自身的逻辑,它的自发发展的逻辑,必定是一部分人即少数人的腰包越来越鼓,另一部分人即大多数人的腰包越来越相对缩小的两极分化的趋势。所以,资本主义的市场社会,就是一个信奉货币万能、金钱万能的社会。这个社会中人的独立性,如马克思所说是"外表上"的,即形式上的,这个社会中表现人的独立性的一些基本的社会价值如平等、自由、民主等等,也就都只能是形式上的,而不能是事实上的或实质上的。我们只有按照马克思主义的

---

① 《马克思恩格斯全集》第46卷上册,人民出版社1979年版,第111页。
② 《马克思恩格斯全集》第46卷上册,人民出版社1979年版,第110页。
③ 《马克思恩格斯全集》第46卷上册,人民出版社1979年版,第105页。
④ 《马克思恩格斯全集》第46卷上册,人民出版社1979年版,第103页。

观点,这样去理解所谓"以物的依赖性为基础的人的独立性",理解这个社会的社会关系的性质,理解以此为基础和依据的社会秩序的构成方式,才能真正理解资本主义市场经济社会的政治。

第三个阶段就是指共产主义社会(社会主义是它的低级阶段)。在这个阶段,既消除了人的依赖性,也消除了物的依赖性,而是在个人全面发展基础上的自由个性;人们的社会结合方式是在共同占有和共同控制生产资料基础上的自由人联合体。这第三阶段同第二阶段的根本性的区别就在于人不再受物化的社会关系的支配,而是能够支配自己的社会关系,因而能够支配和控制自己的生存条件,成为自己的社会结合的主人。正是在这个意义上,恩格斯把从第二个阶段向第三个阶段的转变,称为"人类从必然王国进入自由王国的飞跃"[①]。

中国已经建立了社会主义制度,就表明中国已经进入了马克思说的人类社会发展的第三阶段,尽管现在仍处在这个阶段的初始时期。决不可因为中国现在仍在发展市场经济,就认为中国同其他没有建立社会主义制度的市场经济国家处在相同的发展阶段上。如果这样认为,那就是一种明显的错误认识,而且是一种政治思考的前提性错误。马克思说"第二个阶段为第三个阶段创造条件",但由于历史的原因,中国社会的第二个阶段即市场经济社会的阶段没有获得充分的发展,即没有为中国社会进入第三个阶段准备好充分的条件。这正是中国的社会主义社会必须经历一个漫长的初级阶段的原因。中国需要在社会主义的初级阶段,运用社会主义制度的优势,发展市场经济,为自己在第三个阶段内的发展创造条件。市场经济是人类社会的发展不可超脱的历史阶段。"全面发展的个人……不是自然的产物,而是历史的产物。要使这种个性成为可能,能力的发展就要达到一定的程度和全面性,这正是以建立在交换价值基础上的生产为前提的,这种生产才在产生出个人同自己和同别人的普遍异化的同时,也产生出个人关系和个人能力的普遍性和全面

----

① 《马克思恩格斯选集》第3卷,人民出版社1995年版,第634页。

性。"①没有以交换价值为基础的市场经济的发展,就不会有普遍的社会物质变换和社会交往活动,不会有丰富的社会关系,当然也就不会产生出个人关系和个人能力的普遍性和全面性,不会产生出马克思说的"自由个性",不会具备人类社会在第三阶段运行的前提和条件。因此,我国在现阶段,在整个社会主义初级阶段,政治建设的基本任务,就其主要之点来说,就是建立和完善同社会主义市场经济的发展相适应的社会秩序,保证社会主义市场经济的健康发展。一方面,坚持社会主义方向,依靠市场经济的发展,建立起社会主义的强大物质基础,积累社会文明进步的种种积极成果;另一方面,发挥社会主义政治上层建筑干预、引导和规范市场经济的作用,矫正和克服市场经济的自发性,最大限度地防止市场经济的消极后果。这种思考,也正是丛书各卷立论的依据和基础。

上述关于政治的理解,是笼统了一些,但可公度性、可通用性增强了。各种政治学说的理论立场、理论观点可能不同,甚至互相对立,但可以是讨论同一个问题,而不至于各吹各的调。这样理解的"政治"是可以持续研究的,不用担心什么时候会停滞乃至消失。将来,阶级在全球范围内消灭了,国家消亡了,政治会不会也随之消失?议论这样的问题还为时尚早,但有一点可以肯定,即人类生活对于秩序的需要永远不会消失。人总是社会中的个人,总要结成一定的社会关系才能活动,也就总会有社会关系的维护和调整,社会总会要有规范,总会有权威和服从,等等。人类将来会在一种什么性质的秩序下生活?这倒是可以引用马克思在谈论"自由王国"问题时说的话来表达:社会化的人,将"在最无愧于和最适合于他们的人类本性"②的秩序下生产和生活。这同马克思关于人类解放的思想在精神实质上是完全一致的。毫无疑问,这个伟大目标的最终实现,还需要经过一个漫长的、艰巨的社会改造过程。但这是我们不可动摇的信念和理想。我们现在所做的一切都是朝向这个目标的努

---

① 《马克思恩格斯全集》第46卷上册,人民出版社1979年版,第108—109页。
② 《马克思恩格斯全集》第25卷,人民出版社1974年版,第927页。

力。所谓现实性政治哲学的研究,就是要把握这一价值目标在现阶段实现的可能程度,探讨将这一理想现实化的条件和途径。可以坚信,国家治理现代化的实现将是向这个伟大目标前进的一大步。

二、哲学的进步和政治思维方式的更新

政治思维方式变更的根本原因和动力固然是现实社会生活特别是政治生活的变化,但哲学进步的影响也不可低估。关于现实社会生活的变化推动政治思维方式的变更,我将会在后面的论述中有较多的涉及,而且整个这套丛书讲的就是社会改革和政治思维方式变革的关系。所以,在这里,我先专门讲讲哲学对政治思维方式的影响。

哲学是普照的光。哲学思维的重大变化必定会影响社会生活和科学的各个领域,政治生活当然也不例外,甚至可以说,政治生活领域的反应会比其他领域更加敏感。从世界范围来说,当代哲学实现了一种可以称作后形而上学的转向,即在理论旨趣和哲学思维方式上由传统形而上学向后形而上学的全面转换。马克思主义哲学在实际上就是引领这种历史转向的潮流的。它首先是一种哲学的实践转向。针对传统形而上学理论至上、热衷于构造理论体系的哲学活动方式,不少哲学家纷纷提出哲学回归生活世界,主张实践活动优先于理论活动,社会生活世界成为哲学家们理论探索的第一视域。这种转向的直接表现就是领域哲学的纷纷兴起。哲学的研究不再是对世界总体的笼统的直接性追问并在此基础上建构起无所不包的哲学体系,而是从社会生活世界的各个领域切入,在不同的维度上把握总体世界,即从不同的哲学视界去把握同一个总体世界。这是20世纪下半叶以来政治哲学复兴的学术背景。而且由于政治哲学特殊的问题域、切入生活世界的独特视角,使得它成为思考和把握人类生存困境的最佳方式之一,因而迅速成为各种领域哲学中的显学。在后形而上学转向中表现的一些哲学倾向和提出的一些新的哲学观点,也对政治思维方式的更新产生了重要的影响。例如,批判绝对理性主义、遏制技术理性的单一性膨胀、要求重建理性的思潮,促使价值理性、道德实践理性得以凸

显,这是直接为以规范性研究为特征的政治哲学的复兴开道。传统形而上学遵从理性至上、理论优先,满足于抽象的理论思辨,因而关注的是城邦、国家等宏大叙事;而在后形而上学的实践优先的思想语境下,有关人的日常生活的话题如权利、自由、社会公平、民主等则不断凸显。改变传统形而上学对于"一"和"多"关系的抽象理解,肯定和强调异质性存在的合法性,便提倡多元性思维方式,要求人们在处理价值观念、生活方式和文化问题时持多样性共存的宽容态度。主体间性哲学的提出,促进了西方协商民主理论的兴起。至于对传统形而上学的主体性及与之密切相关的个体性思想的反思而导致的对公共性的追寻,更是引导人们进入当代政治思考的核心,即个人权利与公共善的关系问题,亦即个人和社会的关系问题。

就国内情况而论,除上述世界共同的学术背景外,中国还有其更为特殊的背景,哲学对政治思维的影响也更为明显和深刻。中国共产党在对于"文化大革命"的反思中,以纠正自己错误的巨大理论勇气,果断地否定了所谓"无产阶级专政下继续革命"的理论。这是政治观念和政治思维方式的根本性转变。这种反思是伴随着一系列的理论争论的,其中,最重要的正是哲学上的争论。首先是关于真理标准问题的哲学大讨论。经过这场讨论,重新确立了实践的权威,恢复了马克思主义的思想路线,这是敢于纠正自己错误的理论勇气的来源和保证。同"无产阶级专政下继续革命"的理论内容直接相关的最重要的哲学争论,主要是这样相互密切关联的三个方面:一是批判上层建筑决定论包括唯心主义的阶级斗争观和唯心的阶级估量,以及建立于其上并作为其集中体现的"全面专政"论,果断地停止了"以阶级斗争为纲"的口号,这是我国政治生活的最重要的历史性转折;二是对于批判所谓"唯生产力论"的反思,通过这种反思,重新认定并强调了生产力是社会发展的最终决定力量的观点,重新认定并强调了社会化的大生产是社会主义所绝对必需的物质基础,小生产必然向社会化大生产发展,而生产的社会化必须经过生产的商品化才能实现,进而从历史发展的普遍规律上认识到市场经济是社会发展必经的、不可超脱的历史阶段;三是对于批判所谓"折中主义"的反思,有人把政治和经济的统一、政治和业务的统一等等斥之为"折中主义",以致"宁要社会主义的草,不要资本主义的苗"一类极端化的言论满天飞舞,这在哲学上体现的是一种极端主义的思维方式。这种以哲学的名义又完全不顾哲学常识的"大批判",歪曲了社会主义的本质,把整个社会的政治思维也引向了极端的混乱和荒谬,在这一类问题上澄清理论是非,其影响更为广泛和深远。这些哲学上的反思,同其他学科或领域的理论思考相结合,其直接的作用就是促成了社会主义初级阶段理论和社会主义市场经济理论的产生(社会主义市场经济理论也属于社会主义初级阶段理论,是其支柱性的核心内容)。这是彪炳史册的伟大理论成果,它为我们的政治思维确立了前提和方向。

可见,政治思维方式是密切相关于哲学思维方式的,政治哲学并不是游离于整个哲学发展状况的一个哲学领域。德国当代政治哲学家奥特弗利德·赫费也说过:"从概念上廓清政治的正义性观念,尽可能使它成为可应用的标准,成为正义原则,一直是哲学的最高任务……政治讨论亦主要是从哲学角度进行的,而且成了道德的统治批判的决定性部分,并以这种形式建立了哲学的法和国家伦理学。"①赫费的话是对的。只要是哲学,就都是概念思维,政治哲学当然也是如此。政治哲学作为有着悠久学术传统的特殊的领域哲学,有其独特的概念系统,这是由它独特的问题域和切入问题的独特的理论视角所决定的。但我们不能局限于既有的这个政治哲学的概念系统。近代以来的西方政治哲学是以自由主义为理论基点的,在此基点上建立的是以个人权利为核心的概念系统,它的理论内容是以政治解放为限度的,而我们要建构的现实性政治哲学,是超越政治解放、走向人类解放的政治哲学。中国处在社会主义的初级阶段。一方面,要大力发展市场经济,作为市场经济存在条件的个人权利、个人自由还需要维护和规范,民主制度还需要完善等等。另外,还有一些属于政治解放范畴的历史任务需要继续完成,因而属于政治解放范畴的概念系统作为问题构架仍会保持,但要补充和更新概念的内涵,因为这些任务对于

---

① ［德］奥特弗利德·赫费:《政治的正义性——法和国家的批判哲学之基础》,庞学铨、李张林译,上海译文出版社1998年版,第3页。

我们来说是已经走上人类解放之路、同人类解放的目标直接关联的任务了。另一方面,则是要着力探讨人类解放的目标在我国现阶段现实化的途径和条件。这是包含着全新内容的理论探索。对于我国国家治理现代化的研究就多属于这种研究,它涉及许多原来的概念系统难以容纳的新问题新内容,必须由马克思主义的基础哲学为其提供理论基础和方法论的指导,才能使这种研究达到政治哲学的层面,并在研究中逐步形成和完善新的政治哲学的概念系统,也才能真正把握和阐明政治思维方式的更新。正是出于这样的考虑,这套丛书特别注重对于相关问题的哲学阐释,构成这套丛书的理论支点的是若干哲学命题或蕴含丰富哲学内容的命题。例如"以人民为中心"就既是无比重大的政治命题,也是无比重大的哲学命题。中国共产党根基在人民、血脉在人民、力量在人民。因此,必须坚守党在一切事业中的人民立场,一切依靠人民,一切为了人民。它的哲学基础就是人民创造历史的历史观、人民利益至上的价值观。为了更好、更准确地理解"以人民为中心"的思想,在正面阐述马克思主义的历史观、价值观的同时,对于与此相悖的思想和理论如精英主义、民粹主义、无政府主义等,也做了适当的分析和批判。丛书对于其他重要问题的叙述方式都大体如此。

有一个问题需要顺便说明一下。这套丛书的名目是"新时代政治思维方式研究丛书",却并没有处处都刻意说明某种理论何以称作"政治思维方式",而似乎多是讲的"政治观念"。其实,"政治观念"和"政治思维方式"在实际的思维过程中是不可分割的,是一种一而二、二而一的存在形态,只是在对于这个思维过程进行研究和述说的时候,需要运用思维的抽象把它们分割开来,即抽象出它们各自的规定性。毛泽东在《矛盾论》里说:"这个辩证法的宇宙观,主要地就是教导人们要善于去观察和分析各种事物的矛盾的运动,并根据这种分析,指出解决矛盾的方法。"[1]事物的矛盾法则即对立统一学说,是一种宇宙观,但又是方法论。这就是说的马克思主义哲学的世界观与方法论的统

---

① 《毛泽东选集》第 1 卷,人民出版社 1991 年版,第 304 页。

11

一。马克思主义的政治哲学也是如此,也是观念和方法的统一。任何一种思维方式都有它的观念基础,而在观念向实践转化时,第一步就是将观念化为方法。政治哲学是一种地道的实践哲学,现实性政治哲学更是如此,它的现实基础是我们正在做的事情,它所形成的观念随时都会运用于政治实践。当它运用于政治实践时,就是作为政治思维方式在起作用了。因此,将它称之为"政治思维方式研究"只有一个用意,那就是突出现实性政治哲学的实践性。现实总是时代的现实,实践总是时代的实践。我们研究的现实和实践是我们身处其中的这个时代的现实和实践。它与马克思时代的现实和实践相接续,但又有差异。这就是我们将丛书命名为"新时代政治思维方式研究"的基本考虑。

三、建构中国化马克思主义政治哲学的话语体系

话语体系当然包括话语风格、话语方式等等,但其实质或内核则是观念框架、理论框架,说到底也就是思维方式。政治哲学是关注政治事物的内在本性、价值指向和政治活动的应然规范,是一种有别于经验性研究的规范性研究,是要对人类应当怎样生活即人类生活的伦理价值目标进行哲学的追问。但在我们过去的哲学研究中,极少有这种规范性研究。我们长时期里只会在流行的历史唯物主义教科书的框架内说话,而没有政治哲学的独立的话语。改革前流行的历史唯物主义教科书体系是排除了价值论的维度的。它把历史唯物主义规定为"关于人类社会发展一般规律的科学",这就只剩下认知的维度了。所以,虽然也曾有人用"马克思主义政治哲学"的名义写书写文章,但讲的基本上还是历史唯物主义教科书里关于阶级、国家、革命的内容,一涉及基本的社会价值如自由、平等、人权等等,就难以与国际学术界对话了,因为这些内容恰恰是作为规范性理论的政治哲学的话语范围内所讨论的问题。这就是话语体系上的障碍。

曾经流行的历史唯物主义教科书和政治哲学两种话语体系的差异,主要是表现在认知和规范(即事实性与价值性)这两个维度的关系上。虽然任何

一种政治哲学都要求在理论上达成规范和认知的统一,但就其知识形式来说,无疑是属于规范理论。所谓进入政治哲学的话语体系,首先就是遵照政治哲学的学术传统,认定政治哲学是一种规范理论,接受规范理论的话语体系。当然,历史唯物主义的政治哲学比任何一种政治哲学都更加重视事实性对价值性的制约,这是维护政治哲学的唯物主义基础,但这并不排斥政治哲学话语的独立性。这两个维度在任何时候、任何情况下都不能互相排斥、互相割裂,而应当互相结合、互相统一。只有从认知与规范、科学与价值的统一中,才能把握和阐明政治哲学之作为哲学的本质。

用价值与事实之统一的观念框架解读马克思,肯定马克思创立了自己的政治哲学是毫无疑义的。马克思是不是创立了自己的政治哲学,是不是从政治思考的特殊角度把握了时代的精神,首先就看他是否把握了为历史的事实性所规定的具有客观可能性的价值目标。19世纪中叶,即在工业革命之后,马克思从这种社会化大生产看出它在促进生产力高度发展的基础上,开放了一种人类解放的可能性,因而创立了以人类解放为价值目标的政治哲学。马克思把握到的事实性是一种表现历史发展趋势的事实性,因而其价值目标也就是一种表现人类历史进步的新的可能性的价值目标。马克思的政治哲学所达成的事实性与价值性的统一,是一种基于理想的事实性的统一,所以叫作理想性的政治哲学。这种理想性政治哲学既有批判性,也有建设性,但首先和主要的是它的批判性。以"人类解放"即人的全面自由发展的价值理想观照资本主义社会的现实,看到资本主义社会是人的全面异化,是资本主义剥削制度下的种种不正义、不道德。因此,实现"人类解放"这一理想目标的决定性条件就是消灭资本主义私有制,消灭剥削,消灭阶级。"全部问题都在于使现存世界革命化,实际地反对并改变现存的事物。"①马克思主义哲学的革命的批判的本质在马克思的政治哲学的批判性之维得到了最充分的表现。这种政治哲学也是建设性的,它也包含了对于新的能够保证人的自由全面发展的社会

---

① 《马克思恩格斯选集》第1卷,人民出版社1995年版,第75页。

制度的建设性构想,是有关于未来社会的理论模型的。

俄国十月革命使社会主义由理论变为实践,第二次世界大战后,社会主义又由一国的实践变为多国的实践。按说,应当建立一种现实性的政治哲学,以利于更具体更切实地指导社会主义的政治实践。但是,几十年来,建构系统性的现实性政治哲学的理论任务一直未能提到日程上来。究其原因,无非是两个方面:一方面,是在学科观念上,不理解政治哲学的学科性质,普遍认为历史唯物论就包括了政治哲学,没有必要在历史唯物论之外再建立一种政治哲学;另一方面,对于社会主义实践所处的历史方位把握得不清楚,甚至不正确。政治哲学中事实性与价值性的统一,是以事实性为基础的,价值性是受事实性制约的,在现实性政治哲学中这种制约更加明显。对于社会主义实践所处的历史方位不清楚,也就是它的历史任务不清楚,当然也就不能清楚地规定它在当下的价值目标。这种情况,突出地表现在对于所谓"过渡时期"的认识上。

马克思在《哥达纲领批判》里有一个非常重要的著名论断:"在资本主义社会和共产主义社会之间,有一个从前者变为后者的革命转变时期。同这个时期相适应的也有一个政治上的过渡时期,这个时期的国家只能是无产阶级的革命专政。"①在马克思的概念里,"共产主义"和"社会主义"是在同一意义上使用的,在《哥达纲领批判》里就有"共产主义社会第一阶段"和"共产主义社会高级阶段"的区分。后来列宁明确把马克思说的共产主义社会第一阶段称为社会主义社会,有"在共产主义社会的第一阶段(通常称为社会主义)"②的说法。后人都是按马克思和列宁的说法,把社会主义社会理解为"共产主义社会的第一阶段"的。所以,马克思在这里说的"革命转变"时期是指的由资本主义社会向社会主义社会的转变,而不是指的向共产主义社会高级阶段的转变。这个"革命转变时期"的主要任务就是剥夺剥夺者,即"利用自己的政治统治,一步一步地夺取资产阶级的全部资本,把一切生产工具集中在国家

---

① 《马克思恩格斯选集》第 3 卷,人民出版社 1995 年版,第 314 页。
② 《列宁选集》第 3 卷,人民出版社 1995 年版,第 196 页。

即组织成为统治阶级的无产阶级手里,并且尽可能快地增加生产力的总量"①。可见,马克思说的这个过渡时期是很短暂的,是社会生活急剧变化的"革命转变"时期,非常规时期。②

但是,这个"过渡时期"被后人不断拉长了。列宁时期还是比较清楚的,至少"过渡时期"和"共产主义社会第一阶级"即社会主义社会的区别是清楚的。我们在开始的时候也是十分清楚的,后来有一个时期就不清楚了。我们曾提出过两个"过渡时期",学界俗称"小过渡"和"大过渡"。20世纪50年代初提出的过渡时期,即是"小过渡"。这个"过渡时期"是指从中华人民共和国成立到社会主义改造基本完成这一时期。党在这个过渡时期的总路线和总任务,是要在一个相当长的时期内,基本上完成国家工业化和对农业、手工业、资本主义工商业的社会主义改造。1956年,社会主义改造基本完成,这个"过渡时期"也就宣告结束。所以,1957年2月毛泽东在最高国务会议上做关于正确处理人民内部矛盾问题的报告时郑重宣布:"革命时期的大规模的急风暴雨式的群众阶级斗争基本结束"③。这个"小过渡"的理论是符合《哥达纲领批判》的基本思想的,也是符合中国国情的,无疑是正确的。但几年之后,即1962年,在党的八届十中全会上又提出了一个"过渡时期"。提出"在由资本主义过渡到共产主义的整个历史时期……存在着无产阶级和资产阶级之间的阶级斗争,存在着社会主义和资本主义两条道路的斗争"。1963年,在《关于国际共产主义运动总路线的建议》中更明确地提出:"在进入共产主义的高级阶段以前,都是属于从资本主义到共产主义的过渡时期,都是无产阶级专政时期。"此即所谓"大过渡"。显然,这个"大过渡"理论是所谓"无产阶级专政下继续革命理论"的一部分,是它的理论前提。这个理论的社会实践后果,也已

---

① 《马克思恩格斯选集》第1卷,人民出版社1995年版,第293页。

② 参见王南湜、王新生:《从理想性到现实性——当代中国马克思主义政治哲学建构之路》,载《中国社会科学》2007年第1期;《政治哲学的当代复兴》,中国社会科学出版社2011年版,第10—16页。

③ 《毛泽东文集》第7卷,人民出版社1999年版,第216页。

经有许多文章阐述过了。这里只是就现实性的马克思主义政治哲学的建构何以可能或不可能的问题谈点看法。

按照这种"大过渡"的理论，不仅把阶级斗争严重地扩大化了，而且把整个社会主义阶段归入"过渡时期"，社会主义社会就成了一个没有质的稳定性的过渡性社会，而不是一个具有自身稳定结构的独立的社会发展阶段。过渡性社会是一个社会生活变动不居的社会，人们难以说明这个社会的政治结构，没有也不须有阶段性的即现实性的价值目标，因此，难以为这种"大过渡"提供一种事实性与价值性相统一的政治哲学的支持，恐怕事实上也没有人想过要去做这种政治哲学的研究。

"文化大革命"结束，中国社会主义事业的发展，显然是处在一个极其重要的历史转折关头，亟须有理论上的重大创新，社会主义初级阶段理论便应运而生了。放弃了"大过渡"的观点，把社会主义社会看成不同于"过渡时期"也不同于共产主义社会的独立的社会发展阶段，而且这个阶段时间会很漫长，这就会合乎逻辑地肯定社会主义社会的发展也是分阶段的，也就合乎逻辑地将我们身处其中的社会看作是一种需要从政治哲学上加以把握的稳态社会。但是，对于中国社会主义初级阶段的概念，还不能仅仅从一般社会主义发展过程去理解，它不是泛指任何国家进入社会主义都会经历的初始阶段，而是特指中国在生产力落后、市场经济不发达的条件下建设社会主义必然要经历的特定阶段，在这个阶段，已经建立了社会主义的基本制度、法律制度和初步的社会权利规范，但还不完善；已经具有了稳定的社会结构包括政治结构，但还不成熟；因为还需要进行系统的改革，所以可以说也是一个社会大变动的阶段，但这个改革是在共产党的领导下有序进行的，是有明确的目标和步骤的，各种制度、规范正是在改革中，即通过改革逐步完善的。因此，立足于社会主义初级阶段的理论和实践，建构一种事实性和价值性相统一的现实性政治哲学就不仅是可能的，而且是非常必要的。习近平同志在主持十八届中央政治局第一次集体学习时指出，要深刻领会中国特色社会主义的总依据、总布局、总任务，总依据就是社会主义初级阶段，"不仅在经济建设中要始终立足初级阶段，而且在政治建设、文化建设、社会建设、生态文明建设中也要始终牢记初级阶段"。社会主义初级阶段是现在中国最基本、最重大、最确凿的事实性。所以,我们现在建构的现实性政治哲学毋宁说是社会主义初级阶段的政治哲学。

国家治理现代化就是针对中国特色社会主义制度尚不完善、国家治理体系尚不完善的状况提出的,是我们在社会主义初级阶段必须实现的一项重大的基本任务。在党的领导下,在推进深化改革的过程中,建立了并逐步完善着包括制度、法律、权利规范等在内的各种社会规范。这是我们建构现实性政治哲学的极为重要的基础和条件。从科学与价值的统一中,对这些社会规范的正当性(主要是正义性)进行哲学的追问就是一种政治哲学的研究,而且是最地道的政治哲学研究。政治哲学是典型的实践哲学,不能按照某种理论哲学的模式,从逻辑上推导出一种"政治哲学"来,而只能在建设、改革的实践中创造出来。可见,现在是政治哲学研究的最好时机。错过这个时机,我们将愧对这个伟大的时代。

关于政治哲学的话语建构,还需要作一点必要的补充说明。事实性与价值性的统一或认知与规范的统一,只是对于政治哲学学科性质的最基本的说明,还远不是完全的或充分的说明。说白了,那只是说的进入政治哲学领域的门槛。至于进入这个门槛以后,能做出什么样的政治哲学来,那就取决于对于这个统一的理解和实现这个统一的方式了。马克思主义和自由主义活跃于同一个时代,但它们对于这个时代的事实性的把握和价值目标的选定就完全不一样。马克思主义从资本主义的生产方式,从社会化的大生产,看出了它推动人类社会向更高的阶段发展的趋势,从而提出了人类解放的价值目标。而自由主义所把握到的事实性则只是一种局限于资产阶级狭隘眼界的事实性,它从资本主义生产方式取得的成就,从资本主义取代封建主义所显示出来的优越性,认定资本主义是人类历史的最完备的社会形式。受这种认知上的局限,它提出的价值目标也就是适应于资本主义生产方式的政治解放的目标,即或者是继续完成政治解放的任务,或者是巩固和扩大政治解放的成果。这说明,如何把握事实,如何确定价值目标,如何达成事实与价值的统一,都是受着人们的理论立场、理论视角等等制约的,是由基本的世界观和方法论支配的。

可见,建构马克思主义政治哲学的话语体系,并不是要放弃历史唯物主义的话语,用一种与其不同的话语去取代它,而只是要把它置于政治哲学的思想语境即事实性与价值性相统一的思想语境下。前面说的曾经流行的历史唯物主义教科书的缺陷(排除价值论的维度),不是历史唯物主义本身的缺陷。历史唯物主义是有鲜明的价值维度的,人类解放就是整个马克思主义哲学的价值旨归。排除价值论的维度只是传统教科书的缺陷,即人们对历史唯物主义的解释上的缺陷。这是决不容许混淆的两回事。建构马克思主义政治哲学的话语体系,丝毫也不意味着失去历史唯物主义的话语,而是保持并强化历史唯物主义所固有的话语优势。

四、把握政治哲学研究的社会维度

政治哲学的研究必须有社会的维度。所谓社会的维度,就是社会结构分析的维度,即政治与经济、文化、社会、生态诸方面的关系考察的维度。这实际上是马克思教给我们的基本方法。他说:"法的关系正像国家的形式一样,既不能从它们本身来理解,也不能从所谓人类精神的一般发展来理解,相反,它们根源于物质的生活关系,这种物质的生活关系的总和,黑格尔按照18世纪的英国人和法国人的先例,概括为'市民社会',而对市民社会的解剖应该到政治经济学中去寻求。"①我们现在研究的问题,同当时马克思面对的问题不大一样了,但马克思的方法论的精髓对我们的研究仍有极重要的启示意义和指导作用。国家治理体系的现代化是通过全面深化改革实现的,党中央把全面改革的部署称为"五位一体"总体布局,这套丛书也就设置了五卷,从国家治理体系的变革这个角度,分别对经济、政治、文化、社会、生态等五个领域的改革、建设和治理及其体现的政治思维方式进行专门的研究和阐述,单设一卷"以人民为中心",是超越上述各个领域的总体性叙述。还有两卷("国家治理

---

① 《马克思恩格斯选集》第2卷,人民出版社1995年版,第32页。

中的道德建设"和"建构人类命运共同体")不能完全归属于国家治理,但是同国家治理关系密切且内容十分重要的两卷,一共八卷。下面我对各卷的核心内容和基本的研究意图作一简要的介绍。

第一卷 "以人民为中心"及其践行路径

"以人民为中心"是新时代政治思维方式的总规定、总特征。它为共产党人的政治思维确立了一个坐标,是共产党人一切政治思考的基点。

中国共产党自诞生之日起,一个世纪来在实际上是一贯坚守以人民为中心的思想的,而在新的历史条件下又有很强的现实针对性。一方面,中国特色社会主义进入新时代,改革开放和现代化建设的任务更加艰巨复杂,更加需要发扬人民群众的历史首创精神;另一方面,与此相悖的消极因素也在滋生,例如,党取得执政地位后脱离人民的危险在增加,在利益关系日趋复杂的情况下,"人民主体"的意识在淡化、模糊和动摇,在价值多元化的情况下人民共同意识在缺失,等等。历史的经验和教训都证明,是否坚守"以人民为中心",是关乎党和社会主义国家前途命运的根本问题。

从国家治理的角度说,以人民为中心就是要全面确立人民在国家治理中的主体地位;坚守党在一切事业中的人民立场;用"以人民为中心"的思维方式理解社会主要矛盾的变化,全面贯彻"以人民为中心"的发展思想,推动社会全面进步和人的全面发展;推进人民共同富裕,让发展成果更多更公平惠及全体人民;坚持人民共建、共治、共享的统一;等等。它体现在国家治理的方方面面,在理论构架上,"以人民为中心"的思想也就贯通于丛书的各卷,所以,"以人民为中心"作为丛书中具有总论性质的一卷,列为第一卷。

第二卷 民主和法治

这一卷的主题是中国特色社会主义政治建设的基本逻辑,主要是运用"以人民为中心"的思维方式,从理论上阐明人民和党的关系、人民和国家的关系,从而阐明"坚持党的领导,人民当家作主,依法治国的有机统一"。这是直接意义上的政治建设。

中国共产党的领导是中国特色社会主义的最本质特征,也是中国特色社会主义事业取得成功的根本保证。"以人民为中心"的观念就是一个中国共产党的观念,是其他任何政党都不可能真正具备的观念。人民的根本利益就是党的利益,共产党除了代表和维护人民的利益,没有自己的私利。因此,只有加强和改进党的领导,"以人民为中心"的原则才能真正得到贯彻。

民主化和法治化是国家治理现代化的基本标志。社会主义民主就是人民当家作主。中国社会主义民主化有自己特殊的条件,必须走自己特殊的道路,决不照搬外国的民主模式。在坚持中国基本的民主制度即人民代表大会制的前提下,要大力推进作为中国民主政治发展新路向的协商民主。

民主必然走向法治。人民当家作主就是按人民的意志治理国家。但必须通过立法把人民意志提升为国家意志。如马克思所说,国家法律才使国家意志获得一般表现形式,而不是表现为任何个人的任性。

法治根本区别于人治。法治是同民主相伴随的现代政治文明形态,人治则是同专制相伴随的陈旧的政治文明形态。

坚持党的领导、人民当家作主、依法治国,三者是彼此互相依赖、互相制约的有机整体。实现三者的统一,是国家治理体系现代化的一个基本目标。

第三卷 效率与公平

按照丛书的总体设计,这一卷的主题是讲政治和经济的关系,从政治与经济的关系中思考政治。但政治和经济的关系问题太大,只能从其中的一个问题即公平与效率的关系问题切入。实际上,公平与效率的关系问题仍是很大的。公平与效率是人类社会生活中两种基本的价值。公平不只是讲分配公平,即使讲分配也不只是经济收入的分配,还包括各种社会资源的分配。效率也不只是讲生产效率、经济效率,而是整个社会活动的效率。而且不论公平还是效率,各种相关社会因素之间是相互关联、相互影响的。本卷作者着力于效率与公平的关系问题的综合研究,在取得对此问题的总体性认识以后,再回到经济领域,对经济领域的效率与公平问题的认识也就会更加清晰和深入。因此,看来是论域扩大了,但主要内容还是讲经济领域,讲关于经济领域的效率与公平问题,而且是从一种综合的即更加开阔的视角去讲的。

就经济领域而论,公平与效率的关系是典型地集中地体现政治和经济的关系的。市场经济本身只解决效率问题,不解决公平问题。按市场经济自身的逻辑即按其自发性来说,只能是越来越不公平(贫富悬殊、两极分化),必须由政治(政府)从市场经济外部干预,矫正其自发性。社会主义市场经济更需要政府干预。因此,效率与公平的关系问题在市场经济发展的实践形态上即表现为市场和政府的关系问题。

在我们国家,不论效率还是公平,价值主体都是人民,价值旨归都是人民需要的满足。效率与公平两种价值都要保证,不能只顾一种不顾另一种。价值基点就是让发展成果更多更公平地惠及全体人民。

反思关于效率与公平的抽象提法,关键是找到二者的合理的结合点。这个结合点是历史的、变动的。探寻这个合理的结合点的过程,是一个实现效率与公平的动态平衡的过程。本卷在阐明上述基本理论的基础上,较大的力气用在探寻确立这个结合点的基本因素,以及实现这种动态平衡的条件和途径,例如市场、政府和社会各起何种作用,以及这种作用如何按照一个正确的方向配合而形成一种良好的合力,等等。

第四卷　中华民族文化自信的理论逻辑和实践逻辑

这一卷讲政治和文化的关系,即从政治和文化的关系中思考政治。过去较多地强调政治对文化的支配作用,实际上文化对政治的影响和制约作用也是十分强大的。在"四个自信"里,道路自信、制度自信是政治自信,它必须有文化自信的保证和支持(在这种关系中,理论自信和文化自信的作用是一致的)。制度、道路是历史主体的自觉选择。"选择"就说明有观念引导、观念支持,这观念就是广义上的文化观念。

"文化自信"当然包括了对于民族优秀传统文化的自信。文化自信本质上是一种民族自信,这是我们的底气所在。因此,本卷用较大的篇幅系统地梳理了中国传统文化的精粹,它和中国共产党领导的革命和建设中产生的革命文化、社会主义先进文化都是当今文化建设的极其珍贵的资源。

但传统文化再优秀,也只是有助于我们理解现在的问题,而不足以解决现在的问题。因此,从根本上说,所谓"文化自信"应当定义为对中华民族文化创造力的自信。党的十九大报告说:"当代中国共产党人和中国人民应当而且一定能够担负起新的文化使命,在实践创造中进行文化创造,在历史进步中实现文化进步!"这是文化自信的真谛所在。

本卷旨在从理论上回答现实的文化生活中的重大问题,例如如何对待传统文化和外来文化,现代社会中的文化整合及社会主义核心价值观现实化的问题等等,在对这些问题的理论回应中,阐明了马克思主义的文化观点和党的文化建设方针。

本卷着重阐述文化的变革和创新,阐述了文化变革对于社会变革的意义,文化创新的社会基础,文化创新的价值目标和价值尺度,文化创新和马克思主义中国化,以及文化的变革和继承,批判文化保守主义和文化虚无主义。

第五卷　创造社会治理的新格局

这一卷是从政治与社会治理的关系中思考政治。可以说,这一卷是体现政治思维方式的变更最为明显的一卷。在党的十九大报告讲社会治理这一部分的开头就说:"全党必须牢记,为什么人的问题,是检验一个政党、一个政权性质的试金石。"这样的话,在什么地方讲都是合适的,为什么选在这里讲?这很值得深思。社会治理、社会建设的问题,看起来比较零散,不似其他领域那么集中,那么宏大,可事事关乎人民切身利益,都是为人民造福,都要把人民利益至上作为最高的价值准则。

创建社会治理新格局的前提,是我国社会结构的新变化。市场经济具有越来越强的社会整合功能。社会的整合不再需要完全依靠政治的力量,因而逐渐由以往政治统摄一切的领域合一状态转变到各领域相对分离的状态。领域分离的最重要的结果和表现是国家和社会的结构状态的改变,即由国家与社会一体向国家与社会相对分离的转变,也就是独立于政治国家的自主社会生活领域的形成。国家的一部分社会管理职能需要让渡给社会。在"党委领导、政府负责、社会协同、公众参与、法制保障"的新格局中,新就新在增添了社会协同、公众参与的环节。

坚守"以人民为中心"的社会治理理念。人民是国家的主人,也是社会的主人。所谓"多元主体共治"也只是从多种维度体现人民的主体地位。国家是社会治理主体的一个重要层次,但国家也是代表人民的意志治理社会。社会治理的目标是把社会治理得符合人民的需要,社会治理的成效由人民说了算。人民也需要管理,但本质上是人民的自我管理。

社会治理和社会建设不可分割。社会建设是社会治理的基础,是在建设中治理。坚持人民共建、共治和共享的统一,让发展成果更多更公平惠及全体人民。

第六卷　中国特色社会主义生态文明建设研究

这一卷是从政治与生态文明的关系中思考政治。党的十六大增添了社会建设,使原来的经济、政治、文化"三位一体"改为"四位一体"。党的十八大又增添了"生态文明建设",进一步改为"五位一体"。这种摆位本身就是中国社会改革和建设在实践和理论上的重大创新。生态问题关乎人民的幸福,关乎中华民族的永续发展,生态环境质量已成为评判政治合法性的重要依据,生态问题的解决在很大程度上依靠社会的政治的方式。将生态问题的思考纳入政治思维的范畴,这本身就是政治思维方式的重大革新。

"人与自然是生命共同体",这是马克思主义生态理论的核心命题,也是本卷全部立论的基础。人作为一种生命存在,是自然界的一部分。自然界也是人的一部分,是人的"无机的身体"。人与自然是一种一体性的存在,是性命相关的整体,所以,人与自然只能互相依赖,互相滋养,而不能互相伤害。

正确看待人与自然关系中的"以人为本"。人是主体、自然是客体的价值关系是不能改变的,但对传统的"人类中心主义"应有反思。人类是主体、是"中心",主要不意味着人的权利,而是意味着人的责任。人作为主体,是能动地对待自然界的。人应当以人的方式对待自然。

人对待自然有两种尺度。一是物的尺度,即科学的尺度。这就是认识和尊重自然规律。所谓人的方式,就是以认识和尊重自然规律为前提的自觉活动的方式,而不似动物的盲目活动的方式。二是人的内在尺度,即价值的尺度。人是通过自己的活动改变自然物的存在形式,在对人有用的形式上占有自然物以满足自己的需要。这个价值尺度就表现为人在对待自然上的伦理态度,所谓人的方式又是有伦理态度的方式。人改造和利用自然的实践活动的合理性,就在于实践中运用于对象的尺度及其运用过程的合理性。

人与自然的关系受人与人的社会关系的制约,社会关系的基础是利益关系。所谓环境伦理就是调整在处理人与自然关系中发生的人与人的利益关系的行为规范。中国共产党人的伦理立场是立足于人类的全面幸福和长远发展,或叫作人类社会的可持续发展。

基于上述理念,要大力提倡、培育公民节制、公平、友善的生态美德,要批判资本逻辑,批判消费主义。

第七卷　国家治理中的道德建设

这一卷的一个重点问题也是讲法治和德治,但与第二卷在侧重点上不同。第二卷是侧重于讲德治要以法治为基础,离开法治基础的德治还是人治。这一卷侧重于讲法治要有德治的配合才能顺利推进。法治,或一般地说法律、制度和社会权利规范等等的建立和完善,是外在的社会秩序的建构,而德治或道德建设则是人的内在的心灵秩序的建构。内外两种秩序一致,相互适应,相互协调,就可以相互为用,相互促进。一个社会的良法善治,总是同道德的普遍进步相伴随的。

本卷较为系统地分析了当前中国社会道德建设的困境。这个困境主要是由于市场经济的兴起引起的人的精神生活物欲化倾向的加剧,传统共同体的解体和传统道德文化的断裂,以及由于道德转型的艰难而引发的道德相对主义的盛行等等构成的,是一种现代性的困境,具有世界的普遍性。作为一种现代性困境,是社会现代化过程中不可避免的困境,当然也是国家治理现代化过程中随时会遇到的困境。

对于走出这种困境的途径和措施,本卷也作了初步的探讨。其中,关于区分道德建设的层次,从回归道德常识,培养人之为人的基本道德品质,到崇尚美德,再到追求崇高,有底线,有高端,道德建设和道德教育都视不同对象、不同情况而有所侧重。这是一个有价值的意见,因为它适应于社会转型时期整个社会的道德状况。另外,本卷特别关注对社会道德生活影响越来越大的互联网,对网络空间中的道德建设也作了专门的系统性的研究。

第八卷 构建人类命运共同体

经济全球化进程的加速,世界市场的形成和扩大,在全球范围内构成了一个"需要的体系";又由于经济全球化对世界政治、文化的影响,历史已真正成为"世界历史"。人类已经成为命运相关的整体。任何一个国家,不论富国还是穷国,都不可能关起门来搞"现代化"。

习近平同志说,"经济全球化是社会生产力发展的客观要求和科技进步的必然结果"①。以市场经济为基础的社会化大生产发展到一定阶段,要求继续提升生产的社会化程度,突破国家或地域的限制,让生产要素在全球范围内流动,资源在全球范围内优化组合,这是在现代科技革命推动下生产发展的必然趋势。事实上,经济全球化也确实带动了世界经济的发展,并促进了世界各国各民族的文化的交流和文明的互鉴,为新的合理公正的国际秩序的建立准备了条件、提供了动力。

然而,经济全球化犹如"双刃剑"。在一个长时期里,是由美国等少数发达国家主导全球的现代性事业,由其主导建立的国际经济秩序及相应的国际规则越来越不适应世界的深刻变化,市场经济的自发性未能得到应有的限制,市场经济发展的负面效应同它的正面效应同时在全球范围内放大,从而产生了一系列全球性的问题,例如贫富分化加剧,不论在各个国家还是在世界范围内(例如南北差距)都越来越严重;以利润最大化为唯一目的的无序竞争造成的发展失衡;环境污染加大了治理难度;以及恐怖主义、难民问题等等。这就是所谓全球问题,即需要全世界共同面对、共同治理的问题。

全球治理和人类命运共同体是互构共生的。也就是说,对于全球治理要放在人类命运共同体的背景下思考,要摒弃旧的治理理念和模式,例如摒弃西

① 《习近平谈治国理政》第2卷,外文出版社2017年版,第477页。

方中心主义的理念和模式,建立以《联合国宪章》的宗旨和原则为核心的平等合理的新型国际政治秩序,以合作共赢为核心的新型国际经济秩序等。正是在这样重大的时代背景下,习近平同志反复阐明了建构人类命运共同体和新型国际经济政治关系的理念,并一再表示中国愿意积极参与全球治理体系的改革。我们在全球经济治理、安全治理、环境治理、网络治理诸方面,都提出了"中国方案"或参与途径。我们不仅在理论上提倡,而且在实践上身体力行。倡议"一带一路"并推动各种相关项目落实,同国际社会通力合作,共同抗击新冠疫情,就是践行"人类命运共同体"理念的突出事例,表现了中国在全球治理中的大国担当,获得了国际社会的认同和赞扬。

以上就是丛书各卷的主要内容或主要思路。它的研究内容涉及哲学、经济学、政治学、法学、社会学、伦理学、生态学以及历史、文化等多个领域,是一种以哲学为基础的多学科的综合研究。现实问题的研究多属这类研究,因为现实生活中的问题都不是按学科发生的,只是在谋求对于这些问题的理论解决时常常会涉及多个学科。所以,从研究方法说,这套丛书不仅对于推进现实性政治哲学的研究,而且对于推进马克思主义理论的整体性研究,都会有借鉴意义。

绪论:从"统治"到"治理"

统治的主体是国家(政府),统治指的是国家基于"主权、领土和公民权"等原则①行使强制性权力,对社会生活进行自上而下的管控;治理的主体是多元的,治理指的是国家、社会(市场)乃至个人进行共同协商和合作,以便应对和解决复杂的社会实践问题。从"统治"到"治理"的转变不只是概念和话语的变换,而且是对当代社会和政治变迁过程的理论反思和回应,这意味着,从统治到治理的转变根源于社会与政治生活实践的新变化,并要求政治思维方式的某种变革。

从词源上说,治理这个概念源自于希腊语 *kybernan*,意指"操作(pilot)、控制(steer)或指挥(direct)",被译为拉丁文 *gubernare*。现代的政府和治理概念主要指与国家等政治活动相关的公共事务的管理或控制。在 20 世纪80 年代之前,在西方使用"治理"概念的文献很少,其含义几乎也是"不可理解的"。在后来的发展中,治理概念虽然在起源、含义、重要性和影响上存在颇多争议,但是其逐渐成为社会科学领域中的一个重要概念,尤其成为社会科学领域中新制度主义勃兴的最重要表征之一②。直到 20 世纪 90 年代,治理概念才真正流行起来。

在西方学术语境中,据称引发"治理"这个概念得到持续关注和扩展的

---

① [比]马蒂亚斯·利埃旺:《从统治到治理:象征性转变与民主制度》,载王浦劬、臧雷振编译:《治理理论与实践:经典议题研究新解》,中央编译出版社 2017 年版,第 576 页。

② David Levi-Faur, *From "Big Government" to "Big Governance"*? The Oxford Handbook of Governance, edited by David Levi-Faur, Oxford University Press, 2012. p.3.

关键"转折点"(tipping piont)乃是新制度经济学代表人物奥利弗·威廉姆森(Oliver E. Williamson)在1979年发表的《交易成本经济学：契约关系的治理》一文。在这篇论文中，威廉姆森考察了新制度经济学的主要任务，力图对"交易成本"概念的起源、影响(incidence)和波及面(ramifications)加以说明，在此过程中间接借助了"治理"这个概念。为了解释现代公司的行动者力图将交易成本最小化的路径，威廉姆森把投资的特征与交易的频率关联起来，并区分了四种治理类型：市场、单方面的、双方面的和三角的。在他看来，后三种非市场的治理结构都要求某种"等级制治理"(hierarchical governance)。虽然威廉姆森关于治理形式的分类在其他社会科学领域没有得到采纳，但是他关于市场和等级制的区分却被人们广泛援引。正是凭借市场和等级制这两种治理模式使得"网络"观念吸引了越来越多的关注。1990年，伍迪·鲍威尔(Woody Powell)发表的《既非市场也非等级制：组织的网络形式》以及罗德·罗兹(Rod Rhodes)发表的《政策网络：一种英国视角》这两篇论文为治理研究议程的确立提供了最早和最重要的文献。①

"治理"研究的兴起有其深层的社会历史缘由。20世纪八九十年代，随着全球化时代的来临，社会政治经济状况发生了深刻的改变，特别是现代市场经济的发展使得社会结构发生了重要变化。在市场机制的激励下，新自由主义力图在全球范围内推进"自律市场"的尝试遭到了跨国社会运动的抵抗，这使得重建全球经济秩序的意愿和努力不断增强。随着社会自主性的提高，原本自上而下的政府统治形式已无法很好地发挥作用，由此引发了人们对于政府角色定位的重新考虑。"治理"这个概念本身就包含着政府(government)含义的"变化"和统治条件的改变以及社会治理形式的变化。罗兹在界定治理这个概念时指出："治理(Governance)意味着政府(government)含义的一种改变，涉及新的支配(governing)过程；或者已经发生改变了的有序统治(ordered

① David Levi-Faur, From "Big Government" to "Big Governance"? The Oxford Handbook of Governance, edited by David Levi-Faur, Oxford University Press, 2012. p.6.

rule)的条件;或者支配(governed)社会的新方法。"①更为具体地说,治理是指使用并通过"网络"来管理社会的新方式,因而又被称为"网络治理",其包含两个层面的意思:一是在公共部门改革之后,"网络的非正式权威如何补充并替代政府的正式权威";二是政府的局限性以及政府职能和角色的转变。② 在这里,需要指出,"网络"特指"政策网络",说的是"在公共决策和政策实施中,由政府和其他行为体围绕共同利益所建构的一系列正式和非正式的制度关联。这些制度是相互依存的。"③罗兹把政策网络视为治理的"定义性特征",并认为其与官僚制和市场的特征具有根本差异。官僚制的特征是"权威和规则",市场的特征是"价格和竞争",而政策网络的特征则是"信任和交际"。④由此可以说,"社会治理"研究的兴起与西方学者力图对时代的变化或社会结构的转型的把握是密切相关的。现代市场经济的充分发展使得国家的作用发生了改变,同时使得公共部门、私营部门以及志愿部门之间的边界不再是固定的,而是动态的,这开启了由国家权力统治向社会治理转型的过程。

从兴起的时间看,社会治理理论大体上跟西方协商民主理论的兴起是同步的。在社会治理理论中,当人们讨论"国家的权威和运用从等级制或官僚制国家向网络式治理"⑤的转变过程时,必然会牵涉到对于民主政府的重新思考。在回应自由民主政府的"民主匮乏"问题上,西方协商民主理论家提出,民主决策的合法性应当建立在平等的公民之间经过公共论辩和审慎协商过程所达成的共识基础之上。这不仅对自由聚合的民主模式提出了批评,而且对

---

① R.A.W.Rhodes, *Waves of Governance*, The Oxford Handbook of Governance, edited by David Levi-Faur, Oxford University Press, 2012. p.33.

② [英]罗兹:《理解治理:10年之后》,载王浦劬、臧雷振编译:《治理理论与实践:经典议题研究新解》,中央编译出版社2017年版,第20—21页。

③ [英]罗兹:《理解治理:10年之后》,载王浦劬、臧雷振编译:《治理理论与实践:经典议题研究新解》,中央编译出版社2017年版,第18页。

④ [英]罗兹:《理解治理:10年之后》,载王浦劬、臧雷振编译:《治理理论与实践:经典议题研究新解》,中央编译出版社2017年版,第19页。

⑤ R.A.W.Rhodes, *Waves of Governance*, The Oxford Handbook of Governance, edited by David Levi-Faur, Oxford University Press, 2012. p.33.

民主的传统理解和决策制定的"自上而下的说明"构成了挑战。协商民主理论的兴起和发展在某种程度上关注的是"民主",质询的是:代议制民主制度是否真正代表了"民众的声音"? 而社会治理则侧重于关注一个政府进行社会管理的决策的理解和实施问题,是对政府的"有组织的、决策权力"的质疑,主张将政府的决策权力向社会(私人组织和市民社会组织)的转移,这些组织通过市场机制和政策网络与政府代理人进行相互作用。① 尽管治理这个概念的含义并不必然蕴含民主的协商形式,但是从协商民主理论家们关于"民主治理"的相关讨论看,在治理语境下,民主决策的合法性不只是单纯来自投票的聚合,而是来自那些既保证公民之间关于话题的理由交换又保证解决冲突达成决策的公平程序得以表达的公众利益的"制度空间"。因此,那些回应民主合法性的协商民主理论家们在发展出一种回应现代社会复杂性的民主合法性理论时,实际上也为现代复杂社会的治理提供了说明。在他们看来,民主合法性不能跌落到那种关于宣称代表人民的声音的制度设置上,比如说议会;民主合法性要求那些产生不同的民主声音的多层次的和不同的制度设置(set)。进而,民主合法性要求更多的公民主动参与到关于那些塑造其自身生活的规则的讨论中,并因此要求政府与市民社会界限的"模糊性"。甚至一些协商民主理论家们运用"民主治理"(democratic governance)去描述复杂的民主政府的理想。②

　　尽管治理概念及其相关理论源自西方,但是在这种概念和理论背后的社会变迁过程以及面临的问题在中西方是具有一致性的。我们了解西方治理概念的兴起及其实践、理论背景,是为了更好地理解和阐释新时代中国特色社会治理格局的构建逻辑及其价值意蕴。在全球化时代的背景下,伴随中国市场经济的快速发展,社会结构也发生了急剧而深刻的变化,中国社会日益呈现出

---

　　① Amit Ron, *Modes of Democratic Governance*, The Oxford Handbook of Governance, edited by David Levi-Faur, Oxford University Press, 2012. p.474.

　　② Amit Ron, *Modes of Democratic Governance*, The Oxford Handbook of Governance, edited by David Levi-Faur, Oxford University Press, 2012. p.475.

高度复杂性和异质性的特征,这突出地表现在:由过去政治统摄一切的领域合一状态转变到各领域相对分离的状态。因此,用单独的政治统治的方式去管理一个日益复杂的商品社会(市场社会)显然是行不通的。在这种情况下,这就需要政治思维方式上的一种改变:不仅要提高有效治理国家的能力,而且要加强和创新社会治理,不断提高社会治理的水平和能力。由此,不同于传统社会,当今中国社会正处于从"传统的自上而下的国家权力统治向现代社会治理(多元主体共治)转型的过程"①。这为我们从理论上考察中国社会主义市场经济和中国社会结构的转型过程以及由此把握中国社会治理理念的变革提供了可能。

党的十八大以来,从"社会管理"到"社会治理"的转变,标志着中国社会治理理念的更新,体现了党和国家对社会主义市场经济实践的深刻理论反思和总结,体现了党和国家从全面深化改革的高度对自主的社会生活领域的重视以及社会、市场与政府关系认识的深化。中国特色社会主义进入了新时代,新时代呼吁新的政治思维方式。中国的社会治理坚守"以人民为中心"的理念,把人民视为社会治理的主体,以人民的美好生活需要作为社会治理的根本目标,坚持把人民作为社会治理的实践主体和评价主体的统一,把人民治理社会作为马克思主义社会治理理念的真谛。中国的社会治理坚持与尊重人民的主体地位,高度重视社会组织参与社会治理的独特作用,坚持党和国家、市场、社会组织以及公民个人多元主体参与社会治理和社会建设的过程,并因此坚持社会治理和社会建设的内在统一性,把加强社会建设作为社会治理的基础,坚持全体人民共建、共治基础上的共享。然而,构建中国新型社会治理体系,不仅是一种静态的社会治理格局的设计,更是在动态的社会发展语境中多元治理主体互动、协作和共治的实践过程。这进一步要求党委、政府、社会和公众基于共同的治理理念和各自的行动逻辑形成彼此关联和有机互动,从而构成一种合力场域。

---

① 俞可平等:《中国的治理变迁:1978—2018》,社会科学文献出版社 2018 年版,第 339 页。

　　总之,中国的社会治理在"以人民为中心"理念的引导下,在理论创新和实践的进取中,坚持党的领导的核心作用,通过政府、社会、公众多元主体凝聚共识、协商合作,不断推动社会治理的社会化、法治化、智能化、专业化,打造共建共治共享的社会治理新格局,不断完善中国特色社会治理体系。2020年初新冠肺炎疫情暴发以来,无论是在抗击新冠肺炎疫情的"战役"中,还是在疫情常态化的防控工作中,中国的社会治理和疫情治理都取得了显著成效,得到了世界范围内不少国家的肯定和赞誉。中国共产党的领导是中国特色社会主义制度的最大优势,在党的坚强领导下,中国式社会治理必将为全球化时代的社会治理提供宝贵经验,贡献中国智慧和中国方案。

第一章　社会主义市场经济与中国社会结构

　　由传统的前市场社会向市场经济社会的转型过程构成了人类历史发展的一般趋势,中国和世界各国实现这一社会转型的道路蕴含着特殊性与一般性的统一。为了把握中国社会主义市场经济的运行机制以及由此导致的社会结构的深刻变化,就不能不首先分析一般的市场经济的运行机制及其相应的社会后果。中国社会主义市场经济的发展以及中国社会结构的转型内在地要求中国打造自己的社会治理格局。中国社会治理的理念产生于中国社会发展的实践,又在社会发展的实践中不断得到更新。中国社会治理的理念和实践的必要前提是社会与国家的分离和互动,是社会自主生活领域的成熟和完善。要理解这一点,必须深入理解中国社会从计划经济体制到市场经济体制转型所引发的整个社会基本结构的变迁。

　　改革开放以来,中国市场经济发展势头迅猛,几十年的时间里做了西方国家几百年做的事情,社会结构也发生了急剧而深刻的变化,由过去政治统摄一切的领域合一状态转变到各领域相对分离的状态即是其突出的表现。因此,用单独的政治统治的方式去管理一个日益复杂的商品社会(市场社会)显然是行不通的。这就需要政治思维方式上的一种改变。在此意义上,我们必须创新中国的社会治理理念,贯彻以人民为中心的社会治理理念,打造共建共治共享的社会治理格局。

第一节　市场经济的运行机制

　　从一般意义上说,从前市场社会向市场社会的转型过程也是现代社会同传统社会相决裂的过程。传统社会的经济形态是自然经济,现代社会的经济形态则是商品经济;传统社会对应于农业社会,而现代社会对应于工业社会。传统社会与现代社会的根本差异在于人与人的交往关系和模式的差异。在传统社会中,人与人之间的联结依靠自然的纽带,人们只是作为地缘或血缘共同体的成员而生活在一起,并隶属于这种自然的共同体。然而,随着从传统社会到现代社会的转型,在分工和商业革命的催化下,商品经济获得快速发展,商品交换的规模逐渐扩大,市场逐渐成为资源配置的基本方式。随着传统社会中的个人与共同体的关系、人与人之间的交往原则以及社会结构的变化,现代市场经济以及市民社会得以产生。随着资本主义生产方式的确立,使得商品经济过渡到更为发达的市场经济阶段。面对西方发达资本主义市场社会的问题,马克思进行政治经济学批判的最终目的就是要揭示"现代社会的经济运动规律"①,在此过程中,马克思阐明了现代市场经济的特征和运行机制。

一、市场经济的一般运行机制

无论是商品经济还是市场经济,都是人类社会历史发展的产物,是一种历史范畴。在资本主义以前的社会中,自然经济占统治地位,产品的生产只是为了满足自己的需要;资本主义的兴起促进了商品经济的蓬勃发展,与产品的生产不同,商品的生产是为了交换,通过交换来满足他人的需要。在这种意义上,资本主义社会是一种以商品生产和交换体系为基础的社会,资本主义的市场经济遵循价值增殖的原则,资本主义的经济活动体现了现代市场经济的主体特质以及现代市场经济运行的一般机制。

资本主义首先是一种商品生产体系。马克思说:"一个物可以有用,而且是人类劳动产品,但不是商品。谁用自己的产品来满足自己的需要,他生产的虽然是使用价值,但不是商品。要生产商品,他不仅要生产使用价值,而且要为别人生产使用价值,即生产社会的使用价值。"②在资本主义生产方式占统

---

① 《马克思恩格斯文集》第 5 卷,人民出版社 2009 年版,第 10 页。
② 《马克思恩格斯文集》第 5 卷,人民出版社 2009 年版,第 54 页。

治地位的社会中,社会财富的表现形式就是商品,所以商品是资本主义社会的"细胞"。马克思正是从分析商品入手,区分了商品的价值和使用价值,辩证地说明了商品是价值和使用价值的矛盾统一体。商品的生产,其目的是满足他人的需要,而这只有通过交换过程才能实现。"商品经济离不开市场,一切经济活动都通过市场来进行。市场随着商品经济的产生而产生,市场的扩大又为商品经济发展创造了条件。""市场的不断扩大,意味着以商品生产领域为中心画出的圆的半径越来越大。商品经济离不开市场,还在于市场是一切商品买卖关系的总和。"①由此观之,资本主义同时也是一种商品交换体系。鞋厂生产的鞋以及面粉厂生产的面粉,在被拿到市场上交换之前不是商品,鞋和面粉只有在交换关系中才是商品。所谓商品交换就是商品的"转手",商品生产者或占有者不能同时兼有商品的价值和使用价值,他们必须通过交换而将商品的价值或使用价值让渡给他人,从而满足彼此所需。商品交换关系中表现出来的是商品的价值,即"无差别的人类劳动的单纯凝结",而商品的价值大小则是由社会必要劳动时间而不是个别劳动时间所决定的。商品的二重性的根源是劳动的二重性:具体劳动产生使用价值,抽象劳动形成商品的价值,这被马克思视为"理解政治经济学的枢纽"②。

作为商品经济发展到一定阶段的市场经济,其发展遵循着"价值增殖"的原则,市场主体自主地追求特殊利益是市场经济的"第一原则"。③ 简单商品流通"以卖开始,以买结束",商品的交换过程的形式是从商品—货币—商品,前一个行为是"卖",后一个行为则是"买",两种行为的统一就是"为买而卖"（G′—W—G）。为买而卖的过程的目的是占有使用价值,止于消费或满足需要的限度。与之不同,市场经济的特征在于"为卖而买"（G—W—G′）。市场经济的商品交换"以买开始,以卖结束",为卖而买的过程就是从货币出发再

---

① 顾海良编:《经典与当代——马克思主义政治经济学与现时代》上册,经济科学出版社2019年版,第270、271页。

② 《马克思恩格斯文集》第5卷,人民出版社2009年版,第55页。

③ 陈晏清主编:《当代中国社会转型论》,山西教育出版社1998年版,第52页。

到货币的过程,这一运动本身就是目的,"因为只是在这个不断更新的运动中才有价值的增殖。因此,资本的运动是没有限度的"①。由此"在为卖而买的过程中,开端和终结是一样的,都是货币,都是交换价值,单是由于这一点,这种运动就已经是没有止境的了"②。可见,价值增殖构成了市场经济运行的强大内驱力。

市场作为商品交换的场所,不仅是一个空间或场域的概念,更重要的是,市场是交易背后的商品生产者之间的社会关系。在现代市场经济中,人与人的社会交往模式从根本上不同于传统社会的交往关系和模式。对特殊利益的肯定和追求是现代社会高扬主体性的一个重要体现。通过市场交换而实现的价值增殖既是经济主体追求自己的特殊利益的过程,又是通过社会的普遍利益的形式对特殊利益的肯定。

首先,只有经济主体是独立自主的、有意识的主体,才能实现其"价值增殖"的特殊利益。在市场上,各主体之间作为自由和平等的主体发生共同的意志关系,不能强卖强买,这是以法律形式确立的契约关系。当然,在私有制条件下,市场主体的自由以及市场主体之间的相互关系具有矛盾性和复杂性。由于社会分工打破了封建社会的传统人身依附关系,出现了劳动力这一特殊商品。"商品交换本身除了包含由它自己的性质所产生的从属关系以外,不包含任何其他从属关系。"③劳动力的占有者是自己劳动的自由所有者,然而他没有自己的生产资料,只拥有对自己劳动能力的所有权,因而,他一方面与货币占有者在市场上进行平等的、自由的交换;另一方面,他只能靠出卖自己的劳动力而生活。所以马克思说:"自由,具有双重意义:一方面,工人是自由人,能够把自己的劳动力当做自己的商品来支配,另一方面,他没有别的商品可以出卖,自由得一无所有,没有任何实现自己的劳动力所必需的东西。"④这

---

① 《马克思恩格斯文集》第5卷,人民出版社2009年版,第178页。
② 《马克思恩格斯文集》第5卷,人民出版社2009年版,第177页。
③ 《马克思恩格斯文集》第5卷,人民出版社2009年版,第195页。
④ 《马克思恩格斯文集》第5卷,人民出版社2009年版,第197页。

种不受外在强制的自由工人作为市场主体的出现,不是自然的结果,而是社会分工发展的结果,具有划时代的意义。"只有当生产资料和生活资料的占有者在市场上找到出卖自己劳动力的自由工人的时候,资本才产生;而单是这一历史条件就包含着一部世界史。因此,资本一出现,就标志着社会生产过程的一个新时代。"①其次,市场经济以社会的方式肯定经济主体对特殊利益的追求。在现代市场经济社会,"每个人都以自身为目的,其他一切在他看来都是虚无。但是,如果他不同其他人发生关系,他就不能达到他的全部目的,因此,其他人便成为特殊的人达到目的的手段"②。在市场经济中,各市场主体对特殊利益的追求是在商品交换过程中得以实现的,这同时也是被社会所决定的特殊利益。商品交换的实现不是由商品生产者自己任意决定的,他要看其他人的意见和需要,他的劳动产品能否满足别人的需要取决于他的劳动对他人的有用性。因而交换过程既是个人的过程也是社会的过程,既是个人特殊利益的追求和肯定,也是被社会所决定的利益。再次,在资本主义社会,伴随着货币转化为资本,人与人之间的社会关系被商品货币的关系所遮蔽,各市场主体的经济利益关系是以商品和货币为中介的,"物的依赖"中介了经济主体之间的依赖关系。"市场作为一种调节机制,它所依赖的是一种以分工为前提、以交换为中介而建立起来的生产者之间的全面依赖关系。但这种依赖关系不是直接的人的依赖关系,而是为交换所中介了的物的依赖关系。"③

尽管市场经济是商品经济发展的高级形式,但是它仍然遵循商品经济的基本规律。"商品交换必须以价值为基础、实行等价交换的规律,是通过价格和价值偏离进而引起商品供需变动来实现的"④。因而供求机制和竞争机制通常被视为市场经济运行的两大基本机制。

在市场经济条件下,商品生产者经由市场交换使商品从生产领域进入消

---

① 《马克思恩格斯文集》第5卷,人民出版社2009年版,第198页。
② 王新生:《市民社会论》,广西人民出版社2003年版,第43页。
③ 王南湜:《从领域合一到领域分离》,山西教育出版社1998年版,第127页。
④ 顾海良编:《经典与当代——马克思主义政治经济学与现时代》上册,经济科学出版社2019年版,第270页。

11

费领域,商品的价值才能实现。对于消费者来说,只有通过市场进行购买才能获得需要的满足。因而商品的供给与需求构成了市场内部矛盾运动的核心,其与生产、交换、分配、消费环节密切相关。"供给与需求是市场中相互作用的两个基本方面,双方相互作用的结果形成了市场价格,即供给与需求的均衡点;同时,价格亦反过来制约着需求量与供应量。"①市场的供求运动与商品的价格之间是相互联系和制约的,供求关系的变化会引起价格的波动,而价格的变化既反映市场的供求状态,又会引起供求状况的变化。价格作为供求状况的信号而起作用,就像指示器一样指引着各类市场主体不断进行经济活动的调整。供求关系与价格之间的"总体关系"构成了市场的价格机制,价格机制是市场经济的反馈性机制。由于市场的供求关系是变化和运动的,商品的供应和需求会受到自然的、社会的、科技的等多样化因素的影响,因而供给与需求的平衡是偶然的,而不平衡则是经常性的。对此,英国社会学家安东尼·吉登斯分析道,虽然马克思假设了"供给与需求之间的一种平衡状态",但是马克思并没有"忽视需求的重要性"。他说:"对马克思而言,需求对于劳动力在各个不同的经济部门之间的配置具有最重要的意义。如果对某种商品的需求变得特别高的话,那么,其他商品的制造商就会受到刺激而转移到这种商品的生产上来。在趋向价值的过程中,价格由于需求增加而上涨,然后下跌。但是,需求并不像某些经济学家们所说的那样是一个独立的变量:'供求还以不同的阶级和阶层的存在为前提,这些阶级和阶层在自己中间分配社会的总收入,把它当做收入来消费,因此造成那种由收入形成的需求。'"②吉登斯显然意识到了马克思关于市场的供需关系思想的复杂性。事实上,在供求不平衡的状态下,必然引起竞争,竞争导致从不平衡向平衡的供求状态转变,因而供求关系与竞争也是相互联系在一起的。

竞争机制是商品经济的一般现象,也是市场经济的重要机制。竞争的目

---

① 王南湜:《从领域合一到领域分离》,山西教育出版社1998年版,第143页。

② [英]安东尼·吉登斯:《资本主义与现代社会理论——对马克思、涂尔干和韦伯著作的分析》,郭忠华、潘华凌译,上海译文出版社2013年版,第63页。

的是为了追逐特殊利益,因而市场主体会利用各种机会增强自己的竞争力。马克思在分析资本主义生产和积累的时候,强调指出随着资本主义的发展和资本的集中,竞争是一个有力杠杆。他说:"竞争斗争是通过使商品便宜来进行的。在其他条件不变时,商品的便宜取决于劳动生产率,而劳动生产率又取决于生产规模。"①一方面,竞争激励着市场主体在追求利润的过程中,进行技术和方法的创新,提高劳动生产率,极大地推动了社会经济的发展;另一方面,竞争又不可避免地伴有风险,只要经济主体参与市场竞争,就会面临投资失误、亏损的可能性,由此损害经济主体的社会经济利益。因此,市场经济的正常运行是以公平竞争为前提的,供求机制和价格机制潜在包含了自由和公平竞争机制。随着现代市场经济的发展和完善,自由和公平竞争机制的重要性日益凸显。20 世纪西方重要的政治哲学家麦克弗森在分析现代市场社会的本质时将之概括为"现代竞争性市场社会","这一社会不存在对工作或报酬的权威性分配,市场根据不计其数的个人决定来给每一物定价,而个人做出决定时又参考了这些价格。市场是这样一种机制——正是通过这一机制,个人对处分自己精力和做出效用选择的决定生成了价格;也正是通过这一机制,价格成了影响个人做出处分自己精力和做出效用选择之决定的关键性因素"②。麦克弗森认为,现代竞争性市场社会实质上是"占有性社会",通过市场的价格生产机制,商品交换关系渗透到个人之间的关系中,商品生产者的一切占有物包括精力都成为商品,所有市场主体都以占有者的身份在市场上彼此相联,持续在商品交换关系中"竞争"。在这里,竞争成为欲求更多的利益、资本或权力的手段。

　　就市场经济活动而言,竞争机制同供求机制和价格机制之间存在着内在关联,它们共同在市场经济体系中发挥着"动力"作用。正因为如此,现代市场经济构成了一种"自组织"体系,通过分工和专业化协调经济活动,从而自

---

①　《马克思恩格斯文集》第 5 卷,人民出版社 2009 年版,第 722 页。
②　[加]C.B.麦克弗森:《占有性个人主义的政治理论:从霍布斯到洛克》,张传玺译,浙江大学出版社 2018 年版,第 56—57 页。

动、高效地实现了资源的最佳配置。然而,市场机制本身是有其内在缺陷的,自由放任的市场经济的弊端已经被历史实践所证明,因而在当代很少有人支持完全的自由市场体制。

二、市场经济的"自组织过程"

市场经济的基本运行机制推动着市场经济活动的有序进行,使得市场经济成为一种"自组织过程"。"自组织"是相对于"他组织"而言的。作为一个自组织体系,市场机制对经济活动的调节是"内在的"、"自发的"和"系统的"。从社会系统的视角看,市场经济的组织方式是"相对灵活和动态的";从结构上说,市场经济的行为是"分散的、方向不一致的";在组织形式上,市场经济表现为"自下而上、立足于局部、从微观角度进行的"[①]。"自组织程度的高低在某种意义上可以说是一个社会系统进步的标志。"[②]

分工和专业化是市场经济存在的一般前提,也是理解市场经济的自组织体系的必要基础。社会分工的产生、扩大和复杂化是人类社会历史发展的必然结果。基于分工和专业化的现代市场经济体系确立了不同于以往传统社会的整合方式。西方近代以来的古典政治经济学家和社会理论家们在最初分析市场经济体系和现代市场社会的整合方式时,就认识到了分工和交换对于现代市场经济社会的意义和作用。

亚当·斯密在最初阐述市场经济体系的运作动力时,从利益的角度分析了分工产生的原因。斯密把分工视为研究政治经济学的切入点,他看到了分工、交换与提高劳动生产力之间的关系,阐述了劳动生产力提高的原因。斯密指出:"凡能采用分工制的工艺,一经采用分工制,便相应地增进劳动的生产力。各种行业之所以各各分立,似乎也是由于分工有这种好处。一个国家的产业与劳动生产力的增进程度如果是极高的,则其各种行业的分工一般也都达到极高的程度。未开化社会中一人独任的工作,在进步的社会中,一般都成

---

① 若缺:《社会系统学的基本原理》,湖北科学技术出版社 2012 年版,第 86—89 页。
② 若缺:《社会系统学的基本原理》,湖北科学技术出版社 2012 年版,第 99 页。

为几个人分任的工作。"①在工业制造业中,分工和专业化之所以能够有力地促进生产力的发展,乃是因为分工能够提高特定劳动者的熟练程度、节约劳动时间和促使机器的发明和使用。由此,斯密认为正是由于分工,一个治理得很好的社会将会出现包括最下层人民的"普遍富裕":"各劳动者,除自身所需要的以外,还有大量产物可以出卖;同时,因为一切其他劳动者的处境相同,各个人都能以自身生产的大量产物,换得其他劳动者生产的大量产物,换言之,都能换得其他劳动者大量产物的价格。别人所需的物品,他能与以充分供给;他自身所需的,别人亦能予以充分供给。于是,社会各阶级普遍富裕。"②重要的是,斯密在论述分工与交换对于市场经济重要性的时候已经论述了市场的自组织性。他关于市场"无形之手"的经典隐喻正是体现了这一点。在市场经济社会中,每个人的需要与其他人的需要一样,都以同样的方式得到满足,即通过"契约、交换和买卖"来满足。"请给我以我所要的东西吧,同时,你也可以获得你所要的东西:这句话是交易的通义。我们所需要的相互帮忙,大部分是依照这个方法取得的。我们每天所需的食料和饮料,不是出自屠户、酿酒家或烙面师的恩惠,而是出于他们自利的打算。"③这种彼此需要的满足不是来自恩惠和仁慈,而是来自商品的交换,以每个市场主体对自身利益的追求作为动力,通过"货币和资本的力量"引导生产资源的自动调节和分配,无形地支配着社会的运行。这里的关键在于:市场经济的内在调节机制通过个体的逐利行为促成了宏观上公共福利的达成,从而使经济系统表现出有序和组织化的状态。这意味着,市场内在地激发市场主体降低成本,追求利润最大化——刺激生产和再生产,从而使生产的组织形式和社会形式发生变化,使得市场自身具有"自组织"功能。自由主义经济学家弗雷得里克·巴斯夏在《和谐经济

---

① [英]亚当·斯密:《国民财富的性质和原因的研究》上卷,郭大力、王亚南译,商务印书馆1972年版,第7页。

② [英]亚当·斯密:《国民财富的性质和原因的研究》上卷,郭大力、王亚南译,商务印书馆1972年版,第11页。

③ [英]亚当·斯密:《国民财富的性质和原因的研究》上卷,郭大力、王亚南译,商务印书馆1972年版,第13—14页。

论》一书中描述了"人人为我"转变成"我为人人"的过程,他说:"既然在劳动和交换方面,我为自己的原则不可避免地终将作为动机而发挥作用,令人敬佩和不可思议的是,事物的作者利用我为自己这一原则在社会秩序中却实现了博爱的准则——我为人人;作者巧妙的手把障碍变成了工具、手段;普遍利益被置于个人利益之中,并且由于普遍利益是最可靠的,正因为如此,个人利益也就无法被破坏了。"①然而必须指出,由于斯密将分工的起因归结为人类特有的互相交换的本性或倾向,进而归结为人的本性中的"利己心",所以斯密关于分工与交换的政治经济学是以抽象的人性论为基础的。

与斯密基于利益机制阐明市场运作的路径不同,埃米尔·涂尔干在延续社会学理论中的有机体学说的基础上,从社会整合方式的变化角度强调社会分工对于现代复杂社会的作用和功能。这为我们进一步深入理解市场经济的自组织性提供了一种视角。他认为,劳动分工的作用并不限于提高生产力并因此带来的经济利益和社会文明进步,分工还具有将社会功能结合起来的作用。这使得分工与社会生活、道德秩序何以可能建立了联系,分工构成了现代社会生活和道德秩序的纽带。"在任何情况下,它都超出了纯粹经济利益的范围,构成了社会和道德秩序本身。有了分工,个人才会摆脱孤立的状态,而形成相互间的联系;有了分工,人们才会同舟共济,而不一意孤行。总之,只有分工才能使人们牢固地结合起来形成一种联系,这种功能不止是在暂时的互让互助中发挥作用,它的影响范围是很广的。"②涂尔干进一步将这种分工作用扩展到交换领域背后,力图探寻人与人之间的深层相互依赖关系,即因意象融合而形成的"团结"。涂尔干真正关注的问题是,分工对于社会结构产生的影响和社会团结的不同方式。在他看来,社会分工的扩大导致传统社会与现代社会之间的整合方式发生了变化,传统社会以社会成员的共同信仰和文化的同一性作为纽带,而在现代市场经济社会,社会整合的方式依赖于分工和专

---

① 转引自若缺:《社会系统学的基本原理》,湖北科学技术出版社 2012 年版,第 90 页。

② [法]埃米尔·涂尔干:《社会分工论》,渠东译,生活·读书·新知三联书店 2000 年版,第 24 页。

业化基础上的功能的相互依赖。涂尔干用"机械团结"和"有机团结"这两个概念来概括以"环节组织"为特征的传统社会和以"分工组织"为特征的现代社会的凝聚方式。在这里,社会的有机团结与机械团结是相对的,有机团结"并不是单纯来自对共同的信仰和情感的接受,而是基于劳动分工上的功能性相互依赖。在机械团结作为社会凝聚根基的地方,集体意识'完全涵盖'了个人的意识,因此意味着个人之间的同一性。相比之下,有机团结以个人之间在信仰和行动上的差异性而非同一性为前提,因此,有机团结的发展和社会分工的扩大这两者与个人主义的增长是齐头并进的"①。当然,涂尔干关于社会分工作用的思考是从属于其自己的问题框架的,即回应他那个时代西方社会的道德危机问题,而对我们来说,重要的是把握由分工、交换和专业化所带来的现代市场经济是一种新型的社会关系。换言之,传统社会以人与人之间的某种共同性为基础并通过强化同一性的方式实现社会整合;现代社会则以肯定人与人之间的差异性为基础,由此形成了有机的功能依赖关系。就整个社会发展而言,随着分工和交换的深化和扩展,作为基础性部分的经济活动或经济交往体系使得有机团结在社会生活中占据越来越重要的地位,但是在现代市场社会中,有机团结并不能取代全部的社会整合方式。

　　无论是斯密论述的"自利的个人"还是涂尔干强调的"个体的信仰和行为的差异性",均与市场经济的主体特质、与市场经济对特殊利益的肯定是一致的。市场经济的"神奇之处"恰恰在于通过肯定行为主体的利益和需求的多样性、自主性和差异性实现特殊利益的协调一致,从而实现普遍利益。由此可以说,市场的"自组织"是一个自发的过程,通过市场机制的运作自动调节,从而实现资源的最优配置,无须假以国家或政府的干预。受利润和利益最大化的引导,市场自动地提高了生产的效率,促进了社会生产的发展。市场通过其自身的竞争机制实现了功能的自发整合。在这种意义上,市场经济体系构成了一个"有机体",各市场主体彼此相互需要,在功能上彼此依赖,谁也离不开

---

　　①　[英]安东尼·吉登斯:《资本主义与现代社会理论——对马克思、涂尔干和韦伯著作的分析》,郭忠华、潘华凌译,上海译文出版社 2013 年版,第 101 页。

谁,以商品和货币为中介,实现了生产者之间的依赖关系和特殊利益的自动整合。

然而问题在于,尽管以商品生产和交换体系为基础的市场经济体系是一个高效的自组织体系,但是它不能解决一切社会生活的问题。"就整个社会生活而言,一个放任的市场机制还必然导致两个重要的社会问题:第一,公共利益和公共价值得不到保障;第二,两极分化会日益严重而社会公平难以实现。市场机制的这些缺陷表明了它的不完备性和非自足性,表明它必须和其他的社会机制相互配合才能产生良好的社会后果。"①一方面,建立在市场经济基础上的社会并不是一个单纯的"经济体",而是一个有着复杂结构的"社会体"。对于这一复杂的社会体而言,受契约原则支配的市场交换关系只是限于社会生活的经济领域,除此之外,还有政治交往领域和文化精神交往领域,等等。虽然市场交换领域是市场经济社会的基础性领域,但是,在不同的社会交往领域,人们遵循的规范和原则也是不同的。市场经济领域是一个由私人利益主导的领域,但是非市场经济领域则是公共价值占主导的领域。这就意味着,在以市场经济为基础的社会中,个人利益和普遍利益、个人利益和普遍伦理之间存在着紧张关系。另一方面,单纯依靠市场机制,不可能实现社会的公平正义。从这种意义上说,斯密等人假定"无形之手"会实现经济利益的自动调节,从而自动实现社会的公正和谐,有其合理之处,但其问题也是显而易见的。"必须肯定,这一理论体系是从一个侧面对市场经济社会中人与人之间真实关系的揭示,是对这种关系所构成的市民社会的说明。它清楚地说明了市场交换体系是如何联结和运作的,人们在其中是如何进行谋求个人利益的活动的,这种个人谋利的活动又是如何促进了社会经济资源的合理配置的。但是,同样可以肯定的是,它对市场经济社会中人与人的关系,以及这种关系所由以构成的社会生活的揭示是不全面的。它不能解释市场经济社会中经济交往以外的人类活动的基础和动力,不能说明人类活动中超越经济交

---

① 王新生:《市民社会论》,广西人民出版社 2003 年版,第 235 页。

往的社会团结的原因,将人仅仅看作是经济动物。正是由于这一重大的缺陷,使得它在为自由市场的经济活动辩护的同时,失去了为自由市场的道德辩护的可能性。"[1]

从以上分析可知,由分工和交换导致的市场经济的自组织只是一个经济体,而市场经济社会则是一个总体的"社会体"。市场经济的自组织只是全部社会关系的一个构件,因而其整合功能是有限的。对于作为总体的社会来说,市场经济的自组织过程不是万能的。究竟如何解决市场经济体系与其他交往领域之间的紧张关系,如何实现个人利益和公共利益的一致性,如何解决个人利益对普遍伦理的侵蚀,如何为社会实现公平正义提供基础等问题,则需要我们在深入理解市场经济的社会整合及其特殊性的过程中做出进一步的说明。

第二节　市场经济的社会整合

早期的自由主义者和社会学家无疑抓住了分工和专业化的发展对于市场经济制度的支撑和促进作用,肯定了市场经济的发展与现代社会基本结构变迁之间的内在关联,但是他们却没有深入分析分工产生的社会历史原因以及分工的深化与专业的复杂化对于人的发展和解放所产生的障碍,因而也就没有全面理解和揭示市场经济的社会整合方式的复杂性。马克思主义从社会历史层面阐述了商品经济的发展过程以及资本主义市场经济的特质。正是基于对资本主义市场经济及社会的缺陷的认知,马克思深刻批判了资本主义市场经济及制度,为后资本主义社会的市场经济的发展和建设提供了理论指导。

一、市场经济社会的整合方式及其历史性

商品经济和市场经济存在的一个必要条件就是社会分工。社会分工并非缘起于抽象的人性和自利的倾向,而是历史地形成的。在最初阶段,分工只是

---

[1]　陈晏清、王新生:《市场经济社会中的个人权利与公共伦理》,载《伦理学研究》2002 年第2 期。

家庭内部和氏族内部性别和年龄基础上的自然分工,这种分工还是受自然条件的调节。随着商品交换的进一步扩大,各种生产部门内部的分工才逐渐发展起来。商品生产的充分发展导致了整个社会的发展和变化。"文明时代是社会发展的这样一个阶段,在这个阶段上,分工、由分工而产生的个人之间的交换,以及把这两者结合起来的商品生产,得到了充分的发展,完全改变了先前的整个社会。"①建立在分工和交换基础上的商品生产占主导的社会及其整合方式既具有复杂性、特殊性,又具有历史性,既是文明时代的表征,又是迈向人类文明新形态的必经阶段。

在资本主义私有制条件下,商品的生产和流通是资本主义生产方式的一般前提,而社会分工是商品生产存在的条件。马克思说:"工场手工业分工通过手工业活动的分解,劳动工具的专门化,局部工人的形成以及局部工人在一个总机构中的分组和结合,造成了社会生产过程的质的划分和量的比例,从而创立了社会劳动的一定组织,这样就同时发展了新的、社会的劳动生产力。"②因此,工场手工业分工"一方面,它表现为社会的经济形成过程中的历史进步和必要的发展因素,另一方面,它表现为文明的和精巧的剥削手段"③。可见,马克思清楚地指明了资本主义工场手工业分工带来的两面性:既是社会进步的表现,又日益使剥削手段精巧化。

在资本主义私有制条件下,私人劳动相交换,社会关系表现为以物为中介的、物化的社会关系。在商品生产占据主导的社会里,私人劳动促进了社会分工体系的发展。在作为商品交换体系的市场经济中,生产者彼此独立进行的私人劳动具有"独特的"社会性质,因为生产者只有通过商品交换的过程才能发生社会关系,这种"社会联结"只有在交换中才能表现出来,商品交换使得私人劳动的总和形成社会总劳动。"因此,在生产者面前,他们的私人劳动的社会关系就表现为现在这个样子,就是说,不是表现为人们在

---

① 《马克思恩格斯文集》第4卷,人民出版社2009年版,第193页。
② 《马克思恩格斯文集》第5卷,人民出版社2009年版,第421—422页。
③ 《马克思恩格斯文集》第5卷,人民出版社2009年版,第422页。

自己劳动中的直接的社会关系,而是表现为人们之间的物的关系和物之间的社会关系。"①也就是说,商品生产者之间的社会联系是通过交换价值和货币形式间接建立起来的。在马克思的政治经济学批判进路中,商品交换过程从商品的使用价值和价值的内在对立,最终转化为商品与货币的外在对立,这从形态上包括两个相互对立、互为补充的过程:从商品转化为货币,又从货币转化为商品。在第一个阶段,"社会分工使商品占有者的劳动成为单方面的,又使他的需要成为多方面的。正因为这样,他的产品对他来说仅仅是交换价值。这个产品只有在货币上,才取得一般的社会公认的等价形式,而货币又在别人的口袋里。为了把货币吸引出来,商品首先应当对于货币占有者是使用价值,就是说,用在商品上的劳动应当是以社会有用的形式耗费的,或者说,应当证明自己是社会分工的一部分"②。一方面,分工使得劳动过程被分解为各个不同的环节,导致了劳动过程的专门化。分工把人变成了专门化的人和职业的人,把企业变成了从事专门化生产的企业,各个人之间相互需要,各个企业之间相互需要。分工导致的专业化生产,大大提高了生产效率,劳动过程的专门化伴随着劳动工具的革新,生产过程中科技的创新和机器的应用就是劳动过程专门化的结果。"机器使手工业的活动不再成为社会生产的支配原则。"③另一方面,分工引起的劳动过程的分解和专门化并未使得个人的需求简单化和专门化,相反,随着分工和生产的发展,劳动产品的种类和数量越来越多,满足个人需要的手段日益增多,因而个人的需求也多样化和复杂化。"分工的范围有多大,市场交换的范围也就有多大。分工破坏了原有的统一性,而市场交换则建立起了一个范围更为广泛的新的统一性。这样,分工与交换一起把范围越来越大的人们勾连在了一起,形成了一个互相满足各自需要的体系,形成了一种相互依赖的体系。"④在资本主义社会发展的过程中,从工

---

① 《马克思恩格斯文集》第5卷,人民出版社2009年版,第90页。
② 《马克思恩格斯文集》第5卷,人民出版社2009年版,第127页。
③ 《马克思恩格斯文集》第5卷,人民出版社2009年版,第426页。
④ 王南湜:《从领域合一到领域分离》,山西教育出版社1998年版,第157页。

厂手工业过渡到机器大工业时期,社会劳动过程的组织完全发生了变化,"大工业具有完全客观的生产有机体,这个有机体作为现成的物质生产条件出现在工人面前"①。然而,随着机器大工业的发展,资本主义社会的内部矛盾和对抗日益增多,资本主义生产方式的解体成为客观必然的趋势。

马克思的分析表明,在前资本主义的社会形式里,经济关系并不表现为纯粹的市场关系,只是随着分工和交换的充分发展,在资本主义社会形式下,赤裸裸的市场关系才成为人类生产活动的"决定性因素"。分工是生产力发展和变革生产关系的中介,资本主义的社会生产关系的内在矛盾是由马克思的政治经济学真正揭示出来的。在这一点上,吉登斯指出:"每一种生产体系都存在着一套特定的社会生产关系,它是生产过程中存在于个体之间的一种关系。一般来说,这是马克思对国民经济学和功利主义所作的最重要的批判之一。资产阶级的个人哲学建构了一种'孤立的个人'观念,用以掩饰生产所表现出来的社会性质。马克思把亚当·斯密称作是'国民经济学的路德',因为他和后面的其他经济学家一起,正确地把劳动看做是人的自我创造的源泉。但是,这些经济学家所不清楚的是,通过生产而进行的人的自我创造,必然伴随着相应的社会发展过程。人类从来不是以单个的形式从事生产的,而是作为特定社会形式当中的一员进行生产的。因此,任何类型的社会都必须有一套特定的生产关系作为其基础。"②

马克思不仅揭示了市场经济社会整合方式的物化特征,而且阐明了市场经济社会整合方式的历史性。从总体的社会历史发展过程看,市场经济社会处于第二大阶段。马克思在《政治经济学批判(1857—1858 年手稿)》中为揭示资本的本质而研究货币的历史功能,讨论交换价值和社会交换关系的性质时,论述了人的发展的三个阶段。他说:"人的依赖关系(起初完全是自然发生的),是最初的社会形式,在这种形式下,人的生产能力只是在狭小的范围

---

① 《马克思恩格斯文集》第 5 卷,人民出版社 2009 年版,第 443 页。

② [英]安东尼·吉登斯:《资本主义与现代社会理论:对马克思、涂尔干和韦伯著作的分析》,郭忠华、潘华凌译,上海译文出版社 2013 年版,第 46 页。

内和孤立的地点上发展着。以物的依赖性为基础的人的独立性,是第二大形式,在这种形式下,才形成普遍的社会物质变换、全面的关系、多方面的需要以及全面的能力的体系。建立在个人全面发展和他们共同的、社会的生产能力成为从属于他们的社会财富这一基础上的自由个性,是第三个阶段。第二个阶段为第三个阶段创造条件。因此,家长制的,古代的(以及封建的)状态随着商业、奢侈、货币、交换价值的发展而没落下去,现代社会则随着这些东西同步发展起来。"①分工和专业化的发展提高了劳动生产力,生产力的发展必将导致社会关系的历史变迁。在最初的社会形式中,人与人之间的联结主要以自然关系为纽带,因而在原始的共同体阶段,生产力水平低下,人与人之间的交往也是受到限制的、小范围的。在第二个阶段,即以物的依赖性为前提的人的独立性阶段,人对物的依赖性不仅是指人与人之间是以物作为中介而发生关系的,更根本的是说人与人的社会关系是"物化的"。市场经济社会正处于以物的依赖性为基础的人的独立性阶段,马克思指出:"给劳动产品打上商品烙印,因而成为商品流通的前提的那些形式,在人们试图了解它们的内容而不是了解它们的历史性质(这些形式在人们看来已经是不变的了)以前,就已经取得了社会生活的自然形式的固定性。因此,只有商品价格的分析才导致价值量的决定,只有商品共同的货币表现才导致商品的价值性质的确定。但是,正是商品世界的这个完成的形式——货币形式,用物的形式掩盖了私人劳动的社会性质以及私人劳动者的社会关系,而不是把它们揭示出来。"②在市场经济社会中,受物化的社会关系的支配,每个人都是一个特殊利益的追求者,是被分工固定在特定环节和专门化、职业化的人,正是通过市场交换,各个人又被联结在一起,成为在功能上相互依赖的有机整体。这是对私人利益的肯定,亦是对私人利益的隔离和普遍否定。"对于个人来说,其活动的社会性质表现为异己的和独立的东西,表现为他们从属于一些由彼此独立的个人互相间的利害冲突所产生的且不以个人为转移的关系,而不是变现为他们的相互

---

① 《马克思恩格斯文集》第8卷,人民出版社2009年版,第52页。
② 《马克思恩格斯文集》第5卷,人民出版社2009年版,第93页。

关系。在交换价值上,这种异己性同时表现为颠倒性,即人的社会关系和能力转化为物的社会关系和能力。"①当物化的社会关系被消除以后,到了第三个阶段,人与人之间的社会关系是真正的个性自由与社会全体自由的统一。

这意味着,在人类社会历史的不同发展阶段,由于人与人之间的社会关系的性质不同,所以由生产力和生产关系相互作用导致的社会的发展就具有历史性。马克思在《哲学的贫困》中对蒲鲁东的政治经济学的形而上学方法进行批判时指出:经济范畴是生产的社会关系的"抽象",现实关系不是"原理和范畴的化身"。蒲鲁东不懂得"人们按照自己的物质生产率建立相应的社会关系,正是这些人又按照自己的社会关系创造了相应的原理、观念和范畴。所以,这些观念、范畴也同它们所表现的关系一样,不是永恒的。它们是历史的、暂时的产物。生产力的增长、社会关系的破坏、观念的形成都是不断运动的,只有运动的抽象即'不死的死'才是停滞不动的"②。由此可以说,马克思从人类社会关系发展的历史过程视角批判了资本主义市场经济基础上的物化的社会关系,探寻人的自由和解放。与此同时,马克思也深刻揭示了市场经济系统的一般特征,阐述了其与人类社会历史发展的复杂关联。

二、市场经济导致的社会结构变迁及其后果

如前所述,在市场经济条件下,商品生产和交换体系造成了人与人之间的关系以物作为中介,形成了以人对物的依赖性为基础的人的独立性,从而构成了一种有别于前市场经济的新社会秩序和新的社会整合方式。

从前市场经济到市场经济的确立和转型,使得社会经济领域发生了变革,进而导致整个社会的基本结构发生根本变化。就其核心要义来说,社会的基本结构主要指的是经济、政治、文化三大活动领域之间的关系。由于经济处于基础性地位,经济交往关系向政治、文化等各个领域的渗透,必然会引发整个

---

① 聂锦芳主编:《重读马克思:文本及其思想》:第九卷,《政治经济学批判的逻辑建构:"1857—1858年手稿"再研究》,杨洪源著,中国人民大学出版社2018年版,第180页。

② 《马克思恩格斯文集》第1卷,人民出版社2009年版,第603页。

社会结构的相应变化。在前市场经济条件下,"社会秩序的生产主要是依赖于广义的政治活动,即主要通过一种机械团结而生产社会秩序,经济活动对于社会秩序的生产则很少有直接的贡献。然而,在市场经济条件下,基于分工的市场交换所造成的人们之间以物为中介的依赖关系普遍化,亦即有机团结,却构成了一种新的社会秩序的生产方式。"①这就是说,在前市场经济社会,由于社会秩序对政治活动的依赖性,所以政治活动在整个社会中处于主导地位,构成了以"政治活动和政治领域"为中心的领域合一状态;而在市场经济社会中,基于分工和市场交换形成的经济领域在整个社会中居于主导地位,社会秩序主要是由市场活动的有机团结造就的,因而,尽管共同体或国家仍然对市场经济活动发挥着限制作用,但其在市场经济活动中的"地位减弱"是一个不争的事实。这使得市场经济社会中的诸领域出现了分离的状态。由此,"当社会从非市场经济转变为市场经济时,社会基本结构的变化趋势便是从领域合一到领域分离的变化"②。当然,市场经济造成的诸领域的分离是"相对的",它只是说基于分工和交换的市场经济的发展,社会结构容许经济、政治和文化各个领域本身的充分发展,一定程度上突破了在前市场经济社会的各领域之间存在的约束关系。市场经济依靠自身的机制自动地调节生产和分配,将资源有效地进行配置,典型体现了"高效率"的原则。以物为中介将不同的人通过市场联结在一起,系统地协调各种特殊利益,经济活动在生产和维系着一种社会秩序的同时,摆脱了政治活动为其设定的目标的束缚,从而追求自己的发展。不仅如此,市场经济造就的新的社会结构还容许不同国家通过发展经济实力,带动不同国家先后发展和壮大市场经济,走向现代化的强国之路。市场经济社会还促进了文化领域和文化活动的充分发展,形成了一个相对独立的"知识社会"或"文化社会"。在市场经济社会中,经济、政治、文化领域的分化致使国家通过政治目的和手段强制整合社会的"合法性"失去了根据,各个领域的独立和分化使得国家与社会分离,自主社会生活领域获得了发展。

① 王南湜:《从领域合一到领域分离》,山西教育出版社1998年版,第161页。
② 王南湜:《从领域合一到领域分离》,山西教育出版社1998年版,第164页。

在西方,一个相对独立于国家而存在的"私人自律领域"源自近代以来对封建秩序的反抗以及进一步导致的国家与社会的分离过程,这在洛克、亚当·斯密等人的著作中都可以找到线索。明确处理国家与社会二分问题的人乃是亚当·斯密。政治思想史家麦克里兰说:"到亚当·斯密《国富论》落笔时(首卷 1776 年问世),界定其国家观的,已是一套对'商业'与'富裕'社会——即资本主义社会——的明确经济与社会分析。亚当·斯密认为,人类生活中出现的重要变化先发生于社会,然后才及于国家。此处的社会,意指经济与社会结构。社会优先于国家,在亚当·斯密是社会学上的事实,而非如洛克那般是一种伦理立场。"①斯密、洛克等人虽然一般性地看到了国家与社会的分离,但是,由于当时自主的社会生活领域尚未得到充分发展,以及受制于抽象人性论的基础,他们未能明确把握社会自主生活领域与国家的复杂关系,因此直到黑格尔才系统地揭示了国家与社会之区分的意义。

黑格尔把市民社会看作是从家庭到国家伦理发展的中间阶段,他将这个阶段称之为"差别阶段"。黑格尔说:"具体的人作为特殊的人本身就是目的;作为各种需要的整体以及自然必然性与任性的混合体来说,他是市民社会的一个原则。但是特殊的人在本质上是同另一些这种特殊性相关的,所以每一个特殊的人都是通过他人的中介,同时也无条件地通过普遍性的形式的中介,而肯定自己并得到满足。这一普遍性的形式是市民社会的另一个原则。"②在现代世界中产生的市民社会,它的原则就是特殊性。市民社会中的每个人都以自身为目的,但是为了满足自身的目的,就必须与他人发生关系,把他人作为实现自我利益的手段,在交换和交往关系中满足他人的需要,从而满足自己的需要。这种特殊性采取了普遍性的形式,因为这种特殊性即利己的目的的实现受到普遍的交往关系的制约,以普遍性作为其条件。这意味着,在现代社会,追求私利是一个基本的原则,每个人对私利的追求都是合理的。与此同

---

① [美]约翰·麦克里兰:《西方政治思想史》(上册),彭淮栋译,人民出版社 2010 年版,第349 页。

② [德]黑格尔:《法哲学原理》,范扬、张企泰译,商务印书馆 2007 年版,第 197 页。

时,黑格尔还认识到,如果不对私利的追逐加以限制,又会对社会产生破坏性,因而需要具有普遍性原则的伦理实体来进行限制。"从一方面说,特殊性本身既然尽量在一切方面满足了它的需要,它的偶然任性和主观偏好,它就在它的这些享受中破坏本身,破坏自己实体性的概念。从另一方面说,必然需要和偶然需要的得到满足是偶然的,因为这种满足会无止境地引起新的欲望,而且它完全倚赖外在偶然性与任性,同时它又受到普遍性的权力的限制。市民社会在这些对立中以及它们错综复杂的关系中,既提供了荒淫和贫困的景象,也提供了为两者所共同的生理上和伦理上蜕化的景象。"①

黑格尔不同于斯密的地方在于:斯密只是看到了追求私利会带来公共利益的自动实现和社会的普遍富裕,而黑格尔则看到,在市民社会中由于欲望和贫困的扩张所带来的"混乱状态"需要国家来调节。黑格尔进而认为,市民社会是一个需要的体系:"需要和手段,作为实在的定在,就成为一种为他人的存在,而他人的需要和劳动就是大家彼此满足的条件。"②在市民社会中,市场经济体系通过劳动和需要将每一个个别的人都关联起来,我为了满足自己的需要,就得从别人那里得到满足的手段,而同时我就必须了解别人的需要是什么,生产满足别人需要的物品和手段。以这样一种方式,将一切个别的东西联结为"社会的"。正如王新生教授所说,"黑格尔深刻地把握住了现代社会的本质特征以及它和传统社会的根本区别。因此,也可以认为:使黑格尔能够全面地概括市民社会理论的根本原因,就在于黑格尔引入市民社会理论中的市场经济观,以及他对这种形态的社会中人与人关系的深刻洞察和总结。"③然而,黑格尔认为,市民社会本身的问题和弊端无法通过市场经济的发展而得到解决,相反只有上升到国家伦理实体阶段才能真正被克服。

马克思则从现实的历史运动出发,颠倒了在黑格尔思辨哲学中的国家与社会的关系,确认了"市民社会决定政治国家"的观念,在此过程中,马克思接

---

① ［德］黑格尔:《法哲学原理》,范扬、张企泰译,商务印书馆 2007 年版,第 199 页。
② ［德］黑格尔:《法哲学原理》,范扬、张企泰译,商务印书馆 2007 年版,第 207 页。
③ 王新生:《市民社会论》,广西人民出版社 2003 年版,第 17 页。

纳并深化了黑格尔对市民社会的理解。在马克思这里,市民社会无非是指在一定的生产力发展阶段,以"物质交往关系"为基础发展起来的"社会组织"及其构成的自主社会生活领域。更为重要的是,马克思同样看到了市场经济以及随之得到发展的市民社会的局限性和历史性。他说:在资本主义的商品生产中,"活动的社会性质,正如产品的社会形式和个人对生产的参与,在这里表现为对于个人是异己的东西,物的东西;不是表现为个人的相互关系,而是表现为他们从属于这样一些关系,这些关系是不以个人为转移而存在的,并且是由毫不相干的个人互相的利害冲突而产生的。活动和产品的普遍交换已成为每一单个人的生存条件,这种普遍交换,他们的相互联系,表现为对他们本身来说是异己的、独立的东西,表现为一种物"①。因而,马克思断言,只有经历以物为基础的人的独立性阶段的充分发展,才能进入到扬弃了物化的社会关系、实现个人自由和全体自由相统一的人类社会阶段。"20 世纪社会主义兴衰成败的历史,也证明了马克思的判断——市民社会本身孕育着自我消亡的条件,只有市场经济的充分发展,才能够最终扬弃市民社会与国家的分离。这一点也应成为社会主义市场经济改革最重要的理论依据。"②在市民社会自我消亡的条件尚未达到时,这个自主的社会生活领域既独立于国家,又与国家一起构成了互动的现代社会;既作为经济关系的领域而存在,又作为社会文化批判领域而活跃。

在西方学术语境下,自由市场经济的兴起和发展必然冲破封建专制的国家权力和传统的社会关系束缚,建构起一个与市场的交往关系相适应的自主的社会生活领域,出现了国家与社会的分离。西方国家的自主社会生活领域是资本主义市场经济发展的必然结果,因而对其进行的概念认知需要在西方历史和学术语境的演变中加以把握。考虑到当代西方社会实践的历史性和复杂性,这种"自主社会生活领域"的概念至少具有三重意蕴。首先,作为描述性概念,指的是一种特殊的、经验性的社会和生活方式,它区别于传统社会。

---

① 《马克思恩格斯文集》第 8 卷,人民出版社 2009 年版,第 51 页。
② 王新生:《马克思政治哲学研究》,科学出版社 2018 年版,第 207 页。

传统社会实际上是一种滕尼斯所概括的"共同体社会",共同体构成了传统社会中的人与人的联结关系。传统社会中共同体优先于独立的个人,这种社会生活主要依赖共同体的成员身份以伦理的方式实现社会的整合,并不存在私人领域和公共领域的区分。而自主社会生活领域则是"以市场经济为基础,以独立的个人之间的相互承认和自主交往关系为纽带,以法制对个人权利的保障为前提的社会状态和生活方式"①。其次,作为分析性概念,指的是"在整个现代社会中,社会成员按照独立的个人间相互承认的原则进行自主的经济和社会交往活动的私人自主领域"②,私人领域与公共权力领域的分离是最为重要的特征。在这个层面上,自主社会生活领域是一个与国家相对的"独立领域"和"私人自主领域",并与国家代表的"公共权力领域"构成结构性关系。这样,自主的社会生活领域就是由家庭生活、商品交换领域以及公民自愿组织和参加的各种社团、协会等公共交往活动领域构成的。再次,作为价值性概念,其"所表达的理想是:通过国家与社会的区分,在二者之间划出一条明确的界限,避免国家对私人生活的不当干预,以此达到对个人自由的有效保护"③。当然,自主的社会生活领域的三重含义之间并不是分离的,而是为了厘清所讨论的问题所做的不同意义的梳理,从统一性上说,西方自主的社会生活领域的基本内涵是指"在市场经济条件下,独立于政治国家的私人活动领域;它由逐步趋向于公共旨趣的三个层级——家庭、经济领域、公共领域构成;独立的个人之间的相互承认和自主交往关系,是这一领域的基本准则和纽带,它将自主的个人以及由他们组成的独立社团连结为一个有机的整体,从而形成一种制约国家政治行为的社会力量"④。

至此可以说,市场经济的转型和发展,使得人类经济活动方式的改变必然会引发整体的、全面的社会结构的变迁。一个重要的后果就是国家与社会的

---

① 王新生:《市民社会论》,广西人民出版社 2003 年版,第 57 页。
② 王新生:《市民社会论》,广西人民出版社 2003 年版,第 59 页。
③ 王新生:《市民社会论》,广西人民出版社 2003 年版,第 62 页。
④ 王新生:《市民社会论》,广西人民出版社 2003 年版,第 64 页。

分离以及市民社会或社会自主领域的扩展。在这里,尽管上述分析和概括是以"原发市场经济形态的西方社会"为背景的,并且这些讨论需要借助西方的学术语境加以把握,但是这将有助于我们深刻理解市场经济与自主社会生活领域的一般性关系,从而为我们把握中国特色社会主义市场经济以及与之相应的社会结构的变化提供参照。

三、资本主义市场经济及其缺陷

马克思主要考察的是 19 世纪的资本主义商品生产和交换体系,揭示的是资本主义生产方式的内在矛盾。马克思认识到,资本主义为商品经济的发展创造了充分条件,而商品经济的发展也推动了资本主义经济的发展。资本主义就是在商品经济和市场经济中谋求生存和发展的。然而,随着市场经济的发展,资本主义的生产过程一方面要求资本主义企业内部和整个社会进行合理的分工;另一方面,随着私人占有与社会化生产之间的矛盾尖锐化,资本主义的周期性经济危机会爆发,由于资本的平均利润率出现下降趋势,资本主义会自动崩溃。

根据马克思和恩格斯的观点,在私有制被废除之后的社会中,商品生产和交换体系不复存在。然而,西方资本主义并未被工人阶级的革命所推翻,20世纪 70 年代,欧洲发达资本主义国家的发展呈现出复杂的状况,似乎对马克思的资本主义危机理论提出了挑战。随着苏联社会主义的解体,资本主义经济获得了长足发展,社会主义的前途和命运充满了不确定性。2008 年,全球性金融危机爆发,使得马克思关于资本主义经济危机的理论再度受到重视。法国学者托马斯·皮凯蒂通过分析 18 世纪以来的西方世界财富分配以及贫富不平等结构的动态变化,得出了一个重要的结论性认识,即"如果放任自流,基于私人产权的市场经济包含强有力的趋同力量(尤其是知识和技术扩散的影响),但是它也包含强大的分化力量,这将潜在地威胁各民主社会以及作为其基础的社会正义价值"[1]。事实上,皮凯蒂要说明的问题是,自由放任

---

[1] [法]托马斯·皮凯蒂:《21 世纪资本论》,巴曙松等译,中信出版社 2014 年版,第 589 页。

的市场经济机制本身,无法形成财富的均衡分配。由于私人占有制,使得私人资本收益率长期都高于收入和产出增长率,这意味着,财富积累远比未来收入重要。由于初始资本规模的不同,导致资本收益率显著不同,财富分配长期动态变化的结果使得全球范围内发生财富分配的分化,由此会加剧财富的不平等。据此,皮凯蒂分析了造成 2008 年金融危机的原因。在他看来,造成全球资本主义体系不稳定的重要原因是资本/收入比,也就是财富差距的拉大。发达国家的财富私有化,收入不平等的扩大以及不平等程度的加深是导致资本主义危机的主因。应当肯定,皮凯蒂的一个重要贡献就在于他矫正了西方经济学界推崇自由市场经济,认为自由市场机制的分配能够解决一切问题的认识。西方发达国家的贫富差距拉大是一种自然趋势,正是私有化和金融自由化导致的资本的自由流动,使西方国家的政府忽视了关于收入分配的不均等。由此观之,实施"资本管制"无疑是管理和遏制财富不平等动态的一种方法。他指出,只有采取全球范围内的累进资本税的理想政策,对市场经济进行政治干预,在"民族国家的平台上使社会和财政政策更加现代化,发展新的治理形式和介于公有制和私有制之间的共享产权"①,才能重新控制资本主义。与西方发达国家对自由放任的市场机制的推崇从而放任资本的自由流动不同,中国特色社会主义市场经济则通过对市场机制进行有效的调控和干预,从而有效地实施了"资本的管制"。在这种意义上,皮凯蒂相对客观地分析了中国对资本管制的"制度优势"。②

资本主义市场经济是以私有制作为前提的,然而,这并不意味着市场经济的制度基础只能是私有制。西方资本主义国家在其产生和发展的过程中,建立了成熟的市场经济体系,西方关于市场经济的概念和理论的产生是以西方社会的实践为基础的。在西方经济学中,尽管学者们对政府在市场经济发展过程中的作用是有争议的,但是他们大都认为,市场经济是资源配置的最佳方式,市场决定资源配置甚至被当作一种不言而喻的假设,但是也要注意到,西

---

① [法]托马斯·皮凯蒂:《21 世纪资本论》,巴曙松等译,中信出版社 2014 年版,第 591 页。
② [法]托马斯·皮凯蒂:《21 世纪资本论》,巴曙松等译,中信出版社 2014 年版,第 553 页。

方的权威经济学观点对市场经济的正反两方面作用都给予了说明。在 20 世纪 90 年代前后,随着苏联社会主义制度的崩溃,西方不少左翼学者探讨了将市场经济与社会主义相结合的模式,提出并论述了市场社会主义理论。简单地说,市场社会主义理论的核心原则主张"把经济的社会所有制原则与继续通过市场机制配置商品(包括劳动)的做法结合起来"①。在市场社会主义的倡导者看来,"市场不仅是社会主义取得更大经济效率的手段,而且也是达到更大程度的个人自由或自由的平等价值、发展民主以及提高社会公正的途径"②。西方市场社会主义者反对和批判资本主义市场而不是市场本身,他们呼吁用"社会所有制"取代大规模的资本私人所有制,主张经济民主和国家民主,设想了一系列模式。尽管这种西方式社会主义理论对于市场和国家的功能做出了新的解释和定位,但是其在实践上是不可行的,因而市场社会主义不能成为"左翼重新确定战略的基础"③。当然,市场社会主义者的初衷并非为社会主义价值做辩护,而是认为市场是实现社会主义的最佳手段,他们的观点受到了来自西方传统社会主义者和右翼自由主义者的批评。当代西方社会主义平等主义者 G.A.科恩曾指出:"市场对生产性贡献的激发不是基于一个人对其人类同胞的奉献,和在被他们服务的同时也服务于他们的愿望,而是基于现金的回报。市场社会中生产活动的直接动机通常是(虽不总是)某种贪婪和恐惧的混合,其比例是随着一个人在市场中的地位和个性特征的细节情况而变化的。"④G.A.科恩是从价值规范视角批判资本主义和市场经济的,他认为市场经济的原则和动机内在地与社会主义的互惠和奉献的精神相悖,应该被共同体和平等原则所引导和制约。然而,正当市场经济与社会主义的结合

---

① [英]克里斯托弗·皮尔森:《新市场社会主义/对社会主义命运和前提的探索》,姜辉译,东方出版社 1999 年版,第 104 页。

② [英]克里斯托弗·皮尔森:《新市场社会主义/对社会主义命运和前提的探索》,姜辉译,东方出版社 1999 年版,第 104 页。

③ [英]克里斯托弗·皮尔森:《新市场社会主义/对社会主义命运和前提的探索》,姜辉译,东方出版社 1999 年版,第 274 页。

④ [英]G.A.科恩:《为什么不要社会主义?》,段忠桥译,人民出版社 2011 年版,第 43 页。

在西方理论界被热议时,社会主义市场经济的实践在中国已开启。中国自改革开放以来,社会主义市场经济的确立和实践表明,市场经济与社会主义的结合具有巨大的潜力和优越性。

中国社会主义市场经济的确立和发展是世界范围内一项具有深远意义的重大改革。不同于资本主义的市场经济,中国社会主义市场经济具有自身的特殊性。首先,中国的社会主义市场经济一开始就是在党和国家的领导和调控下得以确立、发展和完善的;其次,从所有制结构看,中国的市场经济是公有制与市场机制的结合,其中,国有经济占主导地位;再次,中国的市场经济大力支持和发展民营经济,充分激发市场活力;最后,中国社会主义市场经济的价值目标是共同富裕,让改革发展的成果惠及全民。对中国来说,正是社会主义市场经济的确立和发展,突破了传统的计划经济体制,极大地解放和发展了生产力,促使中国社会的基本结构发生了巨大的变化。

第三节 社会主义市场经济与中国社会结构的转型

在世界范围内,市场经济的兴起和发展导致了巨大的社会变迁,源于经济领域的交往关系逐渐渗透并影响了政治、文化等其他领域,各个领域之间的变化和关联构成了西方社会基本结构的变迁。中国从社会主义计划经济体制到市场经济体制的转型,被世界公认为"历史上最伟大的经济改革计划"①。中国社会主义市场经济是市场经济的一种特殊形式,它符合一般市场经济的运行机制。与市场经济发展的一般后果类似,中国社会主义市场经济的建立,必然突破经济活动和领域的范围,使经济活动与其他活动、经济领域与其他领域的关系发生相应的变化,进而导致中国整个社会基本结构的根本性变化。这需要从两个层面上阐明社会主义市场经济引发的中国社会结构的变化。

---

① [英]罗纳德·哈里·科斯、王宁:《变革中国——市场经济的中国之路》,徐尧、李哲民译,中信出版社 2013 年版,"序"。

一、中国社会主义市场经济的确立和发展

考察中国社会主义市场经济的确立和发展过程,离不开对中国社会发展的特殊性的考察。与西方市场经济社会不同,中国社会有着特殊的地域条件、文化环境和历史条件。最为重要的是,在改革开放以前,中国力图通过实施权力高度集中的计划经济体制走向现代化。这是一种以政治权威统合社会、以政治为中心的社会领域合一的社会结构,在特定历史条件下对于推进工业化和现代化,提高经济发展水平发挥过积极的作用。

新中国成立后,在中国共产党的领导下,完成了生产资料的社会主义改造,确立了以公有制为基础的社会主义制度,在此基础上,确立了计划经济体制。"由于在指导思想上对市场经济是社会经济形态发展的不可逾越的历史阶段这一客观规律缺乏正确的认识,以至把市场经济看成是与社会主义制度根本对立的资本主义经济形式,力图通过非市场经济模式,即所谓权力高度集中的计划经济体制和与之相适应的政治体制,进入现代化建设的历程。"[1]在计划经济体制下,由国家支配和调控整个社会生活。这首先突出地表现在国家和政府对经济活动和经济领域的把控上:中央统一计划从生产到分配的各个环节;各类经济实体和企业完全服从国家的指令,没有自己独立的经营自主权,没有自己的特殊利益。由于国家的计划和指令是排斥市场交易活动的,即使存在着有限的消费品市场,也是从属于国家分配的一种手段。在这种情况下,经济体系不是"自组织",不会形成一种"有机团结",恰恰相反,经济体系是"他组织",即是由国家和政府以行政命令进行外在控制的方式加以组织的。由此经济生活完全从属于国家。由于计划性经济体制的基础性地位,进而决定了国家和政府对全部社会活动和领域的控制。在政治领域,这表现为权力高度集中的政治体制。在思想领域的表现是:社会成员在理想和信念、价值观念方面高度趋同;贯彻个人利益服从"国家意志"和"集体意志"的普遍伦

---

[1] 陈晏清主编:《当代中国社会转型论》,山西教育出版社1998年版,第74页。

理原则;社会优先于个人。在文化领域则形成了以国家意志和集体意志为核心的意识形态体系,并反映在人们的社会文化观念中。这种社会结构意味着,建立在计划经济基础上的全部社会生活的控制权和指挥权都掌握在国家手中,国家对包括政治和文化在内的整个社会生活具有"绝对的权威性"。在这种意义上,国家在很大程度上等同于"政治国家",也被称之为"全能政府"。随着计划经济体制内在发展动力不足和低效率等弊端日益突出,发挥市场机制的作用,通过让企业拥有自主权的方式来解放和发展生产力的要求就被提出来。实践已经证明,通过非市场经济的发展方式不可能实现社会经济的现代化发展。

改革开放以来,党和国家通过不断认真反思和总结社会主义革命和建设的经验和教训,在深刻认识社会主义的性质和任务的基础上,提出了"建立和完善社会主义市场经济体制"的战略方针。1992 年,党的十四大报告明确提出,我们建立的社会主义市场经济体制,"就是要使市场在社会主义国家宏观调控下对资源配置起基础性作用,使经济活动遵循价值规律的要求,适应供求关系的变化;通过价格杠杆和竞争机制的功能,把资源配置到效益较好的环节中去,并给企业以压力和动力,实现优胜劣汰;运用市场对各种经济信号反应比较灵敏的优点,促进生产和需求的及时协调"①。20 世纪 90 年代以来,中国自觉开启了从非市场经济向市场经济社会的转型之路。随着市场经济改革的不断完善和深化,我国社会主义市场经济体系进入攻坚阶段。在国内外形势发生深刻复杂变化,我国的经济发展处于重要战略机遇期,在中国特色社会主义建设进入新时代的背景下,党的十九大报告指出:"必须坚持和完善我国社会主义基本经济制度和分配制度,毫不动摇巩固和发展公有制经济,毫不动摇鼓励、支持、引导非公有制经济发展,使市场在资源配置中起决定性作用,更好发挥政府作用,推动新型工业化、信息化、城镇化、农业现代化同步发展,主动参与和推动经济全球化进程,发展更高层次的开放型经济,不断壮大我国经

① 袁木、白克明等编著:《迈向 21 世纪的行动纲领——学习党的十四大报告》,新华出版社 1992 年版,第 17 页。

济实力和综合国力。"①这从客观上要求适应于社会主义市场经济发展的政治、思想、文化等各领域进行结构性调整。这也意味着,这种新旧体制转换所带来的结构性转型不只是简单地局限于经济领域,而是牵涉到政治、思想、文化等各个领域的全面的社会变化。

可以说,从计划经济体制到市场经济体制的转变是当代中国社会结构转型的重要根源。从一般意义上看,社会转型和变迁是社会发展的变动性,与社会发展的稳定性是相对的,社会转型既涵盖不同类型的社会形态之间的过渡,又包括同一社会形态在不同阶段上的过渡。就中国学界讨论的"社会转型"来说,其主要是指后一意义上的变迁和过渡。中国学界关于"社会转型"的相关学术话语至少包含着相互关联的三方面内容:其一,指体制转型,比如从计划经济到市场经济的经济体制的转变过程;其二,指社会结构变化,即包括经济、政治、文化和观念等领域及其相互关系的社会基本结构的全面变动过程;其三,指社会形态变迁,比如,中国社会从农业社会向工业社会、从传统社会向现代社会的转变过程。② 笔者认为,就中国的社会转型的特殊性而言,经济体制的转轨是中国社会基本结构转型的基础和根源;由经济领域的变革引发的政治、文化、思想观念领域的相应变化以及由此导致的经济、政治、文化和观念领域之间的相互关系的调整是中国社会结构转型的核心层面;中国社会结构的转型过程与中国社会从传统社会向现代社会的转变不是两个分立的过程,毋宁说,中国社会主义市场经济的确立和发展过程是中国从传统社会向现代社会转型的集中体现。为此,把握中国社会结构的转型对于深入理解中国社会转型的特殊性和转型期中国社会的总体特征是至关重要的。

二、中国社会结构的转型与社会自主领域的兴起

中国社会主义市场经济的确立使得整个社会的结构发生了深刻的变化。

---

① 《习近平谈治国理政》第 3 卷,外交出版社 2020 年版,第 17 页。
② 参见李静:《社会转型期稳定问题历史回溯与当代审视》,载《青海社会科学》2012 年第 6 期。

改革开放 40 年来,中国已进入社会基本结构转型的关键时期。社会主义市场经济的确立和发展导致的最基本的变化就是从领域"合一"到领域的"分离"。在非市场经济社会,经济、政治、思想、文化诸领域处于"合一"的状态,而在市场经济社会,上述诸领域获得了相对自主发展,从而呈现出分离状态。"当社会从非市场经济转变为市场经济时,社会基本结构的变化趋势便是从领域合一到领域分离的变化。"①

在中国,随着改革的深化和社会主义市场经济的不断完善,必然会产生一个相对独立于国家、独立于政治的"社会自主生活领域",这个领域的扩展将进一步带动中国社会结构的深层次变化。可以说,社会自主生活领域的自我发展和建构以及这个领域与政治国家之间的互动和整合构成了当代中国社会转型的轴心。换言之,社会自主生活领域的兴起和发展是国家与社会的关系变迁的自然结果。从新中国建立到改革开放以前,中国在国家与社会关系上属于"强国家与弱社会"的模式。国家对社会的全面管控与社会的高度政治化是这种强国家与弱社会模式的主要特征,在这种模式下,既没有资源的自由流动,也没有自由的社会空间,不存在自主的社会生活和社会领域。从计划经济到市场经济的转型,对建立在计划经济体制基础之上的中国社会产生了巨大冲击。随着市场经济的改革和深化,强国家与弱社会的模式发生了历史性转换,由国家与社会的一体化逐渐过渡到国家与社会相分离。一方面,随着国家权力的下放,国家把一部分原本属于社会的权力还给社会,社会的自主性增强,形成了一个相对独立的社会自主生活领域,释放了社会本身具有的活力和潜能。这种变化在经济领域体现为单一所有制的改革,多种经济成分并存,国企改革释放了企业的活力,企业获得了自主权,在原有计划经济体制下被国家垄断的资源获得了自由的流动。在政治领域,国家的职能发生转变,体现为从"全能国家"向"有限政府"的转变,政治权力沿着民主与法治方向发展。在思想文化领域,一切服务于政治的思维方式和行为模式发生了变化,出现了思想

① 王南湜:《从领域合一到领域分离》,山西教育出版社 1998 年版,第 164 页。

和文化的多元化。在价值观念领域,主体性观念逐渐增强,个人主义价值观念开始形成,由此对传统的价值观念构成了挑战。"显而易见,以自由流动资源和自由流动空间为标志的社会自主性的显现和相对独立的社会自主领域的存在,是当代中国市民社会的首要构成要素,也是其最显著的特征。"①另一方面,社会主义市场经济的发展,也为当代中国社会的个人与社会关系的变迁奠定了基础。随着个人独立性的相对增强,个人的自主意识、公民意识、维权意识增强,同时,个人逐渐摆脱了在高度政治整合社会中对"集体"的依附性,从而出现了适应于市场经济发展的新型个人和新的社会力量、社会组织。个体劳动者、私人企业家、乡镇企业家、民营企业家、外商、农民工,等等,都属于从旧的管理体制束缚下解放出来的新的社会力量。由此,当代中国社会组织的一个特点就是:处于政府和国家的行政组织之外,在追求特定共同利益的基础上通过自主交往关系而确立起来,因而具有一定的"民间性"和"自主性"。在新旧体制转轨过程中产生的新型社会组织不仅包括经济、社会、文化领域的非营利性社会组织,即行业协会、商会、文化体育协会、学术性学会、基金会、同乡会、俱乐部等,而且还包括非行政化的营利性经济组织,即那些独立于国家所有制以外的新兴所有制企业和专门的市场组织,比如,个体所有制企业、外资企业、中外合资企业、乡镇企业以及各类其他在现行体制外的经济组织。② 此外,还包括各种非官方的媒体、自媒体和网络社会组织等。

当然,由于历史和社会制度的差异,同样作为市场经济的衍生物和适应于市场经济发展的社会形式,中西方社会自主生活领域却存在着根本差异。中国仍然处于从计划经济向市场经济转型的过程中,中国的市场经济体制从确立至今不到半个世纪,所以与西方成熟的社会领域不同,中国的社会自主生活领域是随着国家权力的下放和政府职能的转变而逐渐产生的,经历了一个从无到有、从弱到强的过程。20世纪70年代后期以来,随着国家对社会管控的放松以及法治体系的不断完善,社会自主机制逐渐形成并得到完善。特别是

---

① 陈晏清主编:《当代中国社会转型论》,山西教育出版社1998年版,第104页。
② 参见陈晏清主编:《当代中国社会转型论》,山西教育出版社1998年版,第105—107页。

独立社团和社会组织的形成,标志着中国社会自主领域的日渐成熟。进入 21 世纪以来,以互联网和信息技术为中介,社会组织呈现出迅速发展之势,基于互动的联合和自主参与的社会组织更加具有多元化和动态性的特点。在当今中国,一方面,社会自主生活领域的逐渐形成,进一步导致政治国家与社会的分离,面对异质性和多元化的复杂社会以及人民日益增长的美好生活需要,国家和政府不可能提供所有的公共服务,这必然导致国家职能的转变,使国家和社会各有其功能,既有互动又有合作;另一方面,由于自主的社会生活领域日趋完善,"社会"自身有能力承担起国家让渡的部分管理功能,在汇集民意、提供公共服务、促进民众有序参与等方面日益发挥重要作用,从而促进了社会自身以更加积极地、自觉地方式进行自我管理。这从客观上要求一种适应于新时代的中国社会管理思维或理念的相应转变。

第四节　中国的社会治理:必要性与意义

从 20 世纪 70 年代末开始,由计划经济体制向市场经济体制的转型是中国社会转型的显性线索,这一转型过程的社会政治后果就是自主社会生活领域的生长和成熟,由此进一步导致了国家与社会的分离。随着市场经济的发展和完善,当今中国的社会转型进入新的阶段。这意味着,由这种经济体制改革所激发和带动的中国从传统社会向现代社会的全面转型问题被突显出来,成为中国社会转型的"深水区"。学者们普遍认为,"中国社会转型不仅具有整体性和复杂性的特征,而且具有长期性的特征,是一个漫长的过程"①。中国从传统社会向现代社会的转型既是从农业社会向工业、信息化社会的转型,也是从半封闭社会向现代开放社会的转型,这种转型不仅涉及中国社会结构的历史性变迁,而且涉及社会经济体制、思想和文化观念、执政理念的综合性转变。

---

① 崔翔:《中国共产党在社会治理体制创新中的功能研究》,中国经济出版社 2018 年版,第 79 页。

一、转型期社会问题的复杂性

由于建立在市场经济基础上的社会联合是以追求个人的特殊经济利益为前提的,也就是说,以个体之间的分离性、利益分化和对立为前提而实现的社会整合,这种社会显然是异质性社会,区别于以共同体为纽带的同质性社会。从同质性社会向异质性社会转变的过程是社会转型和分化的过程。在市场经济改革发展的关键时期,"经济体制深刻变革,社会结构深刻变动,利益格局深刻调整,思想观念深刻变化。这种空前的社会变革,给我国发展进步带来巨大活力,也必然带来这样那样的矛盾和问题"[①]。在转型期社会,由于旧有体制、机制和观念尚未完全退场,新旧体制、机制和观念的变化需要一定的时期和人们的适应过程,因而中国的社会转型期既是"发展的重要战略机遇期",又是"社会矛盾凸显期"。面对复杂的社会分化和社会矛盾,如果不进行有效的社会整合和积极处理,就会引发矛盾升级,进而影响社会经济的发展和社会稳定。

第一,在经济领域,随着市场经济改革以来中国经济的快速发展,打破了原有的利益格局,使得经济利益格局多样化,这典型地体现在收入分配格局的变化上。由于城乡之间、区域之间、不同的部门和阶层之间的利益分化和收入差距拉大,对经济社会发展产生了重要影响。在市场经济条件下,我国的利益分配方式转变为以按劳分配为主体、多种分配方式并存的分配制度。分配制度的改革在改善人们的生活水平、提高人们生产的积极性的同时,也拉大了人们的收入差距。由于市场经济发展导致的利益分化和对立,由此引发的社会分配的公平正义问题,是一个经济学、政治学、社会学和哲学等多个学科共同关注的问题。

第二,在政治领域,转型期社会面临的核心问题是权利和权力的关系问题。由于基层民主制度建设以及法治的不完善,导致了一些政府与民众之间

---

① 《中共中央关于构建社会主义和谐社会若干重大问题的决定》,载《人民日报》2006年10月19日。

存在冲突与矛盾。一方面,政治体制改革进展较慢,国家和政府的治理能力和调节能力有待提高。在经济体制转型过程中,出现了"权力寻租"和"钱权交易"等腐败问题。另一方面,官民互动沟通的机制和体制不健全,导致政府的公信力缺失和民众的不满情绪。比如,政府提供基本公共产品和服务的能力有待提高、政府对民意的征求和了解不足,使得政府的做法有时有悖于民众意愿;一些官员的思维方式和管理方式尚未从管控转变到"服务"上来,这在一定程度上加剧了政府和民众之间的矛盾;政府和民众之间的"代表"与"被代表"的关系没有真正落实,导致一些地方政府的公信力较低;农村基层民主建设不足,依然存在贿选现象、腐败现象,等等。由此也对国家治理体系和治理能力的现代化提出了更高的要求。

第三,在社会领域,由于国家和社会关系的变化,以及利益群体的多元化,社会组织急剧增长,出现了国家的社会治理能力不足的问题。这对国家和政府转变职能和管理方式、应对复杂的社会管理和社会建设问题提出了若干挑战。改革开放 40 多年来,我国基本上建立了一套与市场经济体制相适应的社会保障体系,实现了从国家全面管控到由国家和社会分别治理的转变,在制度和机制方面取得了很大进展。但是,在社会保障体系建设方面依然存在不少问题,阻碍着社会转型的进一步推进。概括言之,主要包括:社会保障覆盖范围的平等性不足;社会保障法制不健全和措施贯彻不到位;社会保障体系的碎片化;社会保障关系转接困难;社区服务保障缺乏;社会保障主体责任不清;社会保障管理体制和政策的协调困难等。① 这些问题突出表现在教育、医疗、养老和公共安全方面。在教育领域,如何保障农民工子女的教育公平,如何实现城乡教育机会均等,以及如何避免"冒名顶替上大学"之类的事件等等,对教育系统的全面改革提出了更高的要求。在城市,人口老龄化问题突出,如何引入社会力量和资本进入养老产业,如何建立完善的社会保障制度,也是急需解决的问题。2020 年年初突发新冠肺炎疫情导致的各种问题,对于医疗卫生体

---

① 参见彭光灿:《公民社会视域下的中国社会管理创新研究》,知识产权出版社 2016 年版,第 284—286 页。

系和应对重大公共安全的能力提出了挑战。此外,还有如何确保食品和卫生的安全等,这些都是社会领域中人们的重大关切,也是确保民众生活安定有序的重要问题。由此对社会治理提出了更艰巨的任务,要求国家和政府不断提高社会治理能力,建构新的治理格局。

第四,在道德观念和文化价值领域,转型期社会面临着道德空场和价值紧张的问题。在社会转型过程中,道德观念和文化价值领域的转型相对滞后于经济政治体制的转轨,这使得新的道德观念、文化价值观念和旧有的传统观念相交织。一方面,传统的道德和价值观念逐渐失去主导作用,但是适应于市场经济的价值观念尚未完全建立起来,这使得观念和价值场域出现了暂时性的"空场",在这种情况下,产生了市场经济条件下的道德失范问题。易言之,诚信、公平交易等问题不仅需要国家的法律制度来保证和解决,而且需要建立起一套适应于现代市场经济体系的道德观念和价值观念。另一方面,在全球化时代,中国的改革开放,不仅使社会自主空间不断拓展,而且伴随着人们利益的多元化,出现了价值的多元化。由于个人的活动空间和选择范围增大,出现了中西价值观念并存尤其是主流价值观念与其他价值观念紧张的状况。互联网时代,网络空间成为民众社会生活的一部分,这在某种程度上会加剧价值观的多元化和紧张冲突。"价值虚无主义"严重影响着中国的意识形态安全和"四个自信"。为此,如何引导民众牢固树立社会主义核心价值观,如何进一步规范网络空间的自由表达等,从而为中国特色社会主义的发展提供健康、积极的道德观念和文化价值环境,成为转型期社会一个不容忽视的问题。

第五,在生态环境领域,改革开放40多年来,我们取得了经济建设的伟大成就,但是生态环境问题却日益突出。2002年,党的十六大报告强调把可持续发展放在突出位置,提出全面建设小康社会。2007年,党的十七大把"生态文明"首次写入报告,并把生态文明建设作为全面建设小康社会的一个重要目标。这表明,党和政府把可持续发展、科学发展观和生态文明建设提到推动社会全面进步的高度上,开启了中国特色生态文明建设之路。特别是党的十八大以来,更加明确地把生态文明建设纳入"五位一体"的发展战略,对生态环境之于中国特色社会主义建设的重要性和必要性有了新的认识。尽管我国的生态文明建设在法律法规、制度体系和治理方面取得了丰硕成果,环境治理的新格局正逐步形成,但是,在生态环境的治理体系方面,仍然存在着一些问题和挑战。比如:农村环境治理问题还没有得到有效解决;环境治理的多元主体责任机制尚不健全;社会组织在环境治理中的作用还没有得到充分体现,等等。总体来看,有些问题并非仅仅在单一的领域内就能够加以解决。在实践中,有些问题的发生是综合性的,超越了理论的学科划分和区隔,很难在单一的领域或理论学科内获得理解和解答,因此其解决之道必定也是综合性的。这正是转型期社会问题的复杂性的表征。

以上分析表明,中国社会已经呈现出高度复杂性和异质性的特征:经济利益格局多样化、社会生活多样化、社会组织形式多样化、人们需求的多样化。在这种情况下,不仅需要国家切实提高治理水平,而且也对社会的自我管理提出了新的要求,这就需要加强和创新社会治理,不断提高社会治理的水平和能力。当今中国社会主要矛盾已经转变为人民日益增长的美好生活需要和不平衡不充分的发展之间的矛盾。人民的美好生活需要是多层次的和多样化的,既包括物质层面过上体面生活的需要,也包括受到尊重和承认等心理层面的需要。多年来,我国在不同地区、城乡和行业之间的发展不平衡,在一定程度上制约着经济的健康发展。与城乡之间发展的不平衡相关,中国社会的结构出现了城乡二元的固化、地区间贫富差距和收入差距大等问题。党的十九大报告明确提出,"不断满足人民日益增长的美好生活需要,不断促进社会公平正义,形成有效的社会治理、良好的社会秩序,使人民获得感、幸福感、安全感更加充实、更有保障、更可持续"[1]。因而加强和创新社会治理是党和政府对我国社会主义初级阶段以及社会主要矛盾的深入理解,是站在百年未有之大变局的历史高度审视中国特色社会主义伟大实践的必然要求。

---

[1] 《习近平谈治国理政》第 3 卷,外交出版社 2020 年版,第 35 页。

二、从社会管理到社会治理

从"社会管理"到"社会治理"的转变,标志着中国社会治理理念的更新,体现了党和国家对社会主义市场经济实践的深刻理论反思和总结,体现了党和国家从全面深化改革的高度对自主的社会生活领域的重视以及社会、市场与政府关系认识的深化。党的十四届三中全会通过的《关于建立社会主义市场经济体制若干问题的决定》中首次提出"社会管理"概念,强调完善政府的社会管理和公共服务职能。基于对政府的基本职能和加强社会管理的认识,党的十八大报告明确提出,要"构建中国特色社会主义社会管理体系",明确提出了关于社会体制改革的方向。党的十八届三中全会审议通过的《中共中央关于全面深化改革若干重大问题的决定》(简称《决定》)则首次使用了"社会治理"概念,提出"全面深化改革的总目标是完善和发展中国特色社会主义制度,推进国家治理体系和治理能力现代化"[①]。从党的十八届五中全会到十九大报告强调要构建共建共治共享的社会治理新格局。

近些年来,从党政部门到学术界都在热议社会管理、社会治理以及国家治理的相关问题,围绕这些问题,涌现出了许多理论成果。然而,社会管理与社会治理概念含义的差异究竟在哪里? 社会治理与国家治理之间的关系是怎样的? 对于这两个至关重要的问题,不同的学者有不同的理解。我们认为,如果不首先对这两个问题加以澄清,那么就不能恰当把握中国社会治理问题,从而不利于推进中国的社会治理的理论和实践。

其一,社会治理与社会管理是两个不同的概念,有着不同的含义,但是这两个概念又有着内在一致性。社会治理概念是对社会管理概念的升华和深化。"社会"就其含义而言,有广义与狭义之分。根据一些学者的梳理和概括,社会管理的内涵大致包括七个方面:"协调社会关系,规范社会行为,解决社会问题,化解社会矛盾,促进社会公正,应对社会风险,保持社会稳定。其核

---

① 《中共中央关于全面深化改革若干重大问题的决定》,载《人民日报》2013 年 11 月 16 日。

心是保护、维护群众的权益,促进社会公正。"①这种界定对社会管理的对象、内容和目标提供了一般性的说明,适用于中西方社会。相比之下,"社会治理就是在社会领域内,政府、私营部门、非营利组织部门以及公民等组成相互依赖的多主体治理网络,在平等基础上按照参与、沟通、协调和合作等治理机制,为有效解决公共社会问题、提供公共服务,并增进公共利益而共同管理公共事务的过程"②。通过上述界定的对比,可以看出:首先,社会管理的主体相对单一,强调政府对社会的管理和控制,而社会治理的主体则具有广泛性和多元性,既包括政府、也包括各类社会组织和公民个人;其次,社会管理的原则是规范、保护和稳定,而社会治理的原则是平等、协商、互动和合作;再次,社会管理的目标是保持社会稳定,维护群众的权益,而社会治理的目标是解决社会的公共问题,提供公共服务,满足人民的合理需要;最后,社会管理强调政府对社会的公共事务进行干预和管控,而社会治理则强调社会的自我管理。在某种意义上说,从社会管理到社会治理的转变实质上是一种治理模式的转变,是一种社会管理理念的更新。这种社会治理观念更适合于具有复杂性和动态性的现代市场经济社会体系,能够更好地促进国家治理体系和治理能力现代化。

其二,国家治理和社会治理是全面深化改革总目标和总部署的关键性范畴,恰当地把握国家治理与社会治理的关系问题也是极为重要的。首先,国家治理是一种治理格局或治理体系的统称,在国家治理体系之下,包括经济、政治、文化、生态和社会五位一体,因而从这种意义上说,社会治理只是国家治理体系的一个子系统、一个方面。其次,从社会治理的主体和模式看,中国的社会治理有其自身的特色:一方面,在社会治理的多元主体中,国家和政府是一个重要的主体,国家对于社会发展和社会建设的作用必不可少;另一方面,中国的社会治理是由国家主导的治理,这意味着,国家对于推动社会建设负有积极的、主动的责任,具有主导和服务的双重功能。再次,在社会治理层面,无论

---

① 宋瑞芝主编:《中西方社会管理体系生成基础的比较研究》,商务印书馆2019年版,第4页。

② 俞可平等:《中国的治理变迁:1978—2018》,社会科学文献出版社2018年版,第340页。

是国家或政府、还是市场或社会都是平等、互动和合作的关系，在社会治理体系中各有其作用，都是以人民为中心的，因而"共治"构成了社会治理的内核。

三、市场化不足还是市场化过度

改革开放40周年之际，中国特色社会主义又站在新的历史起点上，正迈向新的征途。首先必须肯定，中国特色社会主义的发展进入新阶段，必须"坚持市场化的改革方向不动摇"。正如高尚全指出："中国的改革所取得的成果，也就是社会主义市场经济不断发展的结果。我们回顾中国40年改革的经验，其中最核心的一条，就是要坚持市场化的改革方向。正是因为坚持市场化的改革方向，人民群众的劳动积极性才得以最大的发挥。"[1]中国改革的进程实际上就是不断解放思想、使市场经济从确立到不断完善的过程，也是党和政府不断深化关于市场与计划关系认识的过程。从坚持使市场在资源配置中发挥"基础性"作用到党的十八届三中全会提出的"决定性"的作用，是党对中国特色社会主义建设规律认识的重大突破。说到底，改革的目的是为了人民的福祉，改革的成果惠及人民，让人民共享。

当然，面对市场经济取得的巨大成就，有一种思想倾向是值得深思的，这种观点认为包括教育、医疗卫生、文化等一切领域都应进行市场化改革。比如说：有人认为目前中国市场经济的问题主要是市场化取向不足的问题，尤其是"思想市场的缺位"的问题。而这种思想市场的自由是以将中国大学和整个教育实施市场化取向的自由与竞争为前提的。英国诺贝尔经济学奖得主罗纳德·哈里·科斯和王宁在《变革中国——市场经济的中国之路》一书中就持有这种看法。他们认为，改革开放以来，在中国经济领域尤其是企业获得了自主经营权，能够合法地参与国内外的市场竞争，中国的市场化转型取得了引人瞩目的成绩，然而，中国的大学和教育却走向了相反的方向，中国的大学和整个教育体系依旧被政府严格地把控。所以中国的市场化改革最严重的缺陷就

---

[1] 高尚全：《改革：中国特色社会主义的伟大实践——中国改革40年的回顾和思考》，载《全球化》2017年第9期。

暴露在教育领域,这里是"中国经济问题的症结"。这个缺陷已成为中国经济与社会发展中面临的"最严重的瓶颈"。他们分析指出:"从组织结构而言,中国大学的致命伤是缺乏自主性。大部分中国大学依旧依靠政府资助,并在教育部的严格控制之下。教育部负责任命国内主要大学的党委书记和校长,在大学里,党委书记比校长有着更高的行政级别,也经常对学校的运作有着更大的话语权。中国大学设立的学位和专业都要经过教育部的审批。通过对财政、人员和专业设置的直接控制,目前中国教育部对高校的控制程度甚至超过了改革之前主管部门对国企的控制。"①由此导致的结果就是,中国的大学善于迎合教育部,而不是提供创新性的研究与教育项目,这种情况与改革前的国企没有什么本质区别。不仅如此,"从经济到教育,从法律到政治,中国社会的每个角落都缺乏充满活力的思想市场。从表面上来看,在自由思想市场缺失的情况下,中国经济在改革的初期实现了卓越的增长。在自由的商品和服务市场的推动和鼓舞下,那些将持续经济增长作为自己执政合法性的领导人或许认为只有商品与服务的市场就已经足够。但这种想法错得太远。缺乏自由的思想市场直接导致了科技创新乏力,这早已为中国制造行业致命的软肋。"②他们还认为,没有"自由和开放的思想市场,中国就很难继续保持高速的经济增长,也无法进入全球科学和技术的领先行列","自由思想市场的缺失也损害着中国对建立和谐社会与重建文化传统的努力"③。客观地说,他们对中国大学和整个教育体系缺乏思想活力和创造性的批评是有一定道理的,但是他们将中国的教育领域缺乏思想解放的根源归结为"市场化倾向不足"是值得警惕的。

还有一种观点与之相反的看法也应当引起人们的重视。近年来,"公益

---

① [英]罗纳德·哈里·科斯等:《变革中国——市场经济的中国之路》,徐尧、李哲民译,中信出版社 2013 年版,第 251 页。

② [英]罗纳德·哈里·科斯等:《变革中国——市场经济的中国之路》,徐尧、李哲民译,中信出版社 2013 年版,第 253 页。

③ [英]罗纳德·哈里·科斯等:《变革中国——市场经济的中国之路》,徐尧、李哲民译,中信出版社 2013 年版,第 254 页。

活动"和"公益事业"频繁地出现在诸如慈善、环保、扶贫、教育等领域中,引起人们的广泛关注。一种有影响的观点认为,公益事业与市场机制是矛盾的,"公益性"甚至成为拒绝市场化改革的掩饰。归纳起来,这种将公益性与市场机制加以对立的观点,其根据大致有三种:一是"动机论",这种观念认为公益行为的动机是"行善",而市场行为的动机是"逐利",因此公益和市场机制不相容。二是"结果论",这种观念认为,市场机制的本质是市场主体以追逐利润最大化为出发点展开竞争,但竞争无法产生公益,因此公益与市场机制不相容。三是"公共物品论",这种观念认为公益事业和公益活动提供的是公共物品,而市场无法自发提供公共物品,因而具有公益性的领域不能依靠市场机制,而只能由政府来提供。① 可见,这种观点走向了另一个极端,即以社会公益事业的理由反对引入市场机制、反对市场化改革。

在这里,上述两种观点引出的关键点在于:社会领域的问题究竟出在市场化不足上还是出在市场化过度上?我们认为,深层次的问题是在我国市场化改革过程中究竟如何正确处理政府与市场的关系和边界问题。正确认识这一问题对于发展健康的现代市场经济和建设现代市场体系具有重要的意义。我们党和国家已然深刻地认识到,市场决定资源配置是市场经济的一般规律,也是健全中国特色社会主义市场经济体制必须遵循的规律。党的十八届三中全会《决定》指出,使"市场在资源配置中起决定性作用";党的十九大报告强调要"使市场在资源配置中起决定性作用,更好发挥政府作用,推动新型工业化、信息化、城镇化、农业现代化同步发展"。这充分表明,党和国家始终坚持社会主义市场经济改革的方向,逐步深化对市场与政府关系的理解,进一步明确市场在资源配置中的"主导作用",这意味着,在市场主导下发挥政府的作用,规范和转变政府职能,实则划定了政府与市场的边界。当然,让市场在资源配置中起决定性和主导作用,并不意味着,一切领域都应当由市场来决定,市场不是起全部的决定作用。尤其是在"市场失灵"的领域,需要充分发挥政

---

① 参见张琦:《公益性领域不能依靠市场机制吗——对一个颇有影响的观点的辨析》,载《北京日报》2015 年 11 月 23 日。

府的作用。比如,在基础教育和医疗卫生领域就不能完全依靠市场来解决问题,这不仅因为市场信号对于人们需要怎样的教育和医疗是无法给出准确信息的,而且还因为教育和医疗服务不能以经济利益和利润为中心,为此,政府在这些领域应当进行宏观调控。此外,在市场机制发挥作用的地方,市场经济的有序运转需要良好的条件和环境,这也需要政府进行规范和维护。譬如,2020 年新冠肺炎疫情的暴发,对于这一重大突发公共卫生事件,假市场之手反而是有害的,同样需要政府发挥管理和调控的作用。

从更广阔的视域来看,正确认识市场与政府的关系和边界问题,需对中国特色社会主义市场经济理论和实践进行反思,而且也涉及对一般的市场经济本质的认识和反思。众所周知,许多西方自由主义者将市场经济视为现代文明的创造性基石,认为市场的本质是自律的,是自发性的秩序,在没有任何外在干预的情况下,自律性市场能够解决一切矛盾和问题。然而,英国著名经济史学家卡尔·波兰尼通过考察资本主义市场经济的兴衰过程,对自律性市场的"错觉"进行了批评和澄清,认为资本主义现代市场体系的运行不是自我调节的产物,而是政府干预的结果。这里简要考察波兰尼的观点,有助于我们进一步反思西方自由主义者关于"市场万能论"的错误主张。

在波兰尼看来,"自律性的市场经济"意味着一个仅仅由市场价格来引导经济的自律性的市场制度,而支持这种自律性的市场经济,则需假定社会的运转只不过是市场制度的附属品。波兰尼指出:"经济因素对社会生存的极端重要性,排除了任何其他的结果。一旦经济体制以单独的制度、特殊的动机且享有特别的地位等方式组织起来了,这整个社会就必须依次改头换面,以便让这个体制能按自己的法则运作。这就是一般所说的市场经济只能在市场社会中运作的意思。"①然而,在波兰尼看来,市场的本质不是"扩张性的",而是"受到限制的"。自律性市场的存在以关于社会整体的二分法为基础,即是

---

① ［英］卡尔·波兰尼:《巨变——当代政治与经济的起源》,黄树民译,社会科学文献出版社 2013 年版,第 129—130 页。

说,将社会分割为经济领域和政治领域。波兰尼说:"诚然,没有一个社会能没有某种用来确保商品之生产及分配之秩序的体制而存在。但这并不意味着就存在着分离独立的经济制度;一般而言,经济秩序只不过是社会秩序的一种作用,并包含于其中。"①实际上,波兰尼借此强调,市场经济不可能真正脱离社会,一旦市场经济想要脱离社会关系,就会对社会造成伤害,从而引起反向保护主义的抗争。由此,经济体制不可能成功从整个社会关系中脱嵌并主导社会,自律性市场只是一种"空想"。从19世纪资本主义的兴起到市场制度的变迁表明,土地、劳动力、货币与信贷这些"虚拟商品"的存在,使得经济从社会中"脱嵌"是不可能的,真正的市场社会必须依赖政府在市场调节上发挥积极的作用。重要的是,波兰尼揭示了市场社会中所蕴含的双重倾向:一方是由商人阶级所支持的经济自由主义的原则,目的是建立一个"自律性的市场",这是自由放任和市场扩展的力量;另一方是"社会保护"的原则,这是保护主义的反向抗拒力量,这种力量的支持者是多层次的,既有资本家、工人阶级,还有商业团体、社会运动、其他社会阶层等等,其目的是使人类、自然与生产组织免受直接市场制度的伤害。据此,波兰尼说道:"19世纪的社会史因而是一个双重发展的结果:就真正的商品而言是扩展市场的组织;对虚拟的商品而言是限制其发展,这两者相伴随而发生。因此就一方面而言,市场已经扩散到全球各地,并且其商品的数量增加到不可思议的地步;在另一方面各政府却发展出成套的措施及政策来限制市场对劳动力、土地及货币的影响。虽然世界性的商品市场、世界性的资本市场及世界性的货币市场等组织在金本位制的推动下,为市场机制取得空前的冲力,但却同时产生另一个更深入的运动以对抗市场经济的危害性影响。社会保护自己以对抗自律性市场所具有的危害——这就是当代历史的特色。"②弗雷德·布洛克对波兰尼观点的当代意义

---

① [英]卡尔·波兰尼:《巨变——当代政治与经济的起源》,黄树民译,社会科学文献出版社2013年版,第149—150页。

② [英]卡尔·波兰尼:《巨变——当代政治与经济的起源》,黄树民译,社会科学文献出版社2013年版,第157页。

给予了高度肯定,他说:"对波兰尼而言,市场自由主义的致命伤就在于其将人类的需求,放置在一非人性的市场机制逻辑下。他坚持我们应使用民主政治的机制,来控制及指引经济发展,以满足个人及群体的需求。他告诉我们20世纪因无法应对此挑战而造成的巨大伤害。他对21世纪的真知灼见,无比清晰。"①当然,波兰尼关注的是资本主义社会的转型,以此反驳新自由主义仅仅依赖市场体系组织现代社会生活的趋向,但是波兰尼的分析对于我们从理论上恰当理解市场经济和社会整体之间的关系,理解市场、政府和社会的合理关系具有参考意义。

基于上述讨论,我们认为,对于现代复杂社会的治理来说,政府、市场和社会组织均是多元平等的主体,其在社会治理中均有其不可或缺的积极作用。确立与中国特色社会主义市场经济发展相适应的共建共治共享的社会治理新格局,不仅能够进一步发展和丰富中国特色社会主义的理论和实践,而且能够为其他国家的社会治理提供经验和借鉴。

四、加强和创新社会治理的意义

中国特色社会主义事业建设的主体是人民,中国的社会治理必须贯彻"以人民为中心"的理念,中国特色社会主义步入新时代,加强和创新社会治理,打造共建共治共享的中国特色社会治理体系具有重要的理论和实践意义。

首先,习近平新时代中国特色社会治理思想是对马克思主义社会治理思想的中国化发展的持续推进。中国的社会治理的新思想和新观点是党的十八大以来习近平新时代中国特色社会主义思想的重要组成部分,是对马克思主义社会治理思想的继承和创新。马克思和恩格斯虽然没有明确提出"社会治理"的概念,但是他们在历史唯物主义理论中提供的关于国家与社会的关系理论以及关于未来社会的构想为当今中国的社会治理思想提供了基本的理论

---

① ［英］卡尔·波兰尼:《巨变——当代政治与经济的起源》,黄树民译,社会科学文献出版社2013年版,第45页。

依据。唯物史观和剩余价值学说是马克思的两个伟大发现。恩格斯在《卡尔·马克思》中指出,马克思的唯物史观实现了世界观和历史观的变革,新的历史观对于社会主义的观点有极其重要的意义。这种历史观表明,随着社会生产力的发展,资产阶级的政治统治将被无产阶级所推翻,无产阶级通过消灭一切阶级统治而实现对自己的解放,在这样的社会中,"社会生产力已经发展到资产阶级不能控制的程度,只等待联合起来的无产阶级去掌握它,以便建立这样一种制度,使社会的每一成员不仅有可能参加社会财富的生产,而且有可能参加社会财富的分配和管理,并通过有计划地经营全部生产,使社会生产力及其成果不断增长,足以保证每个人的一切合理的需要在越来越大的程度上得到满足"①。马克思和恩格斯认为,在阶级社会,国家是阶级统治的工具,而在未来的共产主义社会,阶级和国家都会消亡,这种社会将是"自由人的联合体",每一位社会成员都参与对社会的管理,实行自我管理,成为社会的真正主人。在《共产党宣言》中,马克思和恩格斯指出:"代替那存在着阶级和阶级对立的资产阶级旧社会的,将是这样一个联合体,在那里,每个人的自由发展是一切人的自由发展的条件。"②

其次,以人民为中心的社会治理理念彰显了中国特色社会主义制度的优越性。中国共产党领导是中国特色社会主义最本质的特征,是中国特色社会主义制度的最大优势。中国的社会治理坚守以人民为中心的社会治理理念,坚持人民至上,不仅让人民自己说了算,成为社会治理的主人,积极参与社会的治理,而且社会治理的成效由人民说了算,人民是评价社会治理的主体。习近平指出:"中国共产党的一切执政活动,中华人民共和国的一切治理活动,都要尊重人民主体地位,尊重人民首创精神","检验我们一切工作的成效,最终都要看人民是否真正得到了实惠,人民生活是否真正得到了改善,人民权益是否真正得到了保障"③。坚持以人民为中心的社会治理理念是在新的时代

① 《马克思恩格斯文集》第3卷,人民出版社2009年版,第460页。
② 《马克思恩格斯文集》第2卷,人民出版社2009年版,第53页。
③ 转引自魏礼群主编:《中国社会治理通论》,北京师范大学出版社2019年版,第38页。

背景下对中国特色社会主义制度的发展和完善,更为具体地体现了中国社会主义制度的优越性。2020 年初,面对来势汹汹的新冠肺炎疫情,"党中央坚持把人民生命安全和身体健康放在第一位,第一时间实施集中统一领导"明确坚决遏制疫情防控,因时因势制定重大战略策略,全力以赴救治患者,"不遗漏一个感染者,不放弃每一位病患者",国家承担全部治疗费用,无疑彰显了中国特色社会主义制度的优越性。

再次,加强和创新中国的社会治理,提高社会治理的能力和水平是提高国家治理体系和治理能力现代化的重要体现。中国特色社会主义的国家治理体系和治理能力现代化包括经济、政治、文化、生态和社会的整体治理的现代化。社会治理是社会建设的重大任务,是国家治理的重要内容。习近平指出:"加强和创新社会治理,关键在体制创新,核心是人,只有人与人和谐相处,社会才会安定有序。""治理和管理一字之差,体现的是系统治理、依法治理、源头治理、综合施策。"①在社会治理方面,转变政府职能,激发社会的自我治理能力,推进多元主体共同治理社会,是一项长期的、持续不断的工程。习近平在海南省考察工作时指出:"抓民生要抓住人民最关心最直接最现实的利益问题,抓住最需要关心的人群,一件事情接着一件事情办、一年接着一年干,锲而不舍向前走。"②抓民生就能抓住民心,民心安定、社会和谐有序是国家治理体系和治理能力现代化的一个重要体现。

最后,加强和创新中国的社会治理,建设中国特色社会主义的"治理共同体",能够为其他国家的社会治理贡献智慧和方案,凸显"中国式治理"的示范意义。党的十九届四中全会审议通过的《中共中央关于坚持和完善中国特色社会主义制度　推进国家治理体系和治理能力现代化若干重大问题的决定》(以下简称《决定》)提出,"必须加强和创新社会治理,完善党委领导、政府负责、民主协商、社会协同、公众参与、法治保障、科技支撑的社会治理体系,建设人人有责、人人尽责、人人享有的社会治理共同体,确保人民安居乐业、社会安

---

① 习近平:《论坚持全面深化改革》,中央文献出版社 2018 年版,第 95 页。
② 《党的建设大事记》,党建读物出版社 2018 年版,第 46 页。

定有序,建设更高水平的平安中国。"①从 2020 年年初至今,在抗击新冠肺炎疫情和疫情常态化防控的"战役"中,中国的社会治理取得了显著成效,得到了世界范围内许多国家的肯定。中国式社会治理为全球化时代的社会治理提供了宝贵的经验,贡献了中国智慧和中国方案。

---

① 《中共中央关于坚持和完善中国特色社会主义制度　推进国家治理体系和治理能力现代化若干重大问题的决定》,载《人民日报》2019 年 11 月 6 日。

第二章　坚守"以人民为中心"的社会治理理念

中国特色社会主义兼具社会主义的一般性和特殊性。中国特色社会主义制度决定了人民是国家和社会的主人,人民不是抽象的,而是现实的、具体的和全面的。推进国家治理的一个重要内容就是推进社会治理。中国的社会治理坚守"以人民为中心"的社会治理理念。人民是社会治理的主体,国家、市场、社会组织和公民个人是社会治理的主体,多元的社会治理主体之间具有动态的、平等的、协商的和合作的关系。人民既是社会治理的参与者和行动者,也是社会治理效能的评价者。社会治理的对象是与人民的生活密切相关的社会性、公共性事务,涉及其切身利益的事情。社会治理的目的是满足人民的美好生活需要。马克思主义的社会治理理念与非马克思主义的社会治理理念的分水岭是人民治理社会,而不是社会治理人民。

第一节　人民是社会治理的主体

中国是社会主义国家,中国也是市场社会,但它是社会主义的市场社会。人民是国家的主人,也是社会的主人。人民是社会治理的主体,这在任何时候都不可含糊和动摇。只有弄清了中国特色社会主义制度以及中国社会主义市场经济的特殊性,才能把握中国社会治理的特殊性,从而深刻理解中国式社会治理为什么要坚守"以人民为中心"的理念。

一、中国处于并将长期处于社会主义初级阶段

当代中国的"历史坐标"就是"中国处于并将长期处于社会主义初级阶段"。"就中国社会性质而言,这个历史阶段是社会主义初级阶段。这也是我们党经过长期曲折的实践,在深刻认识当代中国国情和社会发展规律的基础上得出的正确结论。"①从这个历史坐标出发,是加强和创新中国的社会治理,坚守"以人民为中心"的社会治理理念的基础和前提。按照马克思关于人的发展的三阶段理论,社会主义初级阶段仍然处于第二个发展阶段,即"以物的依赖性为中介的人的独立性"阶段。在这一阶段的社会中,仍然需要市场交换体系来配置资源和组织生产,形成社会的有机联结,从而促进生产力的发展。处于这一阶段的社会主义社会,由于公有制占主导和人民的主体性地位,市场经济作为一种起决定性作用的资源配置方式,其旨在发展社会经济,满足人民的美好生活需要。中国特色社会主义以共同富裕为目标,以个人自由和社会全体自由的统一作为价值理想,通过建构"强政府与强社会"的关系,超越了以私有制为基础的现代西方资本主义的经济形态和社会形态。

众所周知,马克思在《给<祖国纪事>杂志编辑部的信》中反对任何将他关于西欧资本主义生产的历史运动的理论加以一般化和教条化的倾向。马克思针对其批评家们说:"他一定要把我关于西欧资本主义起源的历史概述彻底变成一般发展道路的历史哲学理论,一切民族,不管它们所处的历史环境如何,都注定要走这条道路,——以便最后都达到在保证社会劳动生产力极高度发展的同时又保证每个生产者个人最全面的发展的这样一种经济形态。但是我要请他原谅。(他这样做,会给我过多的荣誉,同时也会给我过多的侮辱。)"②马克思想要强调的是,任何理论的适用都有其特定的历史环境,在不同的历史环境和条件之下,相同的事情会产生不同的后果。

① 郭湛等:《公共性哲学——人的共同体的发展》,中国社会科学出版社2019年版,第186页。
② 《马克思恩格斯文集》第3卷,人民出版社2009年版,第466页。

俄国的革命道路问题有其特殊性,中国的革命、建设和改革的道路同样如此。

资本主义是一个商品生产和交换体系占主导的社会,马克思、恩格斯设想,随着西方资本主义生产方式以及工人阶级和无产阶级对立的发展,资本主义国家的生产社会化与私人占有制之间的矛盾,致使资本主义社会最终走向崩溃并被社会主义和共产主义社会所取代。但是,马克思、恩格斯并没有彻底否定资本主义经济形态和社会发展阶段的意义,他们认为,资本主义社会创造的巨大生产力为社会主义的到来奠定了雄厚的物质基础。马克思、恩格斯指出:"历史的每一阶段都遇到一定的物质结果,一定的生产力总和,人对自然以及个人之间历史地形成的关系,都遇到前一代传给后一代的大量生产力、资金和环境,尽管一方面这些生产力、资金和环境为新的一代所改变,但另一方面,它们也预先规定新的一代本身的生活条件,使它得到一定的发展和具有特殊的性质。"①人是一种具有历史性和现实性的存在,人的历史活动离不开既定的生产力,离开了生产力状况和物质生产条件,也就不可能胜任重建社会的工作。马克思认为,共产主义社会的第一阶段就是社会主义社会,这一阶段的基本特征是实现生产资料的公有制,实行按劳分配,商品生产由国家统一进行调节,实现了劳动平等和分配平等。但是,马克思也指出:刚刚从资本主义社会中产生出来的社会主义社会,"在各方面,在经济、道德和精神方面都还带着它脱胎出来的那个旧社会的痕迹"②。这意味着,对于一般的社会主义社会来说,在经济方面实行按劳分配以及关于平等、公平和权利的观念还是有弊病的,这些弊病只有到了共产主义社会才能真正被克服。可见,为了实现共产主义社会,必须以物质生产力的巨大发展为前提,这在一定意义上也为社会主义市场经济的确立和不断完善提供了理据。"人类社会的发展是一个自然历史过程,商品(市场)经济是人类社会发展所不可逾越的社会经济发展的自然过程的一个阶段,在经济发展落后的状况下建立起社会主义制度的国家,在其发

---

① 《马克思恩格斯文集》第1卷,人民出版社2009年版,第544—545页。
② 《马克思恩格斯文集》第3卷,人民出版社2009年版,第434页。

展进程中,必然要经过商品(市场)经济的充分发展,才能最后过渡到马克思所预见的未来社会"①。

中国社会主义的特殊性取决于其自身的社会历史条件。近代以来,中国沦为半殖民地半封建社会,这使得中国不可能成功走上西方式资本主义的道路,也不可能经历资本主义充分发展的阶段,在这种情况下,中国共产党坚持以马克思主义为指导,带领人民成功走上中国特色社会主义道路。中国的社会主义并没有建立在生产力充分发展的基础上,这在客观上决定了中国社会主义的特殊性。对于中国社会主义社会的发展和建设来说,一方面必须要大力发展生产力,为社会主义制度奠定物质基础;另一方面必须要建立与生产力发展水平相适应的生产关系和上层建筑。为此,中国共产党人明确提出了"我们的社会主义制度还是处于初级阶段"的科学判断,正是从这个"不发达的阶段"这个最大的实际出发,制定了党的基本路线和一系列方针政策。经过改革开放40年的发展,实践表明:"只有社会主义才能救中国,只有改革开放才能发展中国、发展社会主义、发展马克思主义。"②中国特色社会主义建设进入新时代,我国社会主要矛盾已经转变为人民日益增长的美好生活需要和不平衡不充分的发展之间的矛盾。党的十九大报告指出:"必须认识到,我国社会主要矛盾的变化,没有改变我们对我国社会主义所处历史阶段的判断,我国仍处于并将长期处于社会主义初级阶段的基本国情没有变,我国是世界最大发展中国家的国际地位没有变。"③这意味着,尽管现阶段我国的生产力水平较之前显著提高,取得了改革开放和社会主义现代化建设的历史性成就,但是从总体来看,生产力的发展仍然没有提升到现代化的水平,这决定了中国特色社会主义仍然需要不断发展和完善。

从当代中国的历史坐标来看,无论是国家治理还是社会治理,其核心要义都是"以人民为中心",就是为了人民的公共利益和福祉而发展中国特色社会

---

① 王伟光:《利益论》,中国社会科学出版社2010年版,第290页。
② 《习近平谈治国理政》第3卷,外文出版社2020年,第17页。
③ 《习近平谈治国理政》第3卷,外文出版社2020年,第10页。

主义。正如有学者所言,从马克思主义哲学角度理解和把握社会治理和国家治理的实质离不开共同体、公共性和发展理念这几个根本性的概念。"社会的管理和国家的治理,都是某种公共性的实现方式,它要建构起相应的公共性,并且推动共同体公共性的发展。"①伴随着20世纪80年代以来的全球政府改革运动,现代西方资本主义虽然在社会和国家的公共性方面获得了巨大发展,但是由于私有制的局限性,其依然面临生产的公共性和私有占有之间的矛盾。相比之下,"我们以公有制为主体的社会主义经济形态乃至整个社会形态,同资本主义国家纯以私有制为经济基础的社会形态相比,有了更多公共性的成分。在历史发展中,社会主义社会公共性的发展,明显会高于资本主义社会的公共性水平"②。

二、坚持以人民为中心的根本理念

中国是工人阶级领导的、以工农联盟为基础的人民民主专政的社会主义国家。我国的国家性质确保人民当家作主,人民是国家的主人,因而发展中国特色社会主义事业要求必须坚持以人民为中心的理念。坚持以人民为中心的理念,是马克思主义政党对于唯物史观的当代继承和发展,是中国共产党和政府据以开展一切工作的根本理念。

首先,坚持以人民为中心的根本理念是对马克思主义关于人民创造历史观点的继承和发展。马克思和恩格斯在驳斥鲍威尔一伙的唯心史观时指出,历史是人的活动的历史,离开现实存在的人和人的活动,也就无所谓历史。当鲍威尔把历史看成"脱离物质群众的主体"时,马克思和恩格斯则说:"历史什么事情也没有做,它'不拥有任何惊人的丰富性',它'没有进行任何战斗'!其实,正是人,现实的、活生生的人在创造这一切,拥有这一切并且进行战斗。

---

①　郭湛等:《公共性哲学——人的共同体的发展》,中国社会科学出版社2019年版,第171页。

②　郭湛等:《公共性哲学——人的共同体的发展》,中国社会科学出版社2019年版,第172页。

并不是'历史'把人当做手段来达到自己——仿佛历史是一个独具魅力的人——的目的。历史不过是追求着自己目的的人的活动而已。"①与唯心史观不同,唯物史观坚持认为,整个所谓世界历史不外是人通过人的劳动而诞生的过程,历史的真正诞生地不在思想意识中,而在"地上的粗糙的物质生产"中,自然科学和工业对于社会历史的发展具有重要作用,它们为人的解放提供了必要前提和准备。现实的、活生生的人,进行粗糙的物质生产的人就是人民群众,正是人民群众创造了历史。中国的革命、建设和改革的伟大历史征程始终是在马克思主义思想指导之下进行的,是马克思主义基本原理与具体实际相结合的实践过程,这一过程的主体始终是具有创造性和能动性的人民群众。习近平指出:"以人民为中心的发展思想,不是一个抽象的、玄奥的概念,不能只停留在口头上、止步于思想环节,而要体现在经济社会发展各个环节。"这也就是说,"我们只有具体全面地理解人民、理解以人民为中心,坚持具体、全面的人民主体地位,才能使以人民为中心的发展思想落地生根"②。党的十九大报告指出:"人民是历史的创造者,是决定党和国家前途命运的根本力量。必须坚持人民主体地位,坚持立党为公、执政为民,践行全心全意为人民服务的根本宗旨,把党的群众路线贯彻到治国理政全部活动之中,把人民对美好生活的向往作为奋斗目标,依靠人民创造历史伟业。"③

其次,坚持以人民为中心的根本理念是继承马克思主义的民主理念,坚持人民民主、把握民主真谛的重要体现。马克思明确批判黑格尔主张的君主制,坚持人民主权的观念,他在《黑格尔法哲学批判》中深刻地指出:"在民主制中,国家制度本身只表现为一种规定,即人民的自我规定……民主制是一切形式的国家制度的已经解开的谜"④。在君主制的国家中,人民没有社会地位可

---

① 《马克思恩格斯文集》第1卷,人民出版社2009年版,第295页。

② 李淑梅:《以人民为中心发展思想的具体全面性及其践行路径》,载《理论视野》2020年第2期。

③ 《习近平谈治国理政》第3卷,外文出版社2020年版,第16—17页。

④ 《马克思恩格斯全集》第3卷,人民出版社2002年版,第39页。

言,是附属于君主的。在民主制中,国家的政治制度是依附于人民大众的,是为人民的存在,是人民对自己的规定。只有民主制才是所有国家的本质,"在这里,国家制度不仅自在地,不仅就其本质来说,而且就其存在、就其现实性来说,也在不断地被引回到自己的现实的基础、现实的人、现实的人民,并被设定为人民自己的作品"①。民主制只有不断地回溯到自己的现实性基础——人民,才能使人民性内在于自身。这意味着,民主不只是体现在一次性的选举活动中,民主及其制度形式应自始至终体现人民的意志,民主合法性的基础应源自现实的人民,唯有如此才能使民主制始终是人民自己的"作品",真正体现出人民当家作主。

当然,民主的一般含义就是"人民当家作主"。"人民"是一个社会历史范畴,在不同的历史条件下和不同性质的社会中有不同的含义和体现。西方自由主义民主的本质是以精英与民众的划界为前提的,实质上是少数人做主的民主,我国社会主义民主则是"维护人民根本利益的最广泛、最真实、最管用的民主"②。重要的是,人民当家作主必须落到实处。"对于任何旨在追求真正民主的政治体系来说,事关民主的一切,即属于全体人民主体权利和责任的所有内容,都要通过相应的制度和体制,以规范化、程序化的形式固定下来,使之得到普遍、长期、稳定的实施和维护。就是说,民主必须法治化,法治是民主的必要的根本的形式。"③社会主义民主坚持民主与法治的内在统一,坚持民主与法治不可分,从而是真正落到实处的民主。

再次,坚持以人民为中心的根本理念突出强调党性与人民性的内在统一。中国共产党的执政地位是由中国近现代的历史和中国人民选择的,在中国共产党的领导下,人民成为国家和社会的真正主人。全心全意为人民服务就是中国共产党人的根本宗旨。党的十九大报告指出:"中国共产党人的初心和使命,

---

① 《马克思恩格斯全集》第3卷,人民出版社2002年版,第39—40页。
② 《习近平谈治国理政》第3卷,外文出版社2020年版,第28页。
③ 李德顺:《论民主与法治不可分——"法治中国"的几个基本理念之辩》,载《中共中央党校学报》2017年第1期。

就是为中国人民谋幸福,为中华民族谋复兴。这个初心和使命是激励中国共产党人不断前进的根本动力。"①中国共产党的执政理念是以人民主体论为基础的,坚持以人民为中心的理念鲜明地体现了无产阶级政党的本质特征。中国共产党的党性蕴含着人民性,中国共产党是代表人民利益的党。正如李景源指出:"共产党人提出的不忘初心是以唯物史观为基础的人民主体论。习近平坚持以人民为历史的创造者,提出以人民为中心的发展观,将这个理念化为立场、宗旨、标准,化理念为担当、情怀、方法,全面深化了共产党人的执政理念。"②

坚持以人民为中心的根本理念必须坚持党的领导、人民当家作主、依法治国的有机统一。党的十九届六中全会审议通过的《中共中央关于党的百年奋斗重大成就和历史经验的决议》(简称《决议》)中指出:"必须坚持党的领导、人民当家作主、依法治国有机统一,积极发展全过程人民民主,健全全面、广泛、有机衔接的人民当家作主制度体系,构建多样、畅通、有序的民主渠道,丰富民主形式,从各层次各领域扩大人民有序政治参与,使各方面制度和国家治理更好体现人民意志、保障人民权益、激发人民创造。"③党的领导是开展中国特色社会主义伟大事业的根本保证,无论是坚持以人民为中心的发展思想,还是积极发展全过程人民民主,都是坚持人民主体地位、贯彻以人民为中心的理念的具体体现。

坚持以人民为中心的根本理念,进一步要求把人民作为社会治理的主体,在推进社会治理和社会建设的过程中始终坚守"以人民为中心"的社会治理理念。

三、社会治理要贯彻以人民为中心

改革开放以来,社会主义市场经济制度的确立和发展,使得中国社会的基

---

① 《习近平谈治国理政》第 3 卷,外文出版社 2020 年版,第 1 页。
② 李景源:《依道治国是习近平治国理政的精髓》,载《山西大学学报》(哲学社会科学版) 2021 年第 2 期。
③ 《中共中央关于党的百年奋斗重大成就和历史经验的决议》,载《人民日报》2021 年 11 月 17 日。

本结构发生了深刻改变,与之相应,社会整合机制也发生了变化。面对社会结构转型所带来的新的矛盾和问题,中国社会的治理结构也必然需要重组。坚守"以人民为中心"的社会治理理念是坚持"以人民为中心"的根本理念的具体体现。

在传统的计划经济体制下,由于国家和社会是一体的,社会是同质性的,诸多社会问题主要是由国家来进行解决的。有学者将这种体制下的治理概括为"以单位为中心的社会治理体系"。"单位"包括国家的行政组织、农业生产组织、企事业组织和群众组织,在城市主要是事业机构或企业组织,在农村主要是公社、生产队。单位的功能是集经济、政治、文化和社会于一身的。单位既是生产组织形式,也是国家和政府在基层的代理机构;既是文化生活的组织者,也是解决子女教育和住房等生活问题的承担者。人民作为社会成员被安置在不同的单位里,从总体上从属于单位和国家。这种结构决定了"单位"实际上充当着个人与国家、公共组织之间的"中介作用",正是在这种意义上,"多数社会问题在单位得到解决,或者由政府送回单位处理,政府工作则'对组织不对个人',或者说,政府'治理'的对象是单位组织,而非社会成员。"① 可见,在计划经济体制下,中国社会的基本结构决定了人民在社会事务和社会生活中的自主性空间几乎是没有的。

社会主义市场经济体制的改革和发展,使得自主的社会生活领域得到发展,国家统合社会的结构转变为社会各领域的相对分离,社会的异质性逐渐增强。与此同时,国家与社会的关系由一体性转变为分离和互动的关系,市场在资源配置中占有基础性甚至决定性的地位。这对原有的以单位为中心的传统社会治理体系产生了冲击。中国的社会转型和社会变迁导致了不同于传统单位组织的市场组织的产生。"市场组织的特点在于,在利益和目标不同(甚至是竞争对抗的)、但地位(相对)自主、权利(相对)对等的行动体之间,通过合约同意与资源交换展开合作。"②在这种情况下,社会治理结构和治理体系必

---

① 张静:《社会治理——组织、观念与方法》,商务印书馆 2019 年版,第 4 页。
② 张静:《社会治理——组织、观念与方法》,商务印书馆 2019 年版,第 223—224 页。

须适应于中国社会异质性和复杂化的发展,国家和政府必须要转变治理方式,充分激活人民在社会治理中的主体意识,提高治理效能。在新时代背景下,中国的社会主要矛盾发生了变化,满足人民对美好生活的需要应更加注重满足人民在民主、法治、公平、正义、安全、环境等方面的广泛需要。只有充分激发人民在社会经济领域的自主意识,让人民积极参与社会事务,切实保障人民的利益,才能充分调动人民群众参与现代化建设的主动性和创造性,全面推进我国经济、政治、文化、社会和生态文明"五位一体"建设。

人民是国家的主人,也是社会的主人。社会治理的主体是人民,坚持人民在社会中的主体地位,就要坚守"以人民为中心"的社会治理理念,推动民主与民生的相互促进。虽然我国经过40多年的改革开放和现代化建设取得了伟大成就,但是目前我国在民生领域还有不少短板,在教育、就业、医疗、养老、住房领域还存在不少问题。因此着力解决民生问题是全面贯彻和落实以人民为中心的社会治理理念的基础和出发点。民生领域关涉人民群众的生产生活、衣食住行等生存问题,这不是一个无足轻重的问题。马克思、恩格斯认为,物质生活资料的生产活动是人类历史的第一个前提。"人们为了能够'创造历史',必须能够生活。但是为了生活,首先就需要吃喝住穿以及其他一些东西。因此第一个历史活动就是生产满足这些需要的资料,即生产物质生活本身,而且,这是人们从几千年前直到今天单是为了维持生活就必须每日每时从事的历史活动,是一切历史的基本条件。"[1]任何一个国家和社会,首先就要解决人们的生产和生活问题,不解决这个问题,就不能存续和发展下去。人们的生活决定意识,而不是意识决定生活。人们的思想、观念和意识是由人们所处的物质关系所决定的,并随着物质关系的变化而变化。在任何一个民主国家中,民生是民主的物质基础,民主则是民生的政治保障。正如虞崇胜所说:"从一定意义上讲,民生与民主是解决人民美好生活需要的双重杠杆。人民对美好生活的需要,一头连着民生,一头连着民主,犹如杠杆的两头,哪一头轻

---

[1] 《马克思恩格斯文集》第 1 卷,人民出版社 2009 年版,第 531 页。

了,都不足以满足人民对美好生活的需要,从而也就难以从根本上解决新时代的社会主要矛盾。"①人们在物质需要方面获得了满足之后,才会产生政治参与、精神文化和社会尊重等更高层次的需要,而真正的人民民主会激发广大人民群众的主动性和创造性,反向支持和促进民生领域发展。"在社会主义中国,民主与民生结合,既是人民民主的内在要求,也是人民民主的特色所在。"②

坚守以人民为中心的社会治理理念,就要把人民利益摆到至高无上的地位,把以人民为中心贯穿于社会治理和社会建设的各个领域和过程。在教育领域,要发展素质教育,推进教育公平;推动城乡义务教育一体化发展;支持和规范社会力量兴办教育。在就业方面,为人民提供全方位公共就业服务;完善政府、工会、企业共同参与的协商协调机制,构建和谐劳动关系;履行好政府再分配调节职能,加快推进基本公共服务均等化,缩小收入分配差距。在社会保障体系建设方面,加快完善城镇职工基本养老保险和城乡居民基本养老保险制度;坚持男女平等基本国策,保障妇女儿童合法权益。在住房方面,加快建立多主体供给、多渠道保障、租购并举的住房制度,让全体人民住有所居。在扶贫领域,要动员全党全国全社会力量,坚持精准扶贫、精准脱贫;解决区域性整体贫困,做到脱真贫、真脱贫。在医疗卫生领域,深化医药卫生体制改革;加强基层医疗卫生服务体系和全科医生队伍建设;实施食品安全战略;支持社会办医,发展健康产业;积极应对人口老龄化,构建养老、孝老、敬老政策体系和社会环境,推进医养结合,加快老龄事业和产业发展。总之,加强和创新社会治理,打造共建共治共享的社会治理新格局,并非一夕之功,一蹴而就,需要不断完善社会治理体系,不断提高社会治理的水平和能力,不断开展社会建设。

应当说,坚守以人民为中心的社会治理理念是政治思维方式的重要转变。

---

① 虞崇胜:《民生与民主:满足人民美好生活需要的双重杠杆》,载《中国党政干部论坛》2019年第11期。

② 虞崇胜:《民生与民主:满足人民美好生活需要的双重杠杆》,载《中国党政干部论坛》2019年第11期。

社会治理是国家治理的重要组成部分,创新社会治理,建设社会治理共同体,不断提升社会治理现代化水平,是践行人民是国家和社会主人的重要方式。我国目前处于全面深化改革的攻坚期,党只有坚持以人民为中心,才能攻坚克难,带领人民解决复杂的、深层次的矛盾和问题,不断推动新时代中国特色社会主义的建设。社会治理与社会建设是相辅相成的关系。易言之,社会治理主要是依靠社会自身解决社会的矛盾和问题,社会建设是社会治理的基础,社会治理是社会建设的一项重要任务。在积极肯定十八大以来我国社会治理取得明显进展的基础上,党的十九届六中全会《决议》强调要在加强社会建设中加强和创新社会治理,"必须以保障和改善民生为重点加强社会建设,尽力而为、量力而行,一件事情接着一件事情办,一年接着一年干,在幼有所育、学有所教、劳有所得、病有所医、老有所养、住有所居、弱有所扶上持续用力,加强和创新社会治理,使人民获得感、幸福感、安全感更加充实、更有保障、更可持续"①。

第二节　社会治理的主体特质

党的十九届四中、五中、六中全会均强调,"建设人人有责、人人尽责、人人享有的社会治理共同体",这为我们把握社会治理的主体及其特质提供了依据。在我国,人民是社会治理的主体,人民系社会生活领域具体的行动者和参与者。现实的、具体的人民即是"人人",既包括组织化的主体又包括单个的、分散的个人。我们只有具体把握社会治理的主体特质,才能深刻理解中国社会治理体系的独特性,真正贯彻以人民为中心的理念,从而推动构建中国社会治理的新格局。中国的社会治理是多元主体按照平等、协商和合作的原则,处理和解决社会事务和问题,进而不断增进公共利益的过程。

从马克思主义哲学视角看,社会治理是一个关系范畴,是以社会实践为基

---

① 《中共中央关于党的百年奋斗重大成就和历史经验的决议》,载《人民日报》2021年11月17日。

础的社会治理主体与客体的对立统一。所谓社会治理的主体,指的是在一定的社会关系中自觉地从事社会实践活动,追求和实现自身利益,直接或间接促进社会公共利益的单元。治理主体就是社会治理关系中自觉的、积极的和主动的因素。

一、社会治理主体的特质

关于"治理"的定义,学界存在着多种不同的理解,全球治理委员会的界定是:"治理是或公或私的个人和机构经营管理相同事务的诸多方式的总和,它是使相互冲突或不同的利益得以调和并且采取联合行动的持续过程。"①这意味着,治理本身强调在实践性和过程性的基础上多元主体的互动关系。简言之,社会治理主体具有社会实践性、多元性、自觉性、能动性和具体性。

社会实践性是社会治理主体的根本特质。马克思在《关于费尔巴哈的提纲》中指出:"全部社会生活在本质上是实践的。"②人类存在的本质是"社会实践性",这包含两方面的含义:"(1)从存在的实体形式和属性上讲,人是社会化的存在物。(2)从存在即运动的方式上讲,人的存在方式是实践。这两点恰恰是自然界动物所没有的。"③前者指的是社会性,后者指的是实践性,后者比前者更根本。就实践性而言,人是对象化的存在,是活动着的主体。马克思在批判从前一切旧唯物主义和唯心主义缺陷的基础上指出,包括费尔巴哈在内的旧唯物主义不是把"对象、现实、感性"当做"感性的人的活动"去理解,不是从"主体方面"去理解,而唯心主义虽然从主体方面去理解人,但却抽象地发展了人的能动性,"不知道现实的、感性的活动本身"。④ 可见,科学的实践观是马克思的新唯物主义区别于旧唯物主义和唯心主义的根本观点。实践是人的对象性活动,社会实践的原初意义就是"劳动",首要的是社会物质生

---

① 王名等:《中国社会组织:1978—2018:社会共治:正在生成的未来》,社会科学文献出版社 2018 年版,第 118 页。

② 《马克思恩格斯文集》第 1 卷,人民出版社 2009 年版,第 501 页。

③ 李德顺:《新价值论》,云南人民出版社 2004 年版,第 40 页。

④ 《马克思恩格斯文集》第 1 卷,人民出版社 2009 年版,第 499 页。

产劳动,劳动的形式就是社会实践的形式。"劳动是社会实践的最主要形式,是首要的社会实践。此外,社会实践还包括人与人的社会关系、交往的实践和科学研究、发明创造的实践。生产劳动实践、社会关系实践和科学实践,是人类社会的三大基本实践。从根本上说,人和人类社会就是靠这三大实践而立足于天地之间,得以生存和发展的。没有实践也就没有人和人类社会。所以说实践是人和社会特殊的、根本的存在方式,就像新陈代谢和遗传变异是生命体的存在方式一样。"①在物质生产实践中,主体是社会的人,客体是物,即自然物和人工物;而在社会关系实践中,"主体和客体都是人,如个人与他人、一个群体与其他群体、一个阶级与其他阶级、一个民族与别的民族,等等。人和人之间在经济、政治、文化上的交往、分工和合作,构成了社会关系的实践"②。科学实践活动则涉及作为科学工作者的主体与作为一切被探索的对象的客体之间的关系。据此,社会治理属于一种社会关系实践,是人与人之间或者更为具体地说是个人与群体、群体与群体、个人与个人之间的分工、交往与合作关系。作为社会生活实践的主体,人们总是通过从事各种实践活动来满足自己的需要,在此过程中改造自然的和社会的外部世界,从而实现社会自身的发展和完善。作为社会治理主体一方面通过各种经济、政治或文化的活动获得自身利益和要求的满足,另一方面,借助于这些活动调整或改变原有的社会关系,促进社会的发展。就社会性而言,人作为对象性的存在,是以特定的"联结"而面对现实、感性和对象的。马克思在批判费尔巴哈从自然的层面理解人的类本质时,强调指出,"人的本质不是单个人所固有的抽象物,在其现实性上,它是一切社会关系的总和"③。易言之,人不是孤悬的存在,而是关系性的存在。这种关系性的本质在某种程度上限定了社会主体的活动和范围,使得人总是以共同体的方式存在,以追求共同利益和共同价值为导向。对于社会治理的主体来说,无论是个体还是群体,总是处于特定的社会关系之中,受

---

① 李德顺:《新价值论》,云南人民出版社 2004 年版,第 41 页。
② 李德顺:《新价值论》,云南人民出版社 2004 年版,第 41 页。
③ 《马克思恩格斯文集》第 1 卷,人民出版社 2009 年版,第 501 页。

制于特定的经济关系和利益关系。社会治理的主体具有社会性和历史性,在阶级社会中,社会治理的主客体关系受制于阶级统治;而在非阶级社会中,社会治理主客体关系具有不同于阶级社会的统治关系的特点。

社会治理的主体具有自觉性。社会治理的主体是有目的的、有意识的个人或集体。社会治理主体对于其所处的社会政治关系具有反思性,在具体从事社会实践过程中表现出选择性、指向性、自由性和创造性,从而能够自觉地通过社会实践处理和解决各种社会问题。

社会治理的主体具有多元性。社会治理主体之间的关系是平等、协商、合作和对话的关系。对于涉及利益相关者的各种社会公共问题,每一个主体都有参与和对话的权利,每一个主体都具有发表意见和见解的职责和能力,具体社会治理主体的权利和责任是统一的、不可分割的。高度复杂的社会问题决定了有必要诉诸多元的社会治理主体实现协商和对话解决。

社会治理的主体具有能动性。社会治理的主体不是社会治理关系的受动者,他们能够通过各种手段和方式达到社会治理的目的和目标,进而保障自身权利,积极履行职责,化解社会矛盾和冲突,使社会建设朝积极健康的方向发展。

社会治理的主体具有具体性。社会治理的主体是具体的人民,而不是抽象的人民。任何以抽象的人民的名义对社会治理主体的理解都是不恰当的。社会治理的主体总是体现为社会生活中具体的个人或集体,是有着特定的需求、情感、认知、目的和意图的社会主体,是活生生的、现实的社会行动者。

二、社会治理的主体类型

党的十九届四中全会《决定》指出,"完善党委领导、政府负责、民主协商、社会协同、公众参与、法治保障、科技支撑的社会治理体系,建设人人有责、人人尽责、人人享有的社会治理共同体"。① 这就是说,社会治理主体既包括具

①《中共中央关于坚持和完善中国特色社会主义制度　推进国家治理体系和治理能力现代化若干重大问题的决定》,载《人民日报》2019 年 11 月 6 日。

体的公民个人,也包括各级党委、政府、社会组织等,而且各类社会治理主体各尽其能、各负其责,协商合作、共同发力,构建社会治理共同体。在治理的多元主体结构中,广义的社会治理主体大致可分为个体主体和集体主体两个层次,具体包括各级党组织、国家和政府、市场、社会组织以及公民个人等类型。

首先,中国共产党是中国特色社会治理体系的领导核心,各级党委和各级党组织是重要的社会治理主体。中国共产党人把全心全意为人民服务作为党的宗旨,将"以人民为中心"作为新时代的执政理念,能够真正代表广大人民群众的根本利益。党的十九届四中全会《决定》指出:"中国共产党领导是中国特色社会主义最本质的特征,是中国特色社会主义制度的最大优势,党是最高政治领导力量。必须坚持党政军民学、东西南北中,党是领导一切的,坚决维护党中央权威,健全总揽全局、协调各方的党的领导制度体系,把党的领导落实到国家治理各领域各方面各环节。"①社会治理是国家治理的一个领域和方面,党在社会治理体系中必须发挥领导和协调的作用,是社会治理工作的领导者和总指挥。在城乡基层治理结构中,加强基层党组织的领导核心作用,健全和完善"自治、德治、法治"有机结合的基层社会治理体系,是中国特色社会治理之路的必然要求。

其次,国家和政府是重要的主体,在社会治理体系中起着主导性的作用。坚持国家在社会治理体系中的主导性作用必须以坚持"人民民主专政"为前提。我国的人民民主专政是具有中国特色的无产阶级专政,实践证明,人民民主专政既是适合中国国情的制度也是维护最广大人民群众利益的制度。我国社会主义建设和改革的实践表明,只有坚持人民民主专政制度,才能从根本上保证中国特色社会主义事业的顺利进行。中国特色社会主义进入新时代,坚持国家在社会治理体系中的主导性作用,不同于以往在传统计划经济体制下国家对社会的全面管控和一元主导模式。在传统的计划经济体制下,国家统合社会生活的各个领域,国家和政府实施对社会经济、政治和文化的全面管

---

① 《中共中央关于坚持和完善中国特色社会主义制度 推进国家治理体系和治理能力现代化若干重大问题的决定》,载《人民日报》2019 年 11 月 6 日。

控,政府之手是万能的也是无限的,社会并无自主性可言。随着社会主义市场经济的发展和完善,自主的社会生活领域兴起,社会的自主性增强,由于中国仍处于由传统社会向现代市场社会的转型期,多元主体之间的利益分化和价值多元化,使得社会领域和社会事务具有复杂性和多样性,基于利益一致和利益冲突进行的主体间的竞争与合作关系,为不同主体利益的协调和社会治理增添了难度。在这种情况下,仅仅依靠由国家和政府一元主导的社会治理模式已经无法适应社会领域的充分发展和社会事务的治理需求。这相应地要求政府转变职能,从全能型政府和管理型政府向服务型政府转变。

迄今为止,中国学界关于服务型政府理论的讨论已有二十多年的历史。从实践根源上说,服务型政府理论的提出,是中国市场化改革所引发的社会转型过程的必然要求和内在反映。根据国内学界的相关研究成果,所谓服务型政府的核心要义无非是指建构一种"以公共服务为导向"而不是"以控制为导向"的政府职能转变模式。中国在高速的经济发展过程中,面临着许多新的问题,其中一个重要的问题就是公共服务需求的增加。面对教育、医疗、社会保障、公共安全和环境保护等领域日益增加的公共服务需求压力,国家和政府在协调各方面的利益、破解公共服务需求难题的过程中,坚持和贯彻以人民为中心的理念,强化责任意识,通过创新体制机制,不断提高公共服务的水平和层次。公共服务涉及人民的切身利益和生活品质,服务型政府就是要为人民提供优质的公共服务。现阶段,国家和政府作为社会治理的主导性力量既是中国经济社会健康发展的必然要求,也是推动社会力量发展、转向多元社会治理主体合作共治的必然要求。

当然,国家和政府在社会治理体系中的主导性并不意味着国家和政府的行动是没有界限的,相反,国家和政府的权力与职责是统一的。服务型政府就是"权力有限"的政府,只有在社会变迁和发展中,该放权则放权,才能正确处理国家与市场、社会的关系。在市场和社会发挥作用的地方,国家和政府不应当进行干预,而是应当进行引导和合作。这也意味着,在提供公共服务和公共需求的问题上,国家和政府在充分发挥主导性和权威性作用的同时,还必须同各类市场主体如企业、公民个人以及社会组织进行沟通、协商与合作,实现对社会公共事务的协同治理。不同于阶级统治关系,国家和政府以及社会之间的关系是人民内部矛盾,不需要运用暴力和强制力的方式和方法加以解决,而是应该运用协商、沟通和合作的方式加以解决。这不是说,人民不需要管理,而是说,社会治理本质上是人民的自我管理。

再次,包括企业在内的各类市场主体和社会组织主体在社会治理体系中发挥着积极而重要的作用。"市场作为一种当前公认有效的资源配置方式,最大优势在于市场交换机制,可通过多种方式为公共产品供给注入新的血液和活力,适合完成经济任务、投资任务、创新和有风险的任务、技术性任务以及产生利润的任务;市场也存在固有缺陷,比如难以消除投机行为、无法解决外部效应与可能损害社会公平等。"①显然,包括中小微企业在内的各类市场主体能够以灵活、便捷和高效的方式为民众提供多样化的公共产品和公共服务,有助于满足人民群众日益丰富和多元化的需求。然而,由于受利润和利益的驱动,有的市场主体可能又会做出损害人民群众利益的事情,这就需要强化对市场主体的监管。可以说,如何充分激发各类市场主体的活力使其发挥功效,同时规范市场主体的行为以避免其负面效应,是加强和创新社会治理必须要考虑的一个重要问题。

在复杂的社会政治生活中,在国家的"有形之手"和市场的"无形之手"均难以触及的地方,社会组织作为一个重要的社会治理主体能够发挥其作用,从而参与社会治理和社会建设。社会组织是组织化的社会治理主体,集中体现了社会治理主体的社会性属性。社会组织在承载政府职能转变、参与社会治理中发挥着重要作用。从党的十八届三中全会提出要"改进社会治理方式和激发社会组织活力"以来,社会组织在上传下达、创新社会治理方式和提供公共服务方面发挥了独特作用。对于某些社会事务来说,可以通过政府与企业、社会组织之间的交流和合作来解决,对于另一些社会事务来说,无需政府的介

---

① 广东省社会科学院编:《长治久安:在营造共建共享共治社会治理格局上走在全国前列》,广东人民出版社 2018 年版,第 198—199 页。

入,只是通过社会力量就可以协调好。在基层治理和社区治理中,积极推动社会组织参与治理,探索专业社会服务组织提供公共服务和解决事项,取得了显著成效。一些社会组织是由民众或企业组成的自愿性、联合性的非正式组织,相对独立于政府的控制,更加贴近群众,能够更好地反映人民的需求,可以有效弥补政府进行社会治理的不足。总的来说,我国当前社会组织的力量相对较弱,需要国家和政府的大力培育和扶植,以便不断增强社会组织的服务能力。当然,一些社会组织本身也面临着治理的任务和难题,比如双重管理机制、社会组织的自律机制以及社会组织的社会化机制等问题。

最后,公民个人是最为活跃的社会治理主体。激发公民个人参与社会治理的意识能够极大提高社会治理的效能。随着我国市场经济的快速发展,公民个人的自主意识不断提高,个人权利意识随之增强,公民个人参与社会治理的欲求大大提高。公民个人的参与度越高,社会活力越大,越有利于形成公众参与和共治的良好社会氛围。比如,支持和鼓励志愿者、自由职业者、网民等群众以多种渠道参与社会治理,有利于积极推进基层治理和社会治理。

从宏观层面看,相比于以往的国家与社会关系结构,新的社会治理体系更加依赖于国家、政府和社会、市场之间动态的关系。从微观层面看,多元化的社会治理主体参与社会治理只是坚持和落实人民主体地位的不同维度的体现。2019 年 11 月 2—3 日,习近平在上海考察时说:"要抓住人民最关心最直接最现实的利益问题,扭住突出民生难题,一件事情接着一件事情办,一年接着一年干,争取早见成效,让人民群众有更多获得感、幸福感、安全感。要履行好党和政府的责任,鼓励和支持企业、群团组织、社会组织积极参与,发挥群众主体作用,调动群众积极性、主动性、创造性,探索建立可持续的运作机制。"[①]可见,以人民的利益为抓手建构社会治理共同体,必然需要多元社会治理主体的共建和共治。

2020 年初,新冠肺炎疫情肆虐,在党中央的坚强领导下,全国人民万众一

---

① 《习近平谈治国理政》第 3 卷,外文出版社 2020 年版,第 346 页。

心,共同抗击新冠肺炎疫情,彰显了中国"社会治理共同体"的本色。习近平在全国抗击新冠肺炎疫情表彰大会上的讲话中说道:"各行各业扛起责任,国有企业、公立医院勇挑重担,460多万个基层党组织冲锋陷阵,400多万名社区工作者在全国65万个城乡社区日夜值守,各类民营企业、民办医院、慈善机构、养老院、福利院等积极出力,广大党员、干部带头拼搏,人民解放军指战员、武警部队官兵、公安民警奋勇当先,广大科研人员奋力攻关,数百万快递员冒疫奔忙,180万名环卫工人起早贪黑,新闻工作者深入一线,千千万万志愿者和普通人默默奉献……"。党的十九届六中全会《决议》对于"伟大的抗疫精神"给予了高度肯定:"二〇二〇年,面对突如其来的新冠肺炎疫情,党中央果断决策、沉着应对,坚持人民至上、生命至上,提出坚定信心、同舟共济、科学防治、精准施策的总要求,开展抗击疫情人民战争、总体战、阻击战,周密部署武汉保卫战、湖北保卫战,举全国之力实施规模空前的生命大救援,慎终如始抓好'外防输入、内防反弹',坚持统筹疫情防控和经济社会发展,最大限度保护了人民生命安全和身体健康,在全球率先控制住疫情、率先复工复产、率先恢复经济社会发展,抗疫斗争取得重大战略成果,铸就了伟大抗疫精神。"①这表明,中国的社会治理体系是由党领导、由国家主导的社会治理体系,国家是多元社会治理主体中的一元,但却是主导性的,而且是不可或缺的重要主体。因而只有坚持党的领导,由国家和政府主导,社会、市场和人民群众的积极参与,才能形成人人负责的"社会治理共同体"。

第三节　社会治理的对象是社会

如果说社会治理的主体是人民,那么,社会治理的对象则是"社会"。从抽象层面上说,作为社会治理的对象,是指在一定的社会政治关系下社会主体的实践活动及其自然和社会环境所构成的社会生活系统。具体来说,

---

① 《中共中央关于党的百年奋斗重大成就和历史经验的决议》,载《人民日报》2021年11月17日。

社会治理的对象即涉及人民切身利益的社会性事务和社会公共生活,包括公共事务、公共问题以及公共利益,等等,相对区别于政府职能范围内的各种事项。党的十九大报告指出:"中国特色社会主义进入新时代,我国社会主要矛盾已经转化为人民日益增长的美好生活需要和不平衡不充分的发展之间的矛盾。"①这一关涉时代内涵和社会主要矛盾的政治判断,为我们理解中国社会治理对象的特质、社会治理的目标以及评价标准提供了依据。社会治理的对象是高度复杂化的社会生活系统。社会治理的目标是把社会治理得符合人民的需要,满足人民日益增长的美好生活需要。社会治理的成效如何由人民说了算。简言之,人民是社会治理的主体,也是社会治理评价的主体。社会治理的本质是人民的自我管理,维护人民的权利重于维护社会的稳定。

一、社会治理的对象:社会关系与治理层次

在一般层面上,社会治理是社会政治实践的典型形式,是社会关系中主体与客体的动态统一。"加强和创新社会治理,关键在体制创新,核心是人,只有人与人和谐相处,社会才会安定有序。"②社会治理实践的主客体关系是复杂的、多重的和动态的。"人总是现实的、具体的、社会的人,人的实际存在方式就有多种层次,每个层次都有自己特定的活动对象和范围,例如阶级斗争和民族斗争,既不同于个人之间的私事,又不同于整个人类与自然界的关系。所以,它们都在一定层次上成为独立的主体。"③就社会治理来说,既涉及特定主体及其对象之间的关系,又涉及不同类型的主体之间的关系,因而内在地包含"主体间性"意蕴。

社会治理的主体与客体之间的关系,具有实践的和认识的双重性,既涉及

---

① 《习近平谈治国理政》第 3 卷,外文出版社 2020 年版,第 9 页。
② 《习近平新时代中国特色社会主义思想学习纲要》,学习出版社、人民出版社 2019 年版,第 164 页。
③ 李德顺:《新价值论》,云南人民出版社 2004 年版,第 42 页。

物质利益又涉及精神文化。"不论个人、群体还是人类,都既有自己的物质存在,又有自己的精神存在。因此作为主体,它们在同客体打交道时,不仅要在物质上相互作用,而且要在意识中反映、认识和调节这种相互作用。"①同样,在社会治理的实践中,主客体之间的关系也是双重的:物质利益关系和精神文化关系。其中,物质利益关系是精神文化关系的基础,而精神文化关系又会对物质利益关系产生影响。

社会治理的主客体之间还涉及反身思考的问题,即自我的主客体关系。"不论整个人类还是某个群体或个人,在它与自身以外的事物结成对象关系的实践过程中,同时还以自己为对象,在精神上和物质上不断认识自己、调节自己、改造自己。'自我意识'、'自我教育'、'自我完善'和'自我改造'等等,就是自己以自己为对象,现在的'我'以过去或现在、将来的'我'为客体进行认识和实践。客体是自己,主体也是自己,这就叫'自我主客体关系'。没有这种关系的存在和发展,人类不可能有从古人到今人的变化,群体和个人也不可能进步和发展,任何人都会失去前进的自觉性和主动性。"②从这个意义上看,社会治理主体的反思性和行动的自觉性促使社会治理的理念不断更新,社会治理的实践不断得以发展和完善。这也意味着,社会治理理论内含一种观念的革新,即不断调整社会治理观念以适应于社会治理的主客体关系的动态发展。

从主客体的动态关系视角看,社会治理的对象就是处于动态发展过程中的复杂的社会问题和领域。社会的性质和类型不同,则社会治理的方式也不同。不同于传统社会,现代社会在总体上是一个大规模、多元的、复杂的异质性社会。"现代社会复杂性最与政治相关的方面在于其日益严重的社会分化倾向。这种倾向在很多方面得到了实现,包括活动领域的分割和团体的分层。但是现代的'功能分化'始于国家和经济从社会中的分离,最终形成了区别显著但又相互依赖的几个亚系统,每个系统都有其独特的地

---

① 李德顺:《新价值论》,云南人民出版社 2004 年版,第 42 页。
② 李德顺:《新价值论》,云南人民出版社 2004 年版,第 43 页。

位和制度结构。"①现代社会功能分化的自然结果就是社会的"多中心",也就是指社会利益、价值和观念的多元化。在这种情况下,社会整合和社会团结就成为一个重要的社会政治问题。与西方社会不同,我国作为后发的市场社会又有其特殊性。1978年以来的市场化改革使得中国社会基本结构发生了深刻的变化,中国社会的生活发生了翻天覆地的变化,目前,中国社会的市场化改革仍处于深度转型期。自20世纪90年代以来,中国社会主义市场经济的发展在取得巨大经济成就的同时,由于利益分化、社会分层以及价值多元化导致了一系列新的社会矛盾和社会问题的出现。如:城乡二元结构的矛盾;"农民工"等边缘社会群体的基本权利和权益保障问题;国企改制过程中"下岗职工"群体的权益问题;贫富分化的问题;以及国有资产流失和权钱交易等问题。② 这些问题较为集中地体现在近些年理论界热议的公平正义问题上。

对于转型期的中国社会来说,由于问题和领域的复杂性,使得任何一种借助于单一的中心,即政府或市场的解决方案都是无法充分应对的。转型期的中国社会的矛盾和问题,既不是单纯的经济问题,也不是单纯的政治问题,有些问题根源于市场自发调节机制与国家干预机制之间的"失调",有些问题根源于转型期特有的"矛盾"。③ 对于复杂的社会问题来说,国家或政府的强制统合和市场机制的调控都是有其限度的,为此,适应于市场社会的新的社会整合机制的建构和培育就是至关重要的。王新生指出:"对致力于市场化转型的社会来说,这种能够在政府与民众之间建立起联络的新渠道或新的社会整合机制,就是以新的社会关系为基础的市民社会。国家是否能够通过这一渠道获知不同阶层特别是弱势阶层的要求,是否能够在这一机制的基础上制定合理的政策,是否能够对这一机制反映出来的结构性问题进行有效的调节,都

---

① ［美］詹姆斯·博曼:《公共协商:多元主义、复杂性与民主》,黄相怀译,中央编译出版社2006年版,第131—132页。

② 阎孟伟:《马克思主义政治哲学在中国的兴起与发展》,载《教学与研究》2019年第10期。

③ 王新生:《马克思政治哲学研究》,科学出版社2018年版,第303页。

将成为衡量社会的市场化转型是否取得成功的标志,成为公平正义问题的解决是否建立在稳固的社会基础之上的重要标志。"①可见,正是处于市场化转型期的社会状况决定了中国社会治理所采取的方式。也有学者指出:"针对那些同时具备多样性、动态性和复杂性的社会问题,共治是最合适的治理方式。"②

从结构上说,社会治理的对象和领域可以被划分为不同的层级:顶层、基层和中间层次。"社会治理有不同层次,既有顶层也有基层,国家和省级党委政府负责社会治理的顶层设计和整体推动;城乡基层是社会治理的基层和基础,负责社会治理事项的具体落实;设区市处于连接上下两个层级的中间位置和枢纽环节,是扩大的城乡基层。"③在社会治理的层次中,国家和各级党组织的领导是社会治理的顶层,没有顶层设计,社会治理就会失去航向。在社会治理的层次中,基层社会治理是社会治理的"基石"。基层社会治理的主体主要是社会力量,即居民个人、企业和社会组织等,基层社会治理的对象主要是城乡社区的社会领域事务,相对独立于基层政府职能范围之内的事务。大致上说,基层社会治理主要涉及与城乡社区人民群众的生产生活直接相关的公共利益、公共服务和矛盾纠纷及化解等事务。党的十九届六中全会《决议》再次强调:"健全党组织领导的自治、法治、德治相结合的城乡基层治理体系,推动社会治理重心向基层下移,建设共建共治共享的社会治理制度"。④ 在社会治理层次中,"市域"属于中介和枢纽。建构更加完善的社会治理体系,需要不断推动市域社会治理的现代化水平。有学者指出,社会治理的重心在基层、重点在社区、出路在市域。⑤

① 王新生:《马克思政治哲学研究》,科学出版社 2018 年版,第 309—310 页。
② 转引自王名等:《中国社会组织 1978—2018——社会共治:正在生成的未来》,社会科学文献出版社 2018 年版,第 118 页。
③ 龚维斌:《加强和创新基层社会治理》,载《理论导报》2020 年第 9 期。
④ 《中共中央关于党的百年奋斗重大成就和历史经验的决议》,载《人民日报》2021 年 11 月 17 日。
⑤ 龚维斌:《加强和创新基层社会治理》,载《理论导报》2020 年第 9 期。

总的来说,社会治理的对象是处于社会主体和客体的动态变化关系中的社会,是由中国社会转型期的阶段所决定的社会问题和领域。社会治理的重心和基石是基层治理。

二、社会治理的目标:满足人民的美好生活需要

人民群众是社会治理的主体,社会治理的对象是与人民群众的生活息息相关的公共事务、公共问题和公共利益。社会治理的核心任务就是指正确处理好人民内部的矛盾,维护人民的根本利益,社会治理的根本目标就是满足人民日益增长的"美好生活需要"。中国特色社会主义的实践要求社会治理必须以满足人民的美好生活需要为导向。

"美好生活需要"是包含多个维度的观念,是事实与价值相统一的观念。党的十九大报告明确指出,"人民美好生活需要日益广泛,不仅对物质文化生活提出了更高要求,而且在民主、法治、公平、正义、安全、环境等方面的要求日益增长"[①]。大致上说,人民美好生活的需要主要包括物质性需要、精神性需要和社会性需要三个层面。[②] 物质性需要是实现美好生活的基础和前提。中国历经改革开放四十多年的经济发展,在全面建成小康社会的过程中,使得人民的生活水平有了大幅度提升,日益朝向共同富裕的目标。然而,仅有物质条件的发展和进步是不够的,还需要良好的教育环境、工作环境、生活环境等等的"社会条件"。让人民过上安定和谐的社会生活,让人民在教育、医疗、卫生和养老问题上获得保障,是对人民的社会性需要的满足。所谓"美好生活"不仅需要有物质性和社会性的保障,而且需要有丰富的精神文化生活,这就需要满足人民的精神文化需求。此外,政治性需要也是人民美好生活需要的一个重要层面。虽然政治性需要并不是一个可以脱离社会性需要的独立需要,但是突出这一需要可能具有重要意义。中国是实行人民民主专政的社会主义国家。社会主义民主就是人民当家作主,人民有参与社会治理的权利和责任,随

---

① 《习近平谈治国理政》第 3 卷,外文出版社 2020 年版,第 9 页。

② 参见雷晓康、马子博:《中国社会治理十讲》,中国社会科学出版社 2019 年版,第 168 页。

着人民自主意识的增强,人民参与社会治理的意愿不断提高,因而满足人民参与治理的需求本身也是实现人民美好生活的题中应有之义。对于特定的社会治理主体来说,满足人民对美好生活的需求不仅是一种描述性的客观状态,也是建立在社会发展基础上的价值和规范。

在现阶段,社会治理涉及经济、政治、文化和环境多个领域,由于我国目前正处于社会转型期,转型期社会具有高度复杂性和不确定性因素,不同社会阶层的人在利益、生活方式和价值观念方面存在着差异,因而导致了各种矛盾和冲突。这些纷繁复杂的社会事务为社会治理提出了新的任务。

民生问题是社会治理的基本问题。吃、喝、住、用、行是人最基本的生存需要,医疗、教育、住房是人的生命安全需要,人民群众只有吃饱了穿暖了,有病就医、有房可住,才有幸福感,才能过上美好的生活。让人民有幸福感、获得感和安全感,满足人民的美好生活需要,无疑体现了以人民为中心的社会治理理念。然而,社会治理不是一蹴而就的,需要不断攻克难题,不断加强体制和机制创新,不断接近社会治理的理想和目标。比如,习近平指出,"到 2020 年稳定实现农村贫困人口不愁吃、不愁穿,义务教育、基本医疗、住房安全有保障,是贫困人口脱贫的基本要求和核心指标,直接关系攻坚战质量。总的看,'两不愁'基本解决了,'三保障'还存在不少薄弱环节。"①再比如,在政府职能转变与强化社会治理方面,依然存在着"全能型政府"的情况。在地方和基层,不乏这样的案例。如何建立健全政府的社会治理的体制和机制,也是社会治理需要着力解决的问题。新冠肺炎疫情发生以后,我国虽然在疫情防控中显示了巨大的制度优势,但是,如何加强国家公共卫生治理能力建设仍然是全社会需要思考的问题。这表明,社会治理的对象是高度复杂化的、动态的,具有不确定性。为此,社会治理的目标是把社会治理得符合人民的需要,在这种意义上,人民的美好生活需要也是一种价值规范,指引着社会治理不断向前推进。

---

① 《习近平谈治国理政》第 3 卷,外文出版社 2020 年版,第 159 页。

三、社会治理的成效,由人民说了算

社会治理的成效如何,由人民说了算,人民是社会治理和社会建设的主体,也是社会治理评价的主体。成效怎么样? 标准是让人民满意。人民是社会主义现代化建设的主体,也是社会主义现代化建设的评价主体。

从价值哲学的视角看,社会治理效果问题实际上涉及"价值"问题。价值就是指好坏的评价,易言之,社会治理评价的主体和标准取决于价值的主客体关系。价值的实质是价值主体和价值客体之间的一种具体关系。如果说实践或认识客体是指人的活动所处理的任何事物、现象、关系,那么价值客体就看这些事物、现象和关系是"什么人"的对象,与什么人有"价值关系"。价值离不开客体,没有客体就无所谓价值;价值也离不开主体,任何价值都有"对谁而言"的价值。价值之所以涉及主客体之间的关系,乃是因为:"客体是好是坏,是否有价值,并不是客体本身怎样,而是它对主体怎样。具体地说,就是它是否能使主体某方面的需要得到满足,是否同主体的需要、能力等等相一致,是否为主体服务。如果是,那么主体会感到它'好',说它有价值;如果否,那么主体就会感到它不好,说它无价值或者'坏'。这正是人们说好说坏的秘密。"①在社会现实中,社会治理的主体是具体的、多样的、多元的,只有在具体的对象性关系中才能确定具体的主体。什么人是主体,要看它是否是一定对象关系中的行为者,如认识者、实践者。由于主体的差异,在价值关系中,同一客体对于不同的主体的意义和需要来说具有不同的效果和价值。这意味着,只有社会主义现代化的建设者、实践者、创造者,才是这种活动效果的评价者和享受者。

人民群众是社会主义现代化建设的实践主体。"价值主体是指价值关系中的主动活动者,即评价者、创造和享受价值的人。如果这个人并未进行某种对象性活动,那么他虽然是人,但却不是这里的主体,就像不劳动的人也是人,

---

① 李德顺:《新价值论》,云南人民出版社 2004 年版,第 29 页。

却不是劳动者一样。"①广大人民群众是社会物质财富、经济财富和精神财富的创造者,中国特色社会主义市场经济建立和完善的过程就是坚持人民群众的主体地位,充分发挥人民的积极性、创造性和劳动智慧的过程。人民通过劳动实践不仅为社会的生存和发展提供了基础和保障,而且为推动社会的发展提供了动力。

社会治理效果的标准是"为人民服务"。习近平《在庆祝中国共产党成立95周年大会上的讲话》中说道:"人民立场是中国共产党的根本政治立场,是马克思主义政党区别于其他政党的显著标志。""全党同志要把人民放在心中最高位置,坚持全心全意为人民服务的根本宗旨,实现好、维护好、发展好最广大人民根本利益,把人民拥护不拥护、赞成不赞成、高兴不高兴、答应不答应作为衡量一切工作得失的根本标准"。② 2021 年,在庆祝建党百年、回顾中华民族百年辉煌之际,习近平指出:"新的征程上,我们必须紧紧依靠人民创造历史,坚持全心全意为人民服务的根本宗旨,站稳人民立场,贯彻党的群众路线,尊重人民首创精神,践行以人民为中心的发展思想,发展全过程人民民主,维护社会公平正义,着力解决发展不平衡不充分问题和人民群众急难愁盼问题,推动人的全面发展、全体人民共同富裕取得更为明显的实质性进展!"③社会治理必须坚持"人民立场",以"增进人民福祉为出发点和落脚点"。社会治理的内容涉及教育、医疗卫生、养老、社会保障等等社会领域的问题,如果治理的结果满足人民的需要,与人民的利益相一致,是为人民服务的,那么就会得到人民的拥护和赞成,反之则会失去人民的肯定和信任,得到负面的评价。说到底,把社会治理效果的评价放置到人民群众的实践活动和社会生活之中,实际上是把社会治理视为一种"以主体尺度为尺度的主客体统一"的活动过程。④

---

① 李德顺:《新价值论》,云南人民出版社 2004 年版,第 29 页。
② 习近平:《在庆祝中国共产党成立 95 周年大会上的讲话》,人民出版社 2016 年版,第 18 页。
③ 习近平:《在庆祝中国共产党成立 100 周年大会上的讲话》,人民出版社 2021 年版,第 12 页。
④ 李德顺:《新价值论》,云南人民出版社 2004 年版,第 49 页。

当然,在社会治理的进程中还存在着这样或那样不尽如人意的问题,但是,在社会治理的主客体的动态统一中,社会治理体系必将渐趋完善,社会治理现代化的水平也会不断提高。

在抗击新冠肺炎疫情过程中,人民的生命和健康得到了保障,人民的生活安定有序,中国的社会治理取得了显著成效。面对严峻的疫情形势,党中央坚持和贯彻"人民至上""生命至上"的观念,始终把人民生命安全和身体健康放在第一位,总揽全局,带领人民成功阻击疫情,充分显示了中国式社会治理的优越性。诚如有学者所言:"重大公共危机事件是考验执政党执政理念和治理效能的试金石。中国共产党领导下的、以社区为单元的抗疫行动呈现出政党整合型社会治理三个关键机制的内在逻辑,为政党视域下中国特色社会治理范式的有效性与正当性提供了有力的经验证据。以党组织为核心形成社会治理组织体系的社会合力,可以促进国家与社会之间的良性互动,推动经济领域与社会领域的和谐有序发展。这为进一步完善后疫情时代的中国社会治理体系提供了宝贵的实践经验。"①

四、维权重于维稳

改革开放40多年来,中华民族实现了伟大复兴,中国经济日益繁荣,却也带来诸多社会矛盾和问题。目前中国正处于转型的深水期。在转型期社会,社会结构的急剧变动会使社会面临一定的风险,使社会生活出现不确定的因素,这为我国的经济建设和社会和谐带来了"隐患"。中国特色社会主义进入新时代,在复杂多变的国际国内形势下,社会突发事件的风险日益增长。自然灾害、官员贪腐、社会治安、网络信息安全、基因技术、传染病疫情扩散、民族宗教问题、国家间的贸易摩擦,等等,都可能对社会生产和人民的生活产生消极影响、甚至潜在威胁人民的生命和财产安全,引发社会公共安全事件。为此,对于转型期社会来说,维持社会秩序和社会稳定是一个至关重要的问题。

---

① 赵黎:《政党整合型社会治理:后疫情时代社会治理的中国范式》,《中国农村观察》2020年第6期。

有一种观点认为,社会治理的目标是"维护社会稳定,具体而言是在社会秩序和社会活力之间寻找平衡区间"①。我们认为,虽然这一看法是正确的,但是如果仅仅将社会治理的目标定位为维护社会稳定则是不够的。习近平在中央政法工作会议上的讲话中指出:"当前,各种人民内部矛盾和社会矛盾已经成为影响社会稳定很突出、处理起来很棘手的问题,而其中大量问题是由利益问题引发的。这就要求我们处理好维稳和维权的关系。从人民内部和社会一般意义上说,维权是维稳的基础,维稳的实质是维权。人心安定,社会才能稳定。对涉及维权的维稳问题,首先要把群众合理合法的利益诉求解决好。单纯维稳,不解决利益问题,那是本末倒置,最后也难以稳定下来。"②这就是说,维权重于维稳,维护人民的权利重于维护社会的稳定,否则就是本末倒置。

维稳和维权的关系问题实际上涉及利益关系的调整,如果不能对这些利益关系进行恰当的认识和把握,就无法正确处理这些利益冲突和矛盾,也就无法将社会治理好。历史唯物主义认为,利益决定思想和观念,利益是社会发展的前提和基础,一切社会都首先要满足人们的生存和发展的需要。马克思、恩格斯在驳斥那种将物质利益和思想观念对立起来并否定人民群众和物质利益在历史发展中的作用的观点时,论述了物质利益在历史发展中的决定作用。他们指出:"'思想'一旦离开'利益',就一定会使自己出丑。"③有什么样的利益就有什么样的思想和观念,利益关系决定着一个社会中的人与人关系的本质,在这种意义上说,利益是推动社会发展和进步的动力。在阶级社会中,利益总是特定阶级的利益,尤其是占统治地位阶级的利益,主流意识形态是为统治阶级的利益需要服务的。在我国,"如何认识社会主义初级阶段的利益群体、利益结构、利益激励手段和利益矛盾、利益关系,如何正确地处理初级阶段人民内部的利益矛盾和冲突,合理协调国家、集体、个人三者之间的利益关系,合理协调各方利益关系,充分调动各个利益主体的积极性,充分发挥利益的动

① 曾红颖:《创新社会治理:行动者的逻辑》,社会科学文献出版社 2019 年版,第 109 页。
② 《习近平关于社会主义社会建设论述摘编》,中央文献出版社 2017 年版,第 147 页。
③ 《马克思恩格斯文集》第 1 卷,人民出版社 2009 年版,第 286 页。

力作用,加速社会主义改革和现代化建设,这些都是十分重要而迫切的现实理论问题"①。这意味着,在我国,加强和创新社会治理,就要以最广大人民根本利益为根本坐标,从人民群众最关心最直接最现实的利益问题入手。

我国社会主义初级阶段的大量社会矛盾和冲突都是人民内部矛盾。人民内部矛盾是表现在经济、政治、意识形态领域的诸多矛盾构成的复杂系统,其中,利益矛盾是存在于人民内部矛盾中的根本矛盾,制约和影响着其他矛盾,因而解决人民群众的合理合法的"利益诉求"是正确处理人民内部矛盾的关键。"人民内部矛盾是我国社会目前阶段人际关系上的主要矛盾,而人民内部的利益矛盾又是人民内部其他诸矛盾产生的总根源。"②面对我国社会主义初级阶段的人民内部利益矛盾,首先要认识到,人民内部的利益矛盾从根本上不同于阶级利益的对抗性矛盾。社会主义初级阶段的基本经济制度确保每个社会成员都具有相同的根本利益,是根本利益一致基础上的利益矛盾;其次,解决人民内部利益矛盾的方法也从根本上不同于解决对抗性矛盾的方法,解决人民内部利益矛盾只能靠"发展和协调"。"经济办法是解决人民内部利益矛盾最主要的方法,以'对个人利益的关心'原则为基础,'统筹兼顾、全面安排'是解决人民内部利益矛盾的两个最基本原则。"③

在当代中国社会,随着市场经济的发展,人民群众权利意识的增强,人们对于自身权利和利益的诉求和意愿增强,这使得明辨权力与权利的界限和关系成为维持社会稳定的一个关键因素。进行良好的社会治理,国家和政府的"依法用权"与人民群众的"合法维权"都是不可或缺的。如果国家和政府不能依法用权,可能就会造成对人民群众权利的侵犯,从而引发官民矛盾。比如,在征地拆迁问题上,在基层政府部门与被拆迁村民的关系中,一方是以权力强拆,一方则是用"非常规手段"如集体上访、绝食静坐、围堵政府机关等方

①　王伟光:《利益论》,中国社会科学出版社 2010 年版,第 37 页。

②　王伟光:《利益论》,中国社会科学出版社 2010 年版,第 385—386 页。

③　王伟光:《社会矛盾论:我国社会主义现阶段阶级、阶层和利益群体的分析》,中国社会科学出版社 2011 年版,第 102 页。

式来维护自身利益。从许多群体性事件的发生来看,虽然表现为某些干部或地方政府与群众的紧张关系,但实际上是人民群众与党和政府的关系。量变会导致质变,如果不对那些个别的、零散的地方政府与民众的"冲突"或"侵犯与维权"的紧张关系给予及时有效的协调和解决,时间久了,积累多了,极有可能对党和政府以及人民之间的关系产生不良的影响。可见,实施社会治理,离不开法治保障。国家和政府依法治理、防止公共权力越界,人民群众通过各种渠道合法表达利益诉求,乃是有效解决官民矛盾的重要途径。更为重要的是,各级政府和广大领导干部必须要从"维稳式管理"的理念转变为"协同式治理"的理念。在协同治理中,应积极发挥各级党委的领导核心作用,各级政府依法用权、依法办事,同时充分发挥基层社会组织的协同作用,从而形成多元主体合作共治的格局。事实上,维权是针对人民群众来说的,维护人民的基本权利和合法利益诉求是党和政府贯彻和落实以人民为中心的发展思想的重要举措。维稳是针对党和政府来说的,维护社会的稳定是党和政府的职责。维权与维稳之间存在着辩证关系。如果不能维护和保障群众的根本利益和权利,就不能维护社会稳定,如果没有一个安定的社会秩序,就会影响到国家的长治久安和社会的繁荣发展。但是,维权是本,维稳是末,不能本末倒置。由此,社会治理的目标不仅仅是维稳,而是通过维护人民的根本利益和合法权利,实现社会治理的共建共治和共享。

在当代中国,维护社会稳定与维护人民的权益的关系具有高度的复杂性。在全球化时代,每一个国家和社会都不能孤立地得到发展,都与其他国家和社会的命运相连,共同构成人类命运共同体。2019年年底暴发的新冠肺炎疫情对整个人类的生命安全和健康提出了挑战。世界卫生组织在2020年1月31日将新型冠状病毒疫情列为国际关注的突发公共卫生事件,并提升为最高的"严重"级别;3月9日警告全球性流行病威胁已成现实。2020年,新冠肺炎疫情给全球经济带来了前所未有的冲击,致使全球经济下跌,甚至远超过2008年美国金融危机导致的全球经济衰退幅度。2021年,由于新毒株的出现使得疫情持续恶化,给全球经济带成了不可估量的损失。在这种情况下,即使中国的疫情控制住了,但是如果疫情没有在全球范围内得到有效控制的话,由于中国与一些国家存在紧密的经济联系,中国同样难以消除疫情。大部分学者认为,复杂的国际国内形势使得准确评估疫情对中国经济的影响是困难的,这不仅牵涉到疫情本身的情况,牵涉到中国政府和社会如何应对,而且牵涉到世界范围内的其他国家的防控情况。

至今为止,中国疫情防控工作的成绩有目共睹,得到了国际社会的肯定,然而从中国疫情不断的多点暴发状况看,疫情传播链多是由进口食品链引发的,这就对国内疫情防控工作的质量和水平提出了更高的要求。面对疫情,党和政府树立人民至上、生命至上的观念,统筹常态化精准防控和应急处置,统筹经济社会发展和疫情防控,保证人民生命安全和生产生活的有序进行,维持社会和谐稳定,有效应对疫情的突出矛盾和风险隐患,不断提高疫情防控和治理水平。这也从一个侧面反映了党和政府对维稳和维权关系的深刻认识,维权重于维稳。

第四节 人民治理社会:马克思主义的社会治理理念

是人民治理社会还是社会(或以"社会"的名义)治理人民,是马克思主义的社会治理理念和非马克思主义的社会治理理念的分水岭。在党的十九大报告中,"提高保障和改善民生水平,加强和创新社会治理"这部分的开篇语是:"全党必须牢记,为什么人的问题,是检验一个政党、一个政权性质的试金石"①。这是解开若干年来许多社会问题的死结的金钥匙。

马克思主义的"社会治理"理念并非一个不言而喻的论题。在某种意义上,与"马克思主义是否具有正义论"的问题相类似,讨论马克思的社会治理理念首先需要考虑的是,在何种意义上我们能够说马克思有一种社会治理观

---

① 《习近平谈治国理政》第3卷,外文出版社2020年版,第35页。

念。在罗兹看来,近些年关于公共部门改革中新出现的用语,即"治理"一词不是"政府"的同义词,相反,"治理"是指"新的统治过程",或者是指"有序统治状态",或者是指新的管理社会的方法。① 罗兹总结道,"治理"一词至少有六种不同的用法:最小化的国家;公司治理;新公共管理;良好治理(善治);社会控制论体系;自组织网络。② 在西方学界,关于社会治理问题的讨论始于20世纪80年代,是在国家与社会关系变迁视角下对政府的统治形式变化的理论反思。尽管马克思和恩格斯等经典作家不曾直接以"社会治理"为言说对象,但是这并不意味着马克思主义没有社会治理理念及相关思想。为了弄清马克思主义的社会治理理念与非马克思主义的社会治理理念的根本差异,首先需要阐明一种马克思主义"社会治理理念"的基本架构。

一、马克思主义社会治理理念的哲学基础

一般认为,马克思的"市民社会与国家关系变迁"的理论构成了马克思主义社会治理理论的哲学基础。当然,这不是说马克思已经系统地阐明了市民社会和国家的关系问题,而只是说,马克思关于市民社会与国家关系的思想蕴含着关于国家的本质和功能以及社会的本质及前景的思考。从马克思的思想转变过程看,无论是青年马克思对"物质利益"问题的探究,还是他对黑格尔国家哲学的批判,以及马克思、恩格斯基于唯物史观对国家与社会关系的阐述,都从不同层面显示了国家与社会关系问题的复杂性。问题在于,究竟哪些观念为理解马克思主义的社会治理提供了依据?哪些意蕴是马克思本人没有揭示出来,需要我们基于马克思的思想和方法进一步加以阐明的?这不仅需要我们从总体上把握马克思关于国家与社会关系问题的观点,而且需要我们在更加具体的层面上考察马克思的思想在何种意义上相关于社会

① 参见[英]R.A.W.罗兹:《理解治理:政策网络、治理、反思与问责》,丁煌、丁方达译,中国人民大学出版社2020年版,第40页。
② [英]R.A.W.罗兹:《理解治理:政策网络、治理、反思与问责》,丁煌、丁方达译,中国人民大学出版社2020年版,第41页。

治理的主题。

首先,客观的关系而不是个人意志决定国家状况。这可以从青年马克思的思考中获得支持。马克思在青年时期的一系列政论文章涉及从规范性上对国家的本质和国家、政府如何管理社会问题的理解。青年马克思明确意识到,客观的关系对国家有决定作用。马克思通过进一步分析普鲁士专制政府的管理原则同客观现实之间的矛盾,认为这种矛盾不是由个人意志决定的,而是由客观关系决定的。他说:"人们在研究国家状况时很容易走入歧途,即忽视各种关系的客观本性,而用当事人的意志来解释一切。但是存在着这样一些关系,这些关系既决定私人的行动,也决定个别行政当局的行动,而且就像呼吸的方式一样不以他们为转移。只要人们一开始就站在这种客观立场上,人们就不会违反常规地以这一方或那一方的善意或恶意为前提,而会在初看起来似乎只有人在起作用的地方看到这些关系在起作用。"①在这里,马克思强调了观察问题的客观性,强调了在人的活动背后客观的社会关系的作用,看到了客观关系对国家的制约性。

那么,马克思眼中"客观的关系"究竟是什么?所谓客观的关系就是社会的事情,而社会的事情就是人民的事情、生活和问题。这与青年马克思对黑格尔理性主义国家观的批判紧密相关。青年马克思起初受黑格尔抽象的国家观的影响,认为国家和法都是理性的体现,代表着公民的普遍利益,维护公民的权利。然而,现实社会中的物质利益问题,让马克思看到了理性国家本质的背谬性。在《关于林木盗窃法的辩论》的论文中,马克思尖锐地指出,整个国家制度不过是"林木所有者的工具",支配整个国家和机构的"灵魂"不过是林木所有者的"利益"。一切国家机关都是"林木所有者的耳、目、手、足"②。在马克思看来,现实的普鲁士国家不符合国家的概念,有悖于国家和法的本质。普鲁士国家并不代表所有公民的利益,而是维护林木占有者的利益,为少数特权者服务。

①　《马克思恩格斯全集》第 1 卷,人民出版社 1995 年版,第 363 页。
②　《马克思恩格斯全集》第 1 卷,人民出版社 1995 年版,第 267 页。

其次，官僚制国家的本质决定，管理者与被管理者之间是对立的关系。确切地说，在私有制条件下，国家不可能成为人们真正利益的普遍代表，官僚制的国家的本质就是维护私有者的利益。换言之，在维护私有制利益的国家中，政府管理不可能反映和满足民众的利益和要求。马克思在《摩泽尔记者的辩护》一文中，通过对摩泽尔地区农民贫困原因的考察，深化了对普鲁士国家和政府的认识，揭露了官僚制的本质。马克思认识到，造成摩泽尔河沿岸地区农民的贫困状况的根源不是自然原因或偶然原因，而是政府管理的原因。马克思指出："摩泽尔河沿岸地区的贫困状况不能看作是一种简单的状况。我们至少必须始终分清两个方面，即私人状况和国家状况，因为不能认为摩泽尔河沿岸地区的贫困状况和国家管理机构无关，正如不能认为摩泽尔河沿岸地区位于国境之外一样。只有这两个方面的相互关系才构成摩泽尔河沿岸地区的现实状况。"[1]在马克思看来，摩泽尔河沿岸地区的贫困状况，"同时也就是管理工作的贫困状况"[2]，它集中反映了政府的管理原则同客观现实之间的矛盾。这种矛盾内在于官僚制度的本质，根源于一种不可消除的本质关系："既存在于管理机体自身内部、又存在于管理机体同被管理机体的联系中的官僚关系。"[3]政府官员就是以这种历史地和现实地形成的关系中进行活动的。

应当引起重视的是，马克思在揭示官僚制的本质过程中，论述了管理者和被管理者之间的对立观点。他指出："此外，还有两个方面的情况是互相补充的，这两个方面就是：官僚等级制度的成规和那种把公民分为两类，即分为管理机构中的积极的、自觉的公民和作为被管理者的消极的、不自觉的公民的原则。"[4]可见，官僚制度的特点就在于脱离人民群众，以"二分"的思维和对立的思维看待人民、看待社会，只是在不同时代有着不同的表现罢了。

再次，在现代社会中，市民社会决定国家，国家对市民社会具有反作用。

① 《马克思恩格斯全集》第1卷，人民出版社1995年版，第364页。
② 《马克思恩格斯全集》第1卷，人民出版社1995年版，第376页。
③ 《马克思恩格斯全集》第1卷，人民出版社1995年版，第377页。
④ 《马克思恩格斯全集》第1卷，人民出版社1995年版，第374页。

马克思在批判黑格尔法哲学的过程中提出不是伦理国家决定市民社会,而是市民社会和私有财产决定国家。马克思在《<政治经济学批判>序言》中回顾其研究结论时说道:"法的关系正像国家的形式一样,既不能从它们本身来理解,也不能从所谓人类精神的一般发展来理解,相反,它们根源于物质的生活关系,这种物质的生活关系的总和,黑格尔按照18世纪的英国人和法国人的先例,概括为'市民社会',而对市民社会的解剖应该到政治经济学中去寻求。"①在这里,市民社会主要指的是物质的生活关系的总和,物质的生活关系的总和决定着国家和法的本质。在《论犹太人问题》中,马克思指出:"在政治国家真正形成的地方,人不仅在思想中,在意识中,而且在现实中,在生活中,都过着双重的生活——天国的生活和尘世的生活。前一种是政治共同体中的生活,在这个共同体中,人把自己看做社会存在物;后一种是市民社会中的生活,在这个社会中,人作为私人进行活动,把他人看做工具,把自己也降为工具,并成为异己力量的玩物。"②马克思用政治异化的理论解释市民社会与国家的关系,认为正像人在宗教领域中过着与人间相对立的天国生活一样,公民在政治国家中也过着与市民社会相对立的类生活。但是,与天国生活一样,人也只是以虚幻的方式,在想象中过着这种共同生活,因为政治国家也和上帝一样,作为一种抽象物,并没有把人的社会本质作为自己的具体内容。由此说,政治国家依然是人的异化存在。

在《神圣家族》中的一个重大变化就是马克思和恩格斯所强调的已经不再是市民社会和国家的分离和对立,而是强调它们的统一和一致。他们指出,作为现代国家的基础是资产阶级社会,在这个社会中,只有资产阶级才是真正的代表,因而资本主义国家是资产阶级利益的维护者和官方机构。这表明,马克思和恩格斯已开始触及国家的阶级本质。鲍威尔认为,市民社会的成员是利己主义的原子,应当由"普遍国家秩序"把这些孤立的原子联合起来以组成社会。马克思和恩格斯驳斥说,把市民社会成员连接起来的不是国家而是

---

① 《马克思恩格斯文集》第2卷,人民出版社2009年版,第591页。
② 《马克思恩格斯文集》第1卷,人民出版社2009年版,第30页。

"利益",各社会成员之间的现实联系不是政治生活,而是"市民生活"。市民生活构成了政治生活的基础:"现代的'公共状况'的基础、发达的现代国家的基础,并不像批判所认为的那样是特权的社会,而是废除和取消了特权的社会,是使在政治上仍被特权束缚的生活要素获得自由的发达的市民社会。"①马克思和恩格斯不仅强调市民社会对国家的决定作用,而且也强调资产阶级国家对于市民社会的反向保护和促进作用。他们强调:"正如现代国家是由于自身的发展而挣脱旧的政治桎梏的市民社会的产物,而今它又通过人权宣言承认自己的出生地和自己的基础。"②从市民社会中产生出来并与封建制度相对立的资产阶级国家,通过宣布"普遍人权"承认自己的"出生权",并通过采取各种措施来废除封建特权以保护自己的物质基础,促进资本主义经济的发展。这种措施越彻底,市民社会的自发生命越是按照自己的规律去运动,资本主义经济就越发展,国家的基础也就越巩固和壮大。这意味着,在马克思看来,市民社会和国家都是历史的产物,市民社会的物质交往关系决定着国家的性质和功能,但是在特定社会发展阶段,国家又是适应于社会发展、并倾向于维护社会的发展。

最后,基于唯物史观的观点,恩格斯论述了国家的起源、本质和消亡的历史必然性。恩格斯认为,国家绝不是从外部强加于社会的一种力量,也不像黑格尔所断言的是"伦理观念的现实"、"理性的形象和现实"。"确切地说,国家是社会在一定发展阶段上的产物;国家是承认:这个社会陷入了不可解决的自我矛盾,分裂为不可调和的对立面而又无力摆脱这些对立面。而为了使这些对立面,这些经济利益互相冲突的阶级,不致在无谓的斗争中把自己和社会消灭,就需要有一种表面上凌驾于社会之上的力量,这种力量应当缓和冲突,把冲突保持在'秩序'的范围以内;这种从社会中产生但又自居于社会之上并且日益同社会相异化的力量,就是国家。"③既然国家是协调阶级对立和冲突的

---

① 《马克思恩格斯文集》第1卷,人民出版社2009年版,第316页。
② 《马克思恩格斯文集》第1卷,人民出版社2009年版,第313页。
③ 《马克思恩格斯文集》第4卷,人民出版社2009年版,第189页。

产物,那么在阶级消亡以后,在未来社会中,将把全部国家机器"放到古物陈列馆去,同纺车和青铜斧陈列在一起"①。

通过上述考察可知,在国家与社会关系问题上,马克思主义主张国家和政府不外是从社会中产生、凌驾于社会之上的力量,社会是国家和政府的真正前提和基础。尽管国家和政府在历史的特定阶段有其功能和作用,但是国家最终会随着阶级的消亡而消亡,社会最终会实现自我治理。这为我们理解社会治理和国家治理的关系提供了依据。但是必须看到,在国家与社会关系视角下,马克思主义的社会治理理念认为在社会特定发展阶段,国家的存在是必要的,国家必须适应于社会的发展,这也为一种"强社会和强政府"的实践提供了可能。由此出发才能说,社会治理是国家治理的重要内容,也是国家治理的基础。

二、马克思主义社会治理理念的社会基础

更为具体地看,在国家与市民社会关系历史变迁视角下,马克思主义社会治理理念的根基不是国家,而是社会。何谓"社会"?这种社会不是实证主义社会学家所观察的"一般社会",也不是自由主义政治哲学家抽象地论证权力的"市民社会"。这首先涉及马克思主义传统中的市民社会概念及其相关问题的理解。

无论是在国外学界还是在国内学界,"市民社会"(civil society)都是一个富有争议的概念。一般认为,"市民社会"是一个典型的西方话语,在广义上指西方自古典时代以来就存在着的一种社会领域,在狭义上指现代西方资本主义社会。在国内学界,学者们对市民社会概念有着不同的界定和用法,其中,一种较为极端的看法是主张拒绝运用"市民社会"的概念和话语去讨论中国的社会问题。为了避免误解,笔者认为有必要对文中所使用的概念加以简要说明。我们赞同蔡拓教授的观点:"正如民主、人权、自由等名词一样,尽管

---

① 《马克思恩格斯文集》第 4 卷,人民出版社 2009 年版,第 193 页。

市民社会这一概念也缘起于西方,并最先在那里被赋予实践的品格,但作为一个理论抽象,却超越了经验内容,而有着超地域、跨文化的普遍意义和价值。换言之,市民社会不仅特指历史上已经存在的资本主义社会,还泛指一切与政治国家相区别、相对应的非政治社会。在这个意义上,我们可以说存在着'前资本主义的市民社会'、'后资本主义的市民社会。'只是不要忘记,这些概念的使用,必然限定于理论层次、抽象层次的研究,一旦深入到一个具体的市民社会形态(如中世纪的市民社会、资本主义的市民社会、社会主义的市民社会),更为重要的则是搞清这个具体市民社会产生、运作的特殊背景与条件。"①这就是说,尽管市民社会有其一般的理论规定②,比如:与政治社会相对应;遵循自主、自愿的契约原则而非强制性原则;目的是为了满足私人利益;是具有相对独立性的社会自主领域,但是,其具体的实践形态则是多样的。

在西方,"市民社会"是伴随着近代市场经济的发展而产生的,市场经济是市民社会的"基础"。可以说,正是资本主义经济的发展以及资产阶级政权的确立,使得市民社会与政治国家实现了真正意义上的分离。马克思在肯定资本主义社会的进步意义的同时,也对资本主义的弊端展开了深刻批判。在这种意义上,有理由说马克思倾向于把市民社会在实践形态上直接等同于利己主义的资本主义社会。较为典型的文本根据出现在《论犹太人问题》中。马克思有力驳斥了鲍威尔把政治解放归结为宗教解放、把废除信仰视为政治解放前提的观点,阐述了政治国家的异化根源于市民社会"自我异化"的思想。在阐明犹太人问题的本质过程中,马克思揭示了三个重要的思想:其一,市民社会与国家的分离是社会力量与政治力量的分离。马克思认为,犹太人问题实际上是政治国家与市民社会、普遍利益与私人利益之间的世俗对立问题。他说:"犹太人问题最终归结成的这种世俗冲突,政治国家对自己的前

① 蔡拓:《市场经济与市民社会》,载王南湜等编:《哲学视野中的社会政治生活》,天津人民出版社2007年版,第172—173页。
② 参见蔡拓:《市场经济与市民社会》,载王南湜等编:《哲学视野中的社会政治生活》,天津人民出版社2007年版,第173—174页。

提——无论这些前提是像私有财产等等这样的物质要素,还是像教育、宗教这样的精神要素——的关系,普遍利益和私人利益之间的冲突,政治国家和市民社会之间的分裂,鲍威尔在抨击这些世俗对立在宗教上的表现的时候,竟听任这些世俗对立持续存在。"①政治解放并未消灭"个人生活和类生活之间、市民社会生活和政治生活的二元性",而是这种"二重化"的完成。这是因为政治解放一方面把人理解为市民社会的成员,即独立、利己的个体,另一方面把人理解为抽象的政治共同体的公民。所以马克思断言,"政治解放本身并不就是人的解放"。② 人的解放只有在政治力量回归到社会力量本身并被现实的人所认识到和真正经验到的时候才会实现。"只有当人认识到自身'固有的力量'是社会力量,并把这种力量组织起来因而不再把社会力量以政治力量的形式同自身分离的时候,只有到了那个时候,人的解放才能完成。"③其二,资本主义市民社会的原则就是实际需要和利己主义。马克思说:"犹太教的世俗基础是什么呢? 实际需要,自私自利。犹太人的世俗礼拜是什么呢? 经商牟利。他们的世俗的神是什么呢? 金钱。"④这就是说,现实的犹太人生活的特殊社会因素和地位就是"现代市民社会";犹太人的现实/世俗生活就是"经商牟利"/做生意;犹太人世俗的神/上帝就是"金钱"。马克思指出:"实际需要、利己主义是市民社会的原则;只要市民社会完全从自身产生出政治国家,这个原则就赤裸裸地显现出来。"⑤这意味着,资本主义市民社会的原则决定着其政治国家,不可能真正实现"普遍利益"。犹太人的解放实际上就是克服国家同市民社会的异化、市民社会自身异化的一种表现形式。其三,市民社会与国家的矛盾的根源是资本主义市民社会本身的矛盾。在马克思看来,只有对市民社会进行根本改造才能实现人类解放。确如有学者指出,"马克思批判国家的结论不是对市民社会的宣扬,而是指出国家与社会矛盾关系的实

① 《马克思恩格斯文集》第1卷,人民出版社2009年版,第31页。
② 《马克思恩格斯文集》第1卷,人民出版社2009年版,第38页。
③ 《马克思恩格斯文集》第1卷,人民出版社2009年版,第46页。
④ 《马克思恩格斯文集》第1卷,人民出版社2009年版,第49页。
⑤ 《马克思恩格斯文集》第1卷,人民出版社2009年版,第52页。

质是市民社会自身的内部矛盾。政治国家的问题'是作为市民社会的特性存在的',治理的问题不是产生于国家与社会之间,而是产生于市民社会之中。"①通过以上分析,可以清楚地看出,在马克思的意识里,资本主义的市民社会既同资产阶级政治国家相分离和对立,又不同于在人类解放阶段的后资本主义社会。

马克思的政治经济学批判进一步揭示和批判了资本主义市民社会的异化特征。马克思认为,在资本主义社会,商品的神秘性来自"商品形式"本身。"人类劳动的等同性,取得了劳动产品的等同的价值对象性这种物的形式;用劳动的持续时间来计量的人类劳动力的耗费,取得了劳动产品的价值量的形式;最后,生产者的劳动的那些社会规定借以实现的生产者关系,取得了劳动产品的社会关系的形式。"②正是在资本主义私有制条件下,人与人之间的关系被物与物之间的关系所中介,使得生产者之间的关系"表现为人们之间的物的关系和物之间的社会关系"③。这是因为,生产者的劳动产品是私人劳动的结果,生产者之间只有把他们的劳动产品相交换,才会发生社会接触。在生产者面前,他们各自的私人劳动的社会关系,却表现为商品与商品之间的关系,因而一方面成为人与人之间的"物的关系",另一方面成为物与物之间的"社会关系"。但是马克思论证到,资本主义的商品生产和交换关系不是天然的,而是在一定社会历史发展阶段才出现的。这种社会生产关系决定了在资本主义社会占主导的政治上层建筑和观念形式的局限性。同样,资产阶级经济学的各种范畴是适应于特定历史阶段产生的商品生产的社会关系的,在这种商品生产的方式中,这些范畴是有效的,是客观的。但是一旦这种生产关系发生变化了,这些范畴也就失效了,失去了天然的合理性。

从社会历史的视角看,随着资本主义社会的私有制被扬弃,马克思设想了一种超越资本主义市民社会的新的社会联合形式。马克思说:在未来"设想

---

① 李洋:《西方治理理论的缺陷与马克思治理思想的超越》,载《哲学研究》2020 年第 7 期。
② 《马克思恩格斯文集》第 5 卷,人民出版社 2009 年版,第 89 页。
③ 《马克思恩格斯文集》第 5 卷,人民出版社 2009 年版,第 90 页。

有一个自由人联合体,他们用公共的生产资料进行劳动,并且自觉地把他们许多个人劳动力当做一个社会劳动力来使用。在那里,鲁滨逊的劳动的一切规定又重演了,不过不是在个人身上,而是在社会范围内重演"①。在自由人的联合体中,个人的劳动产品直接是他的使用物品,联合体的总产品是社会产品,社会产品中的一部分重新用做生产资料,另一部分作为联合体成员消费的生活资料,这一部分生活资料在联合体的成员之间进行分配。在这样的社会联合体中,假定每个生产者在生活资料中得到的份额是由他的劳动时间决定的。在这里,劳动时间就会起"双重作用":一方面,社会的有计划的分配劳动时间,在社会范围内调节各种劳动职能与各种需要的适当比例;另一方面,劳动时间又是计量生产者在共同劳动中个人所占份额的尺度,因而也是计量生产者在共同产品的个人可消费部分中所占份额的尺度。这样,人们之间的生产和分配关系就是简单明了的。可见,未来社会超越了狭隘的利益联结关系,成为人们自主支配生产和分配的社会联合体。正因为认识到马克思关于市民社会思想的复杂性,有西方学者把马克思的市民社会理论转译如下:"根据马克思的思想,一个平等主义的市民社会只是到了共产主义才会产生,因而在共产主义社会市民社会与社会才是全等的。市民社会不再是社会的一个领域,而是成为组织整个社会的自由联合的原则。因此,它是一个整体化的市民社会概念,不再承认社会和政治的冲突。因此,青年马克思所强调的激进的民主立场就通过把民主化推迟到未来社会而转化为妨碍他连续展开最初批判主题的元历史的思辨结构。"②

可见,马克思主义社会治理理念的社会基础并非资本主义的市民社会。即便马克思批判资本主义市民社会,也不能将市民社会的概念完全等同于资本主义社会。事实上,市民社会不是一般的和抽象的,其实践形态乃是具体的、历史的。随着中国市场化改革的发展和深化,中国自主社会生活领域日趋

---

① 《马克思恩格斯文集》第5卷,人民出版社2009年版,第96页。
② Klein A., Adloff F., *Civil Society Theory: Marx*, In: List R.A., Anheier H.K., Toepler S.(eds) International Encyclopedia of Civil Society.Springer,Cham,2021.

发展和完善。中国自主社会生活领域的主体是个人和社会组织或社团,其是在国家和政府的扶植和支持下产生的,因而在中国,市民社会与国家之间在本质上是非对抗性的,随着政府职能的转变,市民社会与国家之间日渐形成良性的互动关系。这为深刻把握马克思主义社会治理理念的真谛提供了实践基础。

三、马克思主义社会治理理念的真谛

马克思主义的社会治理理念的真谛是人民治理社会,而不是社会治理人民,"社会"治理"人民"乃是政治关系的主客位的颠倒。这包含着两个不可分割的层面:首先,社会治理的真正主体从来都是"人民",而不是"社会";其次,社会治理的真实含义是"社会治理",而不是"治理社会"。我国学者乔耀章指出,社会治理应该是全面的,治理"在本质上应该是相互的",否则只能称之为"治理社会"而非"社会治理"①。

马克思主义的社会治理的主体是具体的人民,治理的对象是社会,是人民治理社会,而不是社会治理人民。在这里,应当从政治关系的"主客谓"视角恰当理解和把握社会治理的真正意蕴。"社会治理"的主体是人民,强调的是由人民治理社会事务和公共事务;而"治理社会"的主体是国家和政府,强调的是由国家、政府来治理社会事务和公共事务。可见,治理的主客体之间的关系不同,地位则不同。在"社会治理"概念中,治理的主体是多元化的,既包括国家和政府,也包括社会组织和公民个人,治理的对象是社会事务,如教育、卫生、医疗等等领域。而在"治理社会"概念中,治理的主体是国家和政府,治理的对象是人民和社会。为此,有学者指出:"在社会治理观念问题上,往往把社会治理理解为或嬗变、异化为'治理社会'。在社会治理行为问题上,往往没有正确处理好国家、政府、政党与社会之间互为主体和客体的相互矛盾、相互作用、共同治理直至相互治理的正当关系有着直接或间接的

---

① 乔耀章:《全面社会治理的主客体辨析及具新社会革命之特质》,载《河南社会科学》2020 年第 9 期。

关系和联系。"①这一理解是有道理的,但是这一观点仅是在"实践运行方面"来理解治理的主客体关系的颠倒。问题在于,恰当把握社会治理的主体和客体的关系,不仅涉及实践操作层面,更涉及社会治理的理念更新问题。对"社会治理"和"治理社会"的主体和客体的澄清和追问,是深刻认识中国社会关于政党与政府、国家与市场关系的关键,是实现"社会治理"的有效性前提。

在这里,必须要明确反对一种具有误导性的观念,即把"社会治理"等同于"社会组织和团体"治理人民的观念。诚然,社会组织和团体是社会治理的一个重要主体,但它仅仅是一种主体,并且它在参与社会治理中存在一定的限度。根据前述马克思主义的社会与国家关系思想,只有弄清某种特定社会的性质,才能建立起恰当的社会治理理念。兴起于 20 世纪 80 年代的当代西方治理理论,历经近 40 多年的发展,形成了民主治理、多中心治理、合作式治理等多种治理模式,占据着西方学术话语的主流地位。尽管西方治理理论根源于当代西方历史悠久的宪政民主实践、成熟的公民社会(市民社会)和具有深厚底蕴的公民文化的背景之中②,但是西方治理理论的缺陷也是显而易见的,比如,面临着个体与共同体、理性人与多元主体、社会与国家关系的张力和矛盾问题。③ 因此在批判性地反思西方治理理论时,我们必须弄清其社会基础。杨光斌指出:"要更深刻地认识治理理论的局限性,首先必须弄清楚作为治理理论基础的社会的性质,'公民团体'组成的社会都是公民社会吗? 只有弄清楚社会的属性,才能建立起能够治理的治理理论。"④真正重要的是,当西方的治理理论可能止步于确立一个自足的"公民社会"或"市民社会"时,"对于马

---

① 乔耀章:《全面社会治理的主客体辨析及具新社会革命之特质》,载《河南社会科学》2020 年第 9 期。
② 参见佟德志:《当代西方治理理论的源流与趋势》,载《人民论坛》2014 年第 14 期。
③ 参见杨光斌:《发现真实的"社会"——反思西方治理理论的本体论假设》,载《中国社会科学评价》2019 年第 3 期;李洋:《西方治理理论的缺陷与马克思治理思想的超越》,载《哲学研究》2020 年第 7 期。
④ 杨光斌:《发现真实的"社会"——反思西方治理理论的本体论假设》,载《中国社会科学评价》2019 年第 3 期。

克思而言,社会而非国家是治理的真正立足点,这并非意味着治理问题的解决要靠权力回归社会,而是意味着要由社会的变革推动治理的变革。良好的治理不是靠调节政治领域的个人——共同体、国家——社会的关系就能够实现的,而是要改变治理的基础,深入到市民社会之中,改变社会生产生活中的不合理状况。"①正是从社会基础的意义上说,当代中国社会的性质和结构特征从根本上异于西方的社会,中国特色社会主义的社会治理从根本上不同于西方资本主义国家的社会治理,是马克思主义的社会治理理念指导下的社会治理实践。

党的十九大报告明确指出:"全党务必牢记,为什么人的问题,是检验一个政党、一个政权性质的试金石"。这为全面而深刻地把握马克思主义的社会治理理念的真谛提供了科学依据。

第一,社会治理的根本目标是为人民谋福祉。党的十九大报告明确提出"中国共产党的初心与使命就是为中国人民谋幸福,为中华民族谋复兴"。如果一个政党、一个国家、一个政府把人民放在高于一切的地位,那么这个政党、政权就是人民的政党和政权。坚持人民立场,是中国共产党的根本政治立场,是马克思主义政党区别于其他政党的显著标志。中国共产党是中国社会主义事业和建设的领导者。中国的社会治理的具体目标是多重的:维护社会安定有序、解决社会矛盾和冲突等等,但是其根本目标只有一个,那就是"为什么人"的问题。中国共产党从成立之初,就把全心全意为人民服务作为自己的宗旨,把带领人民走向美好生活作为自己的奋斗目标,把党的壮大和国家发展以及民族独立紧密联系在一起。一切为了人民是中国共产党开展一切工作的中心。从社会管理向社会治理的转变,更加鲜明地体现了中国共产党一切为了人民、一切依靠人民的人民至上立场。中国的社会治理就是党领导人民,通过充分发挥人民的主体性,发挥人民的积极性、创造性和能动性,为人民谋福祉的政治思维方式的体现。在西方治理理论中,个人权利是国家治理和社会

---

① 李洋:《西方治理理论的缺陷与马克思治理思想的超越》,载《哲学研究》2020 年第 7 期。

治理的起点,现代社会与国家的治理秩序均建立在"天赋人权"的基础之上,因而西方的社会治理恰恰是"反国家"的,是为了一部分人的利益而服务的。西方国家的政党和政府只是私人利益和部分利益的代表,而不是普遍利益和人民利益的代表。这是西方社会治理理念存在缺陷的根源。

第二,社会治理是多元主体的"共治"。从国家、政府与社会互动关系的视角看,中国的社会治理是在党的领导下由国家、政府和人民群众共同参与、协调合作而形成合力的过程。由于社会治理的主客体关系不同于社会管理的主客体关系,所以作为社会治理的不同主体、即国家、政府和社会或人民之间的关系不再是支配和被支配的关系,而更多地是合作、互动和共治的关系。在这里,体现了政治思维方式的变化,即不是将官与民看做是截然分离的关系。我们认为,在社会治理的理念上,即使将社会治理理解为"官民互治"可能也是不够的,因为这种概括依然以默认官民分立的思维为前提。我们在前面考察青年马克思对官僚制的本质进行批判时看到,马克思深刻地指出,官僚制假定管理者是"管理机构中的积极的、自觉的公民",而"被管理者"是"消极的、不自觉的公民",因而其是默认甚至维护官民二元分立的。如果把这一观念应用于社会治理主客体关系的分析上,可以说,在西方,社会与国家的二分在某种意义上就是积极的公民和消极的公民、自觉的和不自觉的公民的区分,这一区分与西方民主传统中的精英与大众的区分相贯通,是西方国家理论不容置疑的前提。在社会主义中国,人民作为国家和社会的主人,由这种客观的关系所决定,我们必须超越这种二分的思维方式。当然,就中国的社会治理而言,强调政府、国家和社会或人民共治,不是不讲分立,而是讲政府、国家和人民在统一基础上的分立,强调二者在社会自主领域的"合作互动"关系。

第三,社会治理内在地要求政党治理和国家治理的同步提升。社会是国家和政党的母体,国家和政党是从社会中发展而来的。社会治理并不是完全撇开政党和国家,更不是在社会与国家分离和对抗的意义上来理解。

首先,社会治理内在地要求不断提升国家治理能力。如果将社会治理完全理解为社会自治,甚至完全等同于社会组织的自治,恰恰是不能推进社会治理的。正如杨光斌所言:"社团组织并不是'因变量',社会性质本身就是一个难以改变的'自变量'——社会性质决定了社团主义并不意味着就是公民社会。这并不是不鼓励研究社会自治并推进社会自治——这是各共同体的一种与生俱来的社会形态,何况再强大的、能力再强的国家都不可能对社会负全部责任。但是,当'自治'导致各类对抗国家的社会形态时,需要的是能够整合社会、整合政治权力的国家能力,而不再是所谓的'公民社会'。基于比较社会性质的研究,在治理理论的光谱上,我们更需要能提升国家治理能力的理论。"①这是一个深刻的见解。马克思主义的社会治理理念主张,历史条件决定了社会治理和国家治理的内在关联。

其次,社会治理内在要求执政党不断提高自己的执政能力。中国的社会治理概念的提出以及从社会管理到社会治理的转变,本身就是中国共产党的执政理念发生新变化的表征,体现了党在新的历史条件下对社会和国家发展关系变化的深刻认识。2009年,中共十七届四中全会强调了党提高社会管理能力的重要性和紧迫性,以及党在社会管理方面的至关重要性。2013年,中共十八届三中全会专门对创新社会治理体制进行了阐述。党的十九届四中全会又提出"完善党委领导、政府负责、民主协商、社会协同、公众参与、法治保障、科技支撑的社会治理体系",突出强调了党委的领导核心作用以及各种主体参与社会治理的地位和关系。这意味着,党对社会治理体系和格局的认识更加完善,党对自身处于社会治理体系中的地位和责任有着更加清醒的自觉。在社会治理的实践中,党既是主导性的一极,又与其他各类主体融于一体。在这种意义上说,社会治理的全面性还体现在:"社会治理主要趋向于现代政党治理系统、现代国家治理系统、现代政府治理系统和现代社会治理系统间相互作用的全面性。"②因此,党不断提高自己的执政能力,不断增强自身的社会治

---

① 杨光斌:《发现真实的"社会"——反思西方治理理论的本体论假设》,载《中国社会科学评价》2019年第3期。
② 乔耀章:《全面社会治理的主客体辨析及具新社会革命之特质》,载《河南社会科学》2020年第9期。

理能力,就是创新社会治理方式的内在要求和体现,社会治理理念和实践的变化同党的执政理念的创新是逻辑一致的。无论是党的执政能力的提升还是社会治理能力的增强,均以全心全意为人民服务作为根本宗旨。在"为什么人"的问题上,社会治理与政党治理具有内在一致性。习近平在纪念毛泽东同志诞辰 120 周年座谈会上的讲话中指出,毛泽东思想活的灵魂有三个基本方面,实事求是、群众路线和独立自主。其中,"群众路线是我们党的生命线和根本工作路线,是我们党永葆青春活力和战斗力的重要传家宝。""坚持群众路线,就要真正让人民来评判我们的工作……我们党的执政水平和执政成效都不是由自己说了算,必须而且只能由人民来评判。人民是我们党的工作的最高裁决者和最终评判者"[1]。

总之,马克思主义的社会治理理念是人民治理社会,是人民的自我管理。以人民为中心是马克思主义的社会治理理念的核心。立党为公、执政为民,是马克思主义政党与其他政党的根本区别之所在。

---

[1] 习近平:《在纪念毛泽东同志诞辰 120 周年座谈会上的讲话》,人民出版社 2013 年版,第 17、19—20 页。

第三章　社会组织与社会治理

　　从一般意义上说,社会组织是指介于政府与市场之间的各种社会群体或团体的总称。作为基本的社会单元,社会组织的形成和特点既具有普遍性又具有特殊性。在西方先发国家,资本主义市场经济的发展为社会组织的发展和壮大提供了基础和动力,而社会组织的迅猛发展使之成为当代西方社会政治生活不可或缺的重要力量。在中国,社会组织是伴随着市场化改革而兴起和发展起来的,是在国家放松对社会的全面管控下社会自主性增强和社会活力充盈的体现。中国社会组织是"人民主体"地位的重要体现,是中国特色社会主义治理体系的重要主体。由于兼具"官民二重性"的特质,中国社会组织在中国的社会治理体系中发挥着诸如"桥梁、沟通和代表"等重要作用。当今时代,世界正在进入以信息产业为主导的经济发展时期,技术信息手段的充分发展,使得社会治理体系在网络化、智能化方面潜藏着巨大的治理活力。因而建立人与人、人与物、人与组织的有效连接,提升社会治理的网络化、智能化水平、完善"线上线下"相结合的社会治理方式日益成为完善中国社会治理体系的新方向和新航道。

第一节　社会组织的发展过程与概念释义

　　自 20 世纪 80 年代起,社会组织在世界范围内呈现出爆发式的增长,开始以不同于政治国家和市场企业组织的"第三部门"身份登上历史舞台,对全球化时代的国家与社会发展产生了重要影响。社会组织的兴起,推动了人类社会生活的全面变革,对经济、政治和社会等领域产生了广泛而深刻的影响,促使不同于传统"政府—市场"二元对立结构的"政府—社会—市场"三元结构逐步形成。这内在要求政治思维方式的革新和社会治理方式的改变。从社会组织兴起和发展的视角看,这既是市场经济发展的必然结果,亦是社会自主性空间日益增强的表现。

一、社会组织与现代市民社会

从起源和构成关系上看,社会组织是与现代西方市民社会相伴而生的,社会组织是现代西方市民社会的最活跃主体和构成要素,社会组织是组织化了的市民社会,没有社会组织就没有真正意义上的西方市民社会。尽管市民社会是一个西方概念,但是即便在西方,学者们对市民社会概念的界定和理解也是不一致甚至有争议的。为了避免相关误解,在这里,我们遵从市民社会概念的古典含义和现代含义之区分。市民社会概念的古典含义是指"不同于自然状态的文明社会",其现代含义专指"不同于政治国家而独立存在的社会自主领域"。① 在这种意义上说,现代市民社会是随着近代以来政治国家与社会之间的日渐分离而不断扩展的,是一种现代社会现象。也正是在市民社会概念的现代含义上,才能说市民社会与社会组织具有某种同构性。比如,西方学者查尔斯·泰勒把市民社会归结为一个由市民联合起来的"自治的社团网络",独立于国家之外并且能够对公共政策产生影响。② 迈克尔·沃尔泽用"市民社会"话语指称"处于非强制状态下的人们进行联合而组成的空间,同时也包括一系列的遍布在他们的空间中的关系网络——诸如此类的关系网络是为家庭、信仰、利益和意识形态等目的而形成的"。③

社会组织是社会发展到一定阶段的产物。如果说近代市民社会的形成得

---

① 王新生:《市民社会论》,广西人民出版社 2003 年版,第 3 页。
② 参见王新生:《市民社会论》,广西人民出版社 2003 年版,第 38 页。
③ 转引自[美]艾丽斯·M.杨:《包容与民主》,彭斌、刘明译,江苏人民出版社 2013 年版,第 195—196 页。

益于商品经济的激励和推动,那么同样,西方社会组织的蓬勃发展也离不开现代市场经济的催化,是现代市场经济发展的必然结果。现代社会组织是由独立自主的个人基于特定目的而自愿结成的联合形式,这从根本上不同于传统社会以血缘和地缘为纽带而形成的自然共同体。在人类最初的历史阶段,个人尚未从群体中独立出来,马克思说:"我们越往前追溯历史,个人,从而也是进行生产的个人,就越表现为不独立,从属于一个较大的整体:最初还是十分自然地在家庭和扩大成为氏族的家庭中;后来是在由氏族间的冲突和融合而产生的各种形式的公社中。只有到18世纪,在'市民社会'中,社会联系的各种形式,对个人说来,才表现为只是达到他私人目的的手段,才表现为外在的必然性。"①事实上,在以自然经济为主导的传统社会,以家庭为核心的共同体是构成社会的基本单元,个人的生产生活表现为以家庭为社会基本经济单位的典型的共同体生活,家庭关系因而也直接体现了传统社会的基本关系。马克思将这一阶段称之为"人的依赖关系",这是一种生产力只是"在狭小的范围内和孤立的地点上"②发展起来的社会形式,具有自然性和封闭性的特点。显然,以家庭为单位的自给自足的经济生产方式决定了个人要满足基本的生存需求必须依附于家庭和共同体,而这种依附决定了个人只能局限于共同体之内,按照共同体的原则生活,无法脱离共同体而独立自主的选择生产生活。传统的伦理道德也强化了个人服从的道德义务,要求作为成员的个人必须服从家庭或共同体的目的和利益,而不是根据自己的需要或意愿自主选择交往关系或结成新的交往关系。可见,在前市场经济时代,构成社会组织的要素即独立的个人尚未出现,因而真正的现代意义的社会组织也不可能出现。

随着商品经济发展到市场经济阶段,以传统家庭为基础的自给自足的小农经济生产方式逐渐被现代化的工业生产和市场化的商业活动所取代。现代市场经济的发展造就了独立的个人,而独立的个人又推动了社会交往关系的"普遍化",这为各类社会组织的生长提供了适宜的环境和土壤。马克思、恩

① 《马克思恩格斯文集》第8卷,人民出版社2009年版,第6页。
② 《马克思恩格斯文集》第8卷,人民出版社2009年版,第52页。

格斯在《德意志意识形态》中指出:"市民社会包括各个人在生产力发展的一定阶段上的一切物质交往。它包括该阶段的整个商业生活和工业生活……真正的市民社会只是随同资产阶级发展起来的;但是市民社会这一名称始终标志着直接从生产和交往中发展起来的社会组织,这种社会组织在一切时代都构成国家的基础以及任何其他的观念的上层建筑的基础。"①可见,马克思、恩格斯是从物质交往关系来理解和把握市民社会的本质的,这意味着,人与人之间的物质交往关系不仅包括经济的交往关系,而且还包括从经济交往关系中发展而来的社会组织及其自主生活领域。这种社会自主生活领域受经济交往关系所支配,是社会交往关系不断扩大及至普遍化的结果。随着传统自然共同体的形式被打破,独立个人之间的交往不再受到共同体的限制,就单个人而言,他与他人的交往是任意的、偶然的、脆弱的以及不确定的,但是就整个社会而言,"这种以分离性为前提的社会结合恰恰具有无比的坚固性和普遍必然性"②。在市场经济社会,传统的共同体已瓦解,每个人都是孤立的个人、特殊的个人,为了生存和需要不可能不与其他人发生联系,因而每个人都是其他人可能发生联系的对象。也就是说,在这样一种社会联系中,个人不再依赖于特定的社会联系,每个人的不确定的联系恰恰为普遍化的社会交往关系提供了可能,商品交换关系的普遍化使得人类社会发展到以物的依赖性为基础的社会阶段。这也是马克思之所以说在18世纪的市民社会中,社会联系对于个人来说是私人目的的手段,并表现为外在必然性的缘由。

在普遍的社会交往关系中,虽然每一个个体都具有各自的独立性,拥有自主选择的权利,但就现实而言,个人的多样化需求和行动必须经由与其他个体的交往或互动才能得到满足或实现,那么他必须在遵循自我意志和表达自己想法的同时,兼顾其他个体的想法和意见,继而达成一种彼此的"共识"。这一过程也构成了一个亚里士多德所说的"公共意见存在的地方"。葛兰西认为国家既包括政治社会也包括市民社会,政治社会即是指传统意义上的国家,

---

① 《马克思恩格斯文集》第1卷,人民出版社2009年版,第582—583页。
② 王新生:《市民社会论》,广西大学出版社2003年版,第110页。

而市民社会是由各种私人组织构成的。葛兰西不是从经济的意义上理解市民社会,而是从文化和意识形态的层面理解市民社会,因而他强调市民社会与政治社会的一致性。他声称:"如果从广义而不是从形式上看,在每个社会中,人人都隶属于一定的组织和党派。在多种多样的私人组织(有两种:自然、契约或自愿)中,一种或多种占据相对或绝对的主导地位,构成一个社会集团统治其他人口(或市民社会)的领导机构:狭义的政府强制机构的国家基础。"①与葛兰西类似,哈贝马斯也认为,现代市民社会是一个与政府相对应的社会公共领域。哈贝马斯指出:"作为政府的对应物,市民社会建立了起来。迄今为止一直局限于家庭经济的主动性和依附性冲破了家庭的藩篱,进入了公共领域。"②在哈贝马斯看来,随着资本主义市场经济的发展,市民社会作为自治领域得以形成。这一领域本身包括两个系统:一个是资本主义市场经济体系,一个是由私人组成的非官方组织构成的社会文化系统。社会文化系统包括诸如文化团体、学会、俱乐部、论坛和工会等各种类型的社会组织。③ 市民社会被主要归结为独立于政治国家的社会组织系统及其在公共领域中的活动,在公共领域中,恰恰是现代意义上的社会组织最初形成的地方,独立的个人可以通过自主讨论、相互交流,使得不同的意见和需求得以呈现,从而形成一种可以表达公共意志、制约政治国家、调节社会生活的公共力量——公共理性或公共精神,而表达这种力量的现实载体便是"社会组织"。托克维尔在讨论结社对于美国市民生活的作用时指出:"只要美国的居民有人提出一个打算向世人推广的思想或意见,他就会立即去寻找同道;而一旦找到了同道,他们就要组织社团。社团成立后,他们就不再是孤立的个人,而是一个远处的人也可以知道和行动将被人们效仿的力量。这个力量能够发表意见,人们也会倾听它的意见。"④托克维尔甚至断言:"如果一个民主国家的政府到处都代替社团,那

---

① [意]安东尼奥·葛兰西:《狱中札记》,曹雷雨等译,河南大学出版社 2016 年版,第 219 页。

② [德]哈贝马斯:《公共领域的结构转型》,曹卫东等译,学林出版社 1999 年版,第 18 页。

③ 参见王新生:《市民社会论》,广西大学出版社 2003 年版,第 36—37 页。

④ [美]托克维尔:《论美国的民主》(下卷),董果良译,商务印书馆 1991 年版,第 639 页。

末,这个国家在道德和知识方面出现的危险将不会低于它在工商业方面发生的危险。"①显然,社会组织在西方社会生活实践中发挥着既不同于政府也不同于市场的独特功用。针对西方学者把市民社会理解为不同于经济领域和政治领域的范围、领域和空间的各种定义,艾丽丝·杨从活动论的角度把市民社会(公民社会)概括为"各种类型的活动",她说:"公民社会是为了实现以增强各种内在的社会价值为特殊目的的自组织的活动。"②从以上分析可知,在现代西方学术语境中,现代资本主义市场经济的发展催生了社会自主领域的形成,而社会自主领域又必然要求形成以各类社会组织为主体进行社会交往和互动的文化空间。

总之,从现代西方市民社会发展的内生逻辑来看,"结社从一开始就是市民社会自我满足、自我管理、自我发展的自治组织形式"③,社会组织就是组织化、制度化了的市民社会。这意味着,当个人从传统共同体解脱出来成为独立的个体,在这个不受政治权力所掌控的独立的私人自主领域——市民社会里生活时,必然会选择自由地结成各类社会组织(又称市民社会组织或公民社会组织)。这是市民社会获得相对独立于政治国家结构地位的历史过程,也是社会自主性持续增强的历史过程。

二、社会组织的概念群

如前所述,社会组织可以一般地被理解为"社团"或者"社群"等。然而,在中西不同语境和不同的学者眼中,社会组织概念的含义和外延也不尽相同。部分原因在于,社会组织概念是一个社会历史范畴,随着社会历史条件的变化,具有不同的内容和表现形式;部分原因在于,存在着一系列与"社会组织"相近的概念群,如非营利组织(NPO)、非政府组织(NGO)、志愿组织(UNV)、

　①　[美]托克维尔:《论美国的民主》(下卷),董果良译,商务印书馆1991年版,第638页。
　②　[美]艾丽斯·M.杨:《包容与民主》,彭斌、刘明译,江苏人民出版社2013年版,第199页。
　③　马长山:《国家、市民社会与法治》,商务印书馆2002年版,第235页。

民间组织、公民团体、中介组织、群众团体、人民团体、社会团体,等等,这些概念与社会组织概念存在着部分交叉和重叠关系。鉴于本章的任务主要是阐明社会组织与社会治理的关系问题,因而我们不去过多进入关于社会组织概念的辨析问题,而是在抓住主线的基础上对社会组织概念给予必要的厘清和规定。

从社会历史视角看,"社会组织"概念主要包括三个层面的含义。第一,从广义上说,"社会组织"是一定的社会成员为实现某个特定的目标而结成的"共同活动",其本质就是社会关系或共同活动的主体和载体。马克思在论述生命的生产的双重关系时,对"社会关系"解释道:"社会关系的含义在这里是指许多个人的共同活动,不管这种共同活动是在什么条件下、用什么方式和为了什么目的而进行的。"①在历史上,社会组织存在于人类的最初阶段,其范围既包括最初的家庭形态,也包括随着社会分工的扩大而逐渐演变出来的、更为复杂的政治组织、经济组织、文化组织等其他形态。第二,"社会组织"在一定意义上与现代"市民社会""社会经济结构"等概念的意义相关,指不同于政治国家而独立存在的私人自主领域。这个私人自主领域既包括家庭又包括现代商品生产和交换体系的市场经济体系。马克思曾指出,市民社会"始终标志着直接从生产和交往中发展起来的社会组织"。在这里,社会组织主要是指随着市场经济发展而来的经济组织或联合形式,当然,对市民社会以及社会组织结构的理解是不能脱离马克思对现代资本主义的批判语境的。第三,在具体的层面上看,"社会组织"指介于国家与市场领域之间,由公民自愿组成,具有非政府性、非营利性和相对独立性等特征的各种社会群体或团体形式。在这种意义上,社会组织被视为"第三部门",俞可平解释道:"由于它既不属于政府部门(第一部门),又不属于市场系统(第二部门),所以人们也把它们看作是介于政府与企业之间的'第三部门'(the third sector)。"②也是在这种意义上,社会组织与非政府组织(NGO)、非营利组织(NPO)、志愿组织(UNV)、

---

① 《马克思恩格斯文集》第 1 卷,人民出版社 2009 年版,第 532 页。

② 俞可平:《中国公民社会:概念、分类与制度环境》,载《中国社会科学》2006 年第 1 期。

民间组织、公民团体、中介组织、群众团体、人民团体、社会团体等"概念群"高度相关。

为了更好地理解社会组织概念的含义以及社会组织的具体特征，有必要进一步对社会组织"概念群"做一概括性的梳理。

"非政府组织"和"非营利组织"属于从否定性层面做出规定的概念，这两个概念首先是来自于西方的概念，同时也是在国际上通用的概念。"非政府组织"的最初含义是指那些在国际事务中发挥中立作用的非官方机构，如国际红十字会、救助儿童会等，后来泛指那些独立于政府体系之外且具有一定公共职能的社会组织。其最重要的特点就是强调组织的"非官方性"，即突出与政府组织官方性质的不同。"非营利组织"的概念主要是相对于"营利组织"的概念而言的，即这类组织与企业和公司等市场组织不同，它们不以追求利润为目标。但是，所谓"不追求利润"不代表"不产生收益"，实际上非营利组织概念"容易模糊公民社会组织为了自身的生存从事的必要的有偿服务与营利活动之间的界限"①。非营利组织虽然不以"营利"为目的，但是为了保持行业协会的正常运转，通常会接受各类捐助以及提供"有偿服务"，如各类行业协会或社区养老服务机构等。多样化的"非营利性组织"的共同特征有组织性、私有性、非营利性、自治性和自愿性。②

与上述概念类型相比，诸如"社会团体"、"中介组织"、"公益组织"、"志愿组织"、"第三部门"等概念则是从肯定性层面做出的规定，其含义相对比较清晰和具体，侧重点各不相同，具有较高的可辨识性。比如，"社会团体"、"社团"等概念从起源上强调了这类组织的"社会性"或"民间性"等特征；"中介组织"、"第三部门"等概念从结构上强调了这类组织位于国家与市场之间的"中间性"或"中介性"等特征；"公益组织"、"志愿组织"等概念从功能上强调了这类组织的公益性或志愿性等特征。尽管如此，这些概念在使用上依然存

①　俞可平：《中国公民社会：概念、分类与制度环境》，载《中国社会科学》2006 年第 1 期。
②　参见［美］莱斯特·M.萨拉蒙等：《全球公民社会——非营利部门视界》，贾西津、魏玉等译，社会科学文献出版社 2007 年版，第 3 页。

在一定的局限性,比如"中介组织"这一称谓容易使人忽略它可能存在的"营利性"而被误解为"非营利组织";"第三部门"在表述上容易引起词义误解;"志愿组织"的志愿性或自愿性很容易让人联想到政党,因为志愿性并非"社会组织"所特有,一切政党或政治团体也强调其成员参加组织的志愿性。

与典型的西方式概念不同,"群众团体"、"人民团体"是中国本土特有的组织形式,有着特定的含义和指称,主要是指在中国共产党领导下有着严格的规范章程的"组织网络体系",包括 8 个列入中国人民政治协商会议界别的"人民团体"和 15 个经国务院批准免于登记的"群团组织"①。需要指出的是,在中国的社会治理中,群团组织与社会组织处于并行状态,比如,在党的十九届五中全会审议通过的《中共中央关于制定国民经济和社会发展第十四个五年规划和二〇三五年远景目标的建议》(简称《建议》)中就明确强调:"发挥群团组织和社会组织在社会治理中的作用"②。易言之,群团组织与一般理解的社会组织不同,群团组织虽然带有"群众"或"人民"的称谓,但绝非是与政府毫无关联的"自治组织"。恰恰相反,这些组织的最主要特征就是"与中国共产党具有强内生关系",也就是说,"群团组织是党亲自缔造的'外围组织',是党的群众工作体系的内在构成性要素,也是党联系特定群体、特定阶层、特定群众的桥梁和纽带。"③比如,《中国共产主义青年团章程》总则第一条就规定:中国共产主义青年团是中国共产党领导的先进青年的群团组织,是广大青年在实践中学习中国特色社会主义和共产主义的学校,是中国共产党的助手和后备军。在中国共产党的直接领导下,群团组织具有三大属性,即政治性、先进性和群众性,其中群众性是根本属性。④ 更为重要的是,中国的群

---

① 参见康晓强:《社会建构的逻辑:中国社会组织发展论纲》,中国政法大学出版社 2017 年版,第 73 页。

② 《中共中央关于制定国民经济和社会发展第十四个五年规划和二〇三五年远景目标的建议》,载《人民日报》2020 年 11 月 4 日。

③ 康晓强:《社会建构的逻辑:中国社会组织发展论纲》,中国政法大学出版社 2017 年版,第 74 页。

④ 康晓强:《群众团体与人民团体、社会团体》,载《社会主义研究》2016 年第 1 期。

团组织的定位既不同于西方式的"非政府组织",也不同于西方式与政府相对立的"公民社会组织",而是"基于我国特殊的历史、文化、社会、民情的体制内的诉求表达、整合性组织,有其独特的、不偏不倚的、居中的结构定位,即居于党和特定群体群众中间的位置。"①

同样,"民间组织"也是一个极具中国特色的组织概念,这一概念突出了社会组织的"民间性",强调其与政府和市场领域的相对分离。为了清楚地表明民间组织的概念所指,俞可平指出:"在谈及作为公民社会主体的组织或团体时,尽可能地一致使用'民间组织'的概念,以避免在概念术语上的不必要争议和混乱。"②从外延上说,民间组织可以宽泛地包括非政府组织、非营利组织和部分人民团体,更符合市场化改革以来中国社会发展的实际和文化传统,便于人们准确地捕捉中国社会领域的发展特点。但是,由于"民间组织"这一概念更多地反映了传统政治思维观念中的"官民二分"意识,不能充分涵盖介于市场与国家之间的"社会性"和"中介性",因此"民间组织"逐渐被"社会组织"所取代。党的十六届六中全会首次以"社会组织"概念取代以往的"民间组织"提法,以及民政部有关司局官方网站改名为"中国社会组织网"等举措无疑都体现了这种倾向。

综合上述分析,从我国经济社会发展的总体趋势以及社会组织参与社会治理的逻辑意蕴来看,既可以实现与国际上关于市民社会的学术话语对接,又能够充分表达中国社会组织的特色的概念是"民间社会组织"或"市民社会组织"。而以往人们对于"民间社会组织"概念的理解又是狭隘的,只是将其等同于我国民政部门负责管理的三大类"社会组织",即社会团体、基金会和社会服务组织,没有涵盖诸如环保组织、智库、文化团体、学会组织或联谊会组织等已现实存在和活跃于中国社会领域的组织类型。因而有学者指出,国际社会对"民间社会组织"有共识性的界定,如果不遵循国际通行的用法,不仅会

---

① 康晓强:《社会建构的逻辑:中国社会组织发展论纲》,中国政法大学出版社2017年版,第81页。
② 俞可平:《中国公民社会:概念、分类与制度环境》,载《中国社会科学》2006年第1期。

阻碍中国民间社会组织整体的对外交流潜力,而且会"窄化"对中国民间社会的理解。① 实际上,党的中央文件以"社会组织"取代"民间组织"概念已经表明:对于把握当今中国社会领域的活跃发展和特点来说,社会组织比民间组织的概念涵盖更广、更为合适,由此"社会组织"可以被理解为涵盖介于国家与市场领域之间,以社会成员的自愿参与、自我组织、自主管理为基础,具有非政府性、非营利性、社会性、公益性和相对独立性等特征的各种社会组织形式。毫无疑问,中国社会组织的发展和壮大与中国改革开放以来国家与社会关系的变迁以及与之相应的社会自主生活领域的发展在逻辑上和实践上是一致的,社会组织在某种意义上就是中国市民社会不断发展和完善的某种表征。应当说,中国社会组织对于构建中国新型社会治理格局来说意义重大,这需要我们进一步基于中西方社会组织及其特点的比较加以阐明。

第二节　中西方社会组织的特征

从人类社会整体的发展进程看,无论是关于现代市民社会的形成和发展,还是社会组织的兴起和壮大,都是社会经济生活发生深刻变革的结果,都体现了现代市场经济发展的一般逻辑。现代市民社会及活跃于其中的社会组织最先在西方发达资本主义国家获得了发展,带有典型的西方特征。当代中国属于"后发"国家,由于特殊的社会历史环境,中国市民社会和社会组织的发展相对迟滞,所以中国社会组织的特征必然不同于西方的社会组织。但是,在全球化时代,中国社会组织的发育和成长又不免会受到当代西方社会组织的影响。为了认识和理解中国社会组织在中国社会治理体系中的地位与效能,有必要在把握中西社会组织的共同点和根本差异的基础上,深刻把握中国社会组织的特殊性。

---

① 参见徐彤武:《跳出误区　拥抱世界——关于中国民间社会组织"走出去"的几个问题》,载《中国社会组织报告·2019》,黄晓勇主编,社会科学文献出版社 2019 年版,第 339—340 页。

一、西方社会组织的特征

在西方国家,社会组织的成长及发展逻辑同近代以来市民社会与政治国家关系的演变密切相关。在国家与市民社会关系演变的过程中,西方社会组织的发展更多受到"宗教文化"、"市场经济"、"自由主义"等制度和观念的影响,这些特殊的历史背景和社会环境赋予了西方社会组织所独有的特征。易言之,只有在西方社会实践和西方学术语境中,才能恰当地把握西方社会组织的特点。

首先,西方社会组织以公益性、志愿性、非营利性为其指向和目的。在中世纪晚期,西方社会就出现了早期的志愿组织和慈善组织,它们是由教会或者教徒自发形成的慈善类组织,是当时盛行的一种独特的社会群体形式,尽管这些社会组织还带有浓厚的宗教色彩,但它们已然不同于中世纪或中世纪以前那种以血缘、地缘等为纽带的共同体形式,而更多是出于"公益目的"的自发自愿集聚。虽然这些早期的社会组织还不是现代社会意义上的"社会组织",但是与现代社会组织一样具有自发性、志愿性和公益性并具备一定的专业化功能。萨拉蒙等人认为,美国特殊的文化和历史造就了高度发达的非营利组织,其中,宗教信仰自由的传统和历史发挥了重要作用,"很多早期的诸如卫生保健、教育和社会服务等领域的非营利组织是作为这些宗教机构的附属开始活动的"[1]。在西欧,福利服务在非营利就业中的主导性地位也反映了天主教会和新教教会在"西欧的教育与社会服务领域长期所起着历史性的作用"[2]。直到现在,国际上通行的"民间社会组织"领域仍然"非常接近"或者"等同于"慈善组织的事业。比如,英国《2011 年慈善法》和相关法律法规,美国联邦《国内税收法典》及其政府规章等对于公共慈善机构的定义几乎涵盖

---

① 　[美]莱斯特·M.萨拉蒙等:《全球公民社会——非营利部门视界》,贾西津、魏玉等译,社会科学文献出版社 2007 年版,第 226 页。

② 　[美]莱斯特·M.萨拉蒙等:《全球公民社会——非营利部门视界》,贾西津、魏玉等译,社会科学文献出版社 2007 年版,第 15 页。

了中国教科文卫体等领域的事业单位,对世界各国和国际组织都产生了很大影响。①

20世纪中期后,伴随着"新社会运动"的兴起,西方资本主义国家的民主合法性遭遇巨大挑战,如何从结构上平衡公民社会(市民社会)与政治国家之间的紧张关系成为西方学者关注的重点,在此过程中,社会组织对于西方民主政治过程的积极作用受到重视。艾丽斯·M.杨认为,在公民社会概念含义的变化过程中,一些政治理论家将各种自愿性的社团活动同国家和经济的活动区别开来,形成了不同于国家和市场领域的"第三部门"。在她看来,国家通过法律制度和强制力等"被授权的权力"组成的媒介来协调行为;经济体系以"金钱"为媒介来协调行为,具有利益导向和市场导向,与之不同,公民社会则"通过沟通性的互动进行协调"②。公民社会包括"大量的活动、机构以及处于国家和经济体系之外的社会网络,其范围涵盖了从各种非正式的俱乐部到宗教组织、非营利性的服务提供者、文化生产者和政治行动群体。"③这些社团的自愿性体现在"它们既不是由各种国家机构管理的同时也不是由它们授权的,而是产生于各种利益共同体的日常生活和行为中。而且,第三部门的各种社团的运作不是以赢利为目的的。"④在此基础上,杨进一步探讨了不同层次的社团对于促进民主和社会正义的作用及局限。可见,无论是早期的公益类组织,还是20世纪后半期发展起来的公民社会的社团组织,西方社会组织始终带有强烈的公益性、志愿性和非营利性特征。

其次,现代西方社会组织具有自治性和自主性特征。伴随工业革命以及现代市场经济的发展,西方社会逐渐产生了专门化的手工业阶层和商业阶层

---

① 黄晓勇主编:《中国社会组织报告·2019》,社会科学文献出版社2019年版,第338页。
② [美]艾丽斯·M.杨:《包容与民主》,彭斌、刘明译,江苏人民出版社2013年版,第198页。
③ [美]艾丽斯·M.杨:《包容与民主》,彭斌、刘明译,江苏人民出版社2013年版,第198页。
④ [美]艾丽斯·M.杨:《包容与民主》,彭斌、刘明译,江苏人民出版社2013年版,第197页。

的群体,这在经济和政治上对西方现代社会的发展产生了重要影响。在经济上逐步获得满足的手工业者和商人阶层开始联合其他底层群体,试图以自愿的方式组成新型团体,通过向封建统治阶层申请"特许状"、"特殊权利"等方式,以特许自治的形式来管理和运营其居住的城镇,从而保护他们的经济利益和自身权利,这形成了西方社会特别是中世纪时期城镇中心的自治文化。英国政治理论家戴维·赫尔德说:"城市和都市联邦的基础是贸易、制造业以及较高程度的资本积累。它们形成了特殊的社会和政治结构,常常享有特许状规定的独立的统治制度。"尽管这些城镇中心本身"没有决定统治的模式或政治的统一性,但是,它们是市民生活和政治思想中一种新的特殊道路的基础"。① 这些因经济繁荣而兴起的城镇自治制度直接导致了两个结果:一是同业公会的大量涌现,"形成了商人行会、社区行会和手工业者行会等形式的世俗行会组织"②;二是激发和形成了城镇公民自愿自觉参与公共事务的"自治"传统。"城市自治使市民重新找到了西方商业传统带给人们的信心和自豪感,并促进市民参与城市公共生活",市民的个人自由和权利意识增强,从而孕育并逐渐发展出来一套理性的、自洽的法律系统。③ 赫尔德认为,城市共和国的核心是政治共同体的自由,而自由的基础是"自治以及公民参与管理公共事务的权利";自治则意味着"人类自觉思考、自我反省和自我决定的能力。它包括在私人和公共生活中思考、判断、选择和根据不同可能的行动路线行动的能力"④。在城市共和国的背景下,"公民自由的内容是他们公开追求自己选择的目标;最高的政治理想是一种独立的、自治的人民的公民自由"⑤。当然,在这个时期,因职业和经济利益而联合的"同业公会"已不再具有宗教

---

① [英]戴维·赫尔德:《民主的模式》,燕继荣等译,中央编译出版社1998年版,第38页。
② 雷勇:《西欧中世纪的城市自治——西方法治传统形成因素的社会学分析》,载《现代法学》2006年第1期。
③ 雷勇:《西欧中世纪的城市自治——西方法治传统形成因素的社会学分析》,载《现代法学》2006年第1期。
④ [英]戴维·赫尔德:《民主的模式》,燕继荣等译,中央编译出版社1998年版,第299—300页。
⑤ [英]戴维·赫尔德:《民主的模式》,燕继荣等译,中央编译出版社1998年版,第41页。

意蕴,随着资本主义市场经济的进一步发展,这些同业公会也不再仅仅局限于经济领域的活动,而是扩展到政治和文化领域的联合,甚至通过一系列的社会运动来保护自己的权益。赫尔德充分肯定了在基督教君主制盛行背景下城镇自治制度所提供的"自治可能性"的"范例"作用,他指出:"城市共和国标志着在古典主义以后的政治思想中,第一次有可能体现和发展自决和人民主权的思想;这些共和国不仅在意大利具有广泛影响,而且在宗教改革的浪潮和17、18世纪政治进程的复苏中,对整个欧洲和美洲都具有广泛影响。"①可以说,西方社会的城市自治运动一方面为市场经济和市民社会的形成,以及限制政治国家功能而突出社会、市场在治理中主导作用的社会治理模式提供了思想资源;另一方面,为处于市民社会中的个体自愿自觉结成各种类型的社会组织并积极参与公共生活,从而有效维护个体利益、制约公共权力提供了准备。西方城镇自治运动形成的自治传统,对西方的社会结构和政治模式的变革产生了深远影响。西方社会组织因生长和发展于这种自治文化和传统当中,也必然具有自治性、自主性的文化特质。

再次,西方社会组织内在蕴含"公共性"与"个体性"价值的张力。近代以来,伴随着西方资本主义发展,自由主义逐渐成为西方社会的主流意识形态。这意味着,要理解和考察西方社会发展及社会政治实践,自然要从西方自由主义的兴起和发展谈起。从西方自由主义传统来看,无论是早期自由主义者霍布斯、洛克,还是当代新自由主义的代表罗尔斯、诺齐克等,都持有个人权利和利益优先或至上的观念。这种观念也渗透到现代西方的社会组织之中,在某种程度上构成了西方社会组织的一种底色。

就西方社会而言,社会组织似乎带有维护个人利益和权利的基因,甚至是个人与国家进行"讨价还价"以获取及维护其最大利益的工具。这意味着,"私利"是更为根本性的,"公利"的本质乃是为了更好地保障"私利"。西方古典自由主义者亚当·斯密就曾基于人性论的视角指出,追求"私利"本身与

---

① [英]戴维·赫尔德:《民主的模式》,燕继荣等译,中央编译出版社1998年版,第41页。

118

"公利"并不冲突,在市场经济条件下,"私利"实现的自然后果就是"公利"的实现。在斯密看来,"公利"实现的前提是"私利"实现的驱动,没有"私利"也就没有"公利",但"公利"的实现也不会阻碍"私利"的实现,二者可以实现统一。然而,斯密对"私利"与"公利"关系的抽象思考实际上预设了资本主义私有制的天然性和永恒性。马克思主义在批判自由主义的基础上指出,只有在资本主义制度消亡之后,才能真正实现"生产者的自由联合",从根本上消除个人与共同体之间的对立和矛盾,实现个体性价值与公共性价值的统一。这就是说,西方社会组织在其根源上就蕴含着私利与公利之间的张力问题,这使得西方社会组织在追求公共性价值和个体性价值之间存在着紧张关系。

最后,西方社会组织与政府和国家之间的关系以"对抗性"为主导。近代以来,现代市场经济获得了长足发展,资产阶级政治国家在特定时期内为市民社会的充分发展提供了政治保障。然而,现代市场经济在带来巨大生产力和社会财富的同时,也产生了负面效应。20世纪70年代,国家和政府的合法性危机,促使西方理论家开始重新思考和审视政府与社会的关系。原有的"市场—国家"模式逐渐被"国家—社会—市场"模式所取代,成为西方理论界认识和研究国家与社会之间关系的主导性思维。在当代西方社会,当"市场中心论"和"国家中心论"相继失灵后,以社会组织作为治理支点,开启了一种国家、市场和社会融合共生的崭新治理模式。比如,萨瓦斯以"民营化"或"公私伙伴关系"的术语及理论讨论了政府与社会组织之间的动态关系。他在考察美国社会福利改革时指出,一种强调替代政府的民营化形式力图复兴和挖掘传统社会组织的角色,认为"政府从已失败的活动中退却;地方社团组织和家庭填补政府项目的空缺,重新承担起他们传统的角色;政府放松规制,为地方社团组织和家庭营造一个更便利的发展空间"。① 另一种以授权为特征的民营化形式力图通过政府与私营组织或非营利组织签订合同的形式,提供社会服务。面对世界范围内的民营化不可逆转之势,萨瓦斯说:"全世界正在经历

---

① [美]萨瓦斯:《民营化与公私部门的伙伴关系》,周志忍等译,中国人民大学出版社2002年版,第294页。

一场深刻的变革,其内容包括政府的重新定位,摆脱自上而下的集权管理方式,抛弃曾经占支配地位的观念——一个由充满爱心的知识精英组成、有良好动机驱动、有权力的、积极的和干预主义的政府,是构建美好社会的基础。"①在萨瓦斯看来,这种变革的结果将进一步促进政府与私营部门结成"伙伴关系",共同促进社会发展,建构更美好的社会。在笔者看来,虽然萨瓦斯对民营化未来的展望是值得肯定的,但是必须看到,在西方资本主义国家,由于私有制和阶级差别的存在,使得西方社会组织具有"对抗性"的特质。所谓"对抗性"是说社会组织独立于政府与市场之外,甚至被视为政治国家权力合法性的来源,能够有效监督和限制国家权力的行使,防止国家统摄社会。事实,西方语境中的协会或社团(association)这个术语常常与特定的法律形式相关联,大部分西方民主国家都存在着公民的法人团体。其中,"志愿社团(voluntary association)是运用最频繁的并因此也是最重要的利益组织的法律形式。它们通常基于公民自由结社的权利而不受国家的干预,并因此独立地组织其自身的事务。成员大会作为社团最重要的主管部门,与政治活动中的议会选举大体相当,并因此授权于个别的社团委员会成员。"②

值得注意的是,20世纪80年代以来伴随着西方协商民主理论的兴起,针对西方社会民主政治合法性的危机,一些西方学者也呼吁,西方社会组织应当加强与政府的"合作",力争在民主政治建设中发挥更加积极的作用。在一些西方学者看来,协商民主与社会组织以及市民社会的健康发展之间存在着密切的关联,协商民主化的发展与市民社会是相互促进的。现代西方社会的最显著特征就是文化和价值的多元化,在这种背景下,民主面临的最大危险就是公民的分裂与对立。作为民主治理形式的协商民主在本质上以公共利益为取向,主张通过对话凝聚共识,明确责任,进而做出得到普遍认同的决策。这意

---

① [美]萨瓦斯:《民营化与公私部门的伙伴关系》,周志忍等译,中国人民大学出版社2002年版,第349页。

② Matthias Freise and Thorsten Hallmann edited, *Modernizing Democracy*: *Associations and Associating in the 21st Century*, Springer, 2014, p.4.

味着,协商民主有助于市民社会的健康发展,市民社会是协商民主的社会基础,各类社会组织是除国家以外能够有效助推民主化尤其是协商民主进程的主要行动者。随着作为治理形式的协商民主理论和实践的进一步发展,协商民主在地方治理和全球治理中的作用更加重要。社会组织作为一个重要的治理主体,其独特的优势也逐渐展现出来。

不可否认,社会组织已经在西方社会民主政治和公共政策方面发挥了重要的作用。在国际上,社会组织已成为世界范围内一支不可或缺的经济、政治和文化力量,它们在与政治国家博弈、参与民主政治、影响公共决策、执行公共权力、提供公共服务等方面发挥着独特的功能。根据学者的相关研究,西方社会组织不仅发挥着"服务供给、劝导游说、自力更生和中介者"的作用,而且在社会生活中承担着"政府监察者、社区建设和政治协商"的重要功能。[①] 在当代西方社会,不少学者声称作为继承政府部分公共权力的社会组织是与政治国家或者说政府具有平等地位的独立的社会主体,在二者之间存在一种"平等的契约式的合作伙伴关系"。当然,这种公共权力的承接也并非政府单纯的主动让渡,而是多元化的社会组织与政治国家多次博弈和斗争的结果。从根本上说,这是由西方社会组织内在的"对抗性"本质决定的。

二、中国社会组织的特点

从一般性上说,中西方社会组织均具有志愿性、自主性、公益性和非营利性等特点。但是,由于中西社会历史文化传统的差异,中国社会组织又具有不同于西方社会组织的独特性。中国早期的社会组织是在近代以来面临民族危亡、救亡图存的背景下生长和发展起来的。但是,从晚清时期到新中国成立后的很长一段时间,在国家与社会几近一体化的管理模式下,政府和国家是支配和覆盖社会的,因而不是各类社会组织"塑造"了其与国家的复杂关系,而是

---

① Rupert Graf Strachwitz, "Social Life and Politics in Voluntary Organizations: An Historical Perspective", Matthias Freise and Thorsten Hallmann edited, *Modernizing Democracy: Associations and Associating in the 21st Century*, Springer, 2014, p.22.

中国的社会与国家的复杂关系的演变"塑造"了中国社会组织的功能与特征。这意味着,只有在深刻理解中国社会的全面变革的基础上,才能真正理解中国社会组织的发展过程及其特征。

从新中国成立至改革开放以前,中国共产党领导全国各族人民完成了社会主义改造的重大历史任务,国有化、公有化进程加速推进,逐渐形成了国家与社会一体的计划经济体制。在这种体制下,经济和社会生活等各个领域都是从属于政治的。国家垄断了绝大多数资源,并控制了几乎所有的社会空间,社会的一切活动均是为国家服务的,国家和政府成为整个社会运行的唯一"指挥官"和"调度员"。从治理结构上看,这是一种典型的"塔式治理结构",国家和政府在治理结构中处于"绝对地位"[1]。改革开放后,以经济领域改革为先声,中国社会发生了翻天覆地的变化,包括市场领域在内的社会自主领域开始从"全能政治国家"的束缚中解脱出来,逐渐成为独立于政治领域而存在的私人自主领域。在国家与社会关系发生变革的过程中,随着个人自主性的增强,社会组织与社会空间不断拓展。20世纪80年代,社会组织空前增长。据统计,至1989年,全国性社团有1600多个,地方性社团达到20万。[2] 1998、1999年,中央发布了《民办非企业单位登记管理暂行条例》《社会团体登记管理条例》以及《关于进一步加强民间组织管理工作的通知》,并建立了民间组织管理机构,促使社会组织逐步进入有序、规范化的发展阶段。[3] 近年来,随着党和政府政策的调整,以及经济体制改革和政治体制改革的稳步推进,在政府适当放权以激活社会领域自治的潜能之际,社会组织也迈入了多元化和制度化的蓬勃发展阶段。除了社会团体,实体性的、公益性的社会组织也获得了合法身份。与此同时,社会组织的相关法制建设得到了加强。以个体权利意识和公民自治意识为基础的非营利、非政府的社会组织逐渐形成。按照民政

---

[1] 王臻荣:《治理结构的演变:政府、市场与民间组织的主体间关系分析》,载《中国行政管理》2014年第11期。

[2] 参见张志杰:《中国公民社会研究》,沈阳出版社2015年版,第30页。

[3] 参见黄晓勇主编:《中国社会组织报告·2020》,社会科学文献出版社2020年版,第5页。

部的相关数据,"截至 2020 年底,全国登记社会组织 89.4 万个,其中社会团体 37.5 万个、社会服务机构(民办非企业单位)51.1 万个、基金会 8385 个,基本形成了结构合理、功能完善、竞争有序、诚信自律、充满活力的社会组织发展格局"。① 可以说,中国社会组织正在向着更高质量的方向发展。

在全球化时代,深受中国传统文化和西方现代化思潮的双重影响,中国的国家与社会的关系也呈现出异于西方社会的"双重趋势",即一方面表现为社会领域相对独立于政府和国家,另一方面又表现为国家政治力量依旧主导和控制社会。这种趋势映射到中国社会组织身上就表现为"二重性"或"两面性"的特质。

第一,从产生和发展的路径来看,中国社会组织的产生和发展存在着"自上而下"和"自下而上"两种方式。② "自上而下"是指政府主导下的官办组织或后来又经过市场化、社会化改革的半官办组织,这种类型的社会组织绝大部分是政府职能的转变或者为了更好应对日益增长的社会多元需求的结果,在政府统一规划下成立并服务于特定领域。甚至,一些社会组织本身就是由党和政府等职能部门转变而成的,如共青团、工会、残联等。所谓"自下而上"指的是民办组织或"草根组织",即没有官方干预而由公民自发建立,用于满足社会特定需求的社会组织。比如,一些公益类"小微"大多属于这种类型的社会组织。

第二,从运营和管理机制来看,中国社会组织实际上受双重管理机制的制约。一方面,受"行政机制"的制约,也就是说,受到政府主管单位和登记单位的共同管理。按照 1998 年国务院颁布的《社会团体登记管理条例》的相关规定,所有社会组织必须统一到民政部登记备案接受外部监督和管理,同时还必须找到一个相关业务挂靠单位即所谓的业务主管单位接受内部的业务指导和

---

　　① 转引自《与国家发展同频共振——我国社会组织蓬勃发展的历史轨迹》(特约通讯员赵宇新),载《中国社会报》2021 年 6 月 29 日。

　　② 参见王名等:《中国社会组织 1978—2018——社会共治:正在生成的未来》,社会科学文献出版社 2018 年版,第 113—114 页。

管理。比如,养老救助类社会组织,既要受到当地民政部门的外部管理,又要受到当地社保部门的内部指导。尽管近些年国家对社会组织的准入门槛和登记管理等皆有所调整①,但社会组织由政府主导管理的趋势并没有根本改变。另一方面,受"自治机制"的制约,即是指社会组织及其成员受其自身章程或制度的约束。任何一个社会组织得以成立必然有其章程和相关管理制度,因而社会组织的运营及成员的管理也必然受其指导和约束。

第三,从资金资源获取渠道以及服务内容来看,中国社会组织表现为"政府背景"和"民间行为"的交织进行。社会组织的资金和资源既受到政府的支持,比如财政拨款等,又来源于社会渠道,比如慈善捐赠等。社会组织所承担的服务既受到政府的定向指派,作为政府职能的延伸形式服务于特定类型的公共事务,又根据社会的多样化需求自觉地服务于多种类型的公共事务。由此,中国社会组织在汲取包括政府资源在内的各类社会资源的同时,以公民易于接受和认可的民间形式活跃于政府与社会共同认可的"交叉地带"。

基于上述考虑,从现实的互动关系与操作实践来看,中国社会组织表现为"官民二重性"影响下的"共融"特质,这与西方社会组织以对抗为主、合作为辅的特质具有根本的不同。这是因为,在中国市场化转型和现代化转型的过程中,中国的社会组织是在政府和国家的扶植和支持下生长和发展起来的,中国社会组织同政府的合作关系完全不同于西方社会组织一般意义上的"伙伴关系",而是由政府或国家主导下的"协商式"合作。中国社会组织一方面深受宗法血缘、家国情怀、"大公无私"等传统文化的影响,独立性、自主性的诉求相对较弱;另一方面又经历了新中国成立以来的国家与社会的一体化阶段,使其出生之始便具有与政治国家的亲缘关系,体现为"共融"特质。正如王新生所言:改革开放后,中国民间社团的发展和繁荣源自政府和民间力量的双重推动。"中国的民间社团是在国家所让渡的空间中产生和成长起来的,再加上国家政策上的一些特殊规定(如民间团体必须有一个主管部门等),这就决

① 2016年,中共中央办公厅、国务院办公厅印发了《关于改革社会组织管理制度促进社会组织健康有序发展的意见》,对社会组织的准入门槛、登记政策等进行调整。

定了它必然是具有二重性的：一方面代表着民间的独立力量和特殊人群的特殊利益，另一方面又极大地依赖于国家的支持。许多学者将这种二重性称为之'官民二重性'或'组织层面的官民联结'，应当说是极为准确的。"[①]这也意味着，中国社会组织似乎总是作为政治国家的助手而存在的，是联结国家与社会、政府与群众之间最重要的纽带和中介，但政治国家则始终是主导者。

诚然，西方社会组织与政府之间相对成熟的互动模式建立在西方市民社会获得充分发展、国家与社会关系较为稳定的基础之上。就构建一个独立的社会自主领域而言，当代中国社会组织所蕴含的"官民二重性"基因无疑是一种阻碍，这是因为：明显的政治色彩和官僚式管理制度严重影响了社会组织本应具有的自治性、自主性等特征，这也是导致我国社会组织仍然存在"合法律性不足"、"独立性不足"和"公信力程度较低"等困境的原因。[②] 正是这些困境和问题在一定程度上制约着良性的政社互动关系，甚至使得一些国内外学者认为中国社会组织并非一般意义的社会组织。必须看到，中国社会组织的"官民二重性"与转型期中国社会的发展是相适应的。中国改革开放不过40余年，市民社会仍处于发展过程中，受历史因素和文化传统的影响，难免存在一些观念、制度以及管理实践等方面的缺陷和不足。但是，随着中国社会转型进入关键期，"政社关系"也进入新的发展阶段。党的十八大报告提出，要加快形成"政社分开、权责明确、依法自治的现代社会组织制度"无疑为新时期"政社关系"改革释放了明确的信号。党的十九大报告更是明确将"完善党委领导、政府负责、社会协同、公众参与、法治保障的社会治理体制"以及"推动社会治理重心下移，发挥社会组织作用"，"提升社会化、法治化、智能化、专业化的社会治理水平"，构建共建共治共享的治理格局作为下一阶段的党和国家的工作重点。在党的坚强领导下，如何实现政府的有效放权、"还治于社"成为建构新时代中国特色社会治理体系的关键问题。

中国特色社会主义进入新时代，打造社会治理的新格局，无疑需要社会组

---

① 王新生：《市民社会论》，广西人民出版社2003年版，第296页。
② 曾永和：《当下中国社会组织的发展困境与制度重建》，载《求是学刊》2013年第3期。

织的发展和壮大,需要社会组织充分发挥社会治理的主体功效。然而,中国社会组织的发展之路不可能照搬西方。西方的市民社会事实上也绝非真正的自治社会,而是"有产者"的自治,"无产者"仍被拒之门外。在马克思、恩格斯看来,社会的真正的自治应该是"创造一个消除阶级和阶级对立的联合体来代替旧的市民社会"即"自由人的联合体",在那里"每个人的自由发展是一切人的自由发展的条件",而这恰恰是以消灭"私有制"为根本前提的。换言之,政治国家抑或社会自治,是随着社会发展阶段的不同而发生改变的。用恩格斯的话来说,政治国家以及政治权威消失,"公共职能将失去其政治性质,而变为维护真正社会利益的简单的管理职能"①。中国加强和创新社会治理的实质就是让人民或社会进行自我管理,这是迈向真正的社会自治的必由之路。

综合以上分析,当代中国社会组织既具有如西方社会组织一般的公益性、自发性、自主性、自愿性等特征,具有自我管理能力和服务于特定社会需求的先天优势,同时具有明显的"官民二重性"特质,呈现出典型的"中国化"色彩。目前中国社会正处于结构转型的深水区,关于社会自主领域即"市民社会"的发展和建构不可能再去重复西方社会的老路,而只能在党的坚强领导下闯出一条富有中国特色、具有中国品格、展现中国气派的新路。

第三节　中国社会组织在社会治理中的作用

改革开放以来,随着新型社会组织的发展壮大,中国社会组织对于社会生活的影响和作用愈加重要。中国特色社会主义进入新时代,社会组织已成为当代中国社会领域不容忽视的重要力量,深刻影响着政治、经济和社会文化生活,成为推动国家治理体系和治理能力现代化建设的重要主体,为实现人民群众安居乐业、幸福生活提供了重要支撑。党的十九大报告提出的"打造共建共治共享的社会治理格局"中,关于"社会协同"、"社会治理社会化"以及"发

---

① 《马克思恩格斯文集》第3卷,人民出版社2009年版,第338页。

挥社会组织作用,实现政府治理和社会调节、居民自治良性互动"等表述和论断体现出党和政府对于社会组织及其作用的高度重视,为积极推进社会组织有效参与社会治理做出了新的定位。党的十九届五中全会《建议》进一步提出"完善共建共治共享的社会治理制度",强调"发挥群团组织和社会组织在社会治理中的作用"。① 应当说,中国社会组织的蓬勃发展,为建构和完善中国特色社会治理共同体提供了强有力的主体支撑和组织保障。社会组织作为组织化了的人民,是人民群众的志愿精神、自主精神、公共精神的外化,是人民群众的自我治理的一种特殊形式,积极推进社会组织参与社会治理就是坚持人民主体地位的重要体现。由于中国社会组织的特点,其承担着"利益代表者"、"桥梁搭建者"、"服务供给者"和"精神培育者"等多重角色,在社会治理和基层协商中发挥着不可替代的作用。

一、人民主体地位的重要体现

从世界范围看,当代社会组织已然成为充分激发公民活力、凝聚公民力量、培育公民情感的重要场域;成为形成代表绝大多数公民意志的公共精神或公共理性的现实社会载体;成为制约政治权力、保障公民利益、缓和社会矛盾以及维护社会稳定的关键社会力量。因此,社会组织的发展也得到了普遍肯定和支持,这也是萨拉蒙所言的全球范围内的"结社革命"以及萨瓦斯所言的"民营化"浪潮势不可挡的题中之义。在我国,党的十八届三中全会《决定》明确提出要"改进社会治理方式和激发社会组织活力",这意味着,党和政府从顶层设计的维度充分肯定了社会组织在创新社会治理方式等方面的独特功能和重要作用。

社会历史的主体是"现实的人",历史是由人民群众创造的。中国共产党人始终坚持人民群众的主体地位,肯定"人民,只有人民,才是创造世界历史

---

① 《中共中央关于制定国民经济和社会发展第十四个五年规划和二〇三五年远景目标的建议》,载《人民日报》2020 年 11 月 4 日。

的动力"①,明确了"一切为了人民、一切依靠人民"的科学发展路径和"从群众中来,到群众中去"的工作方法,带领中国人民创造了中国特色社会主义的伟大实践。习近平指出:"人民是创造历史的动力,我们共产党人任何时候都不要忘记这个历史唯物主义最基本的道理。"②毫无疑问,马克思主义的人民主体思想是一脉相承的。在新时代的中国,也正是在"人民主体"这一思想的指导下,党和政府通过对"百年未有之大变局"以及我国社会主义初级阶段社会主要矛盾变化发展的科学分析和研判,提出必须以"习近平新时代中国特色社会主义思想"为指导,坚持人民主体地位,领导和团结广大人民群众不断推进和完善中国特色社会主义建设事业。党的十八大、十九大报告先后把"坚持人民主体地位"作为"夺取中国特色社会主义新胜利必须坚持的第一要求",把"人民群众"视为"决定党和国家前途命运的根本力量",并以此为指导开启了"社会管理"向"社会治理"的创新转型。从党的十九大报告到党的十九届四中全会《决定》进一步确立了"党委领导、政府负责、民主协商、社会协同、公众参与、法治保障、科技支撑"的中国特色社会治理体系,强调充分发挥社会组织在团结和凝聚广大人民群众充分参与构建社会治理格局中的地位和功能。这不仅意味着社会组织能够参与社会治理的各个环节,而且意味着社会组织参与促进共建共治共享社会治理格局步入了全新阶段。

社会组织作为人民自主、自愿联合的组织形式,是人民的社会组织,因而充分发挥社会组织在社会治理中的作用就是坚持人民主体论的重要体现。首先,"社会组织"具有人民性。社会组织作为多元化的社会主体,覆盖了社会自主生活的各个领域,因而也推动了社会领域的空间扩展和公共理性精神的发展。对于公共理性和公共精神的发展来说,尤其不能忽视"报刊和传媒"之类的社会组织所发挥的重要作用。网络是当今最便捷、最流行的一种大众传媒形式,在互联网时代,社会治理的理论和实践必须充分重视网络社会组织以

---

① 《毛泽东选集》第 3 卷,人民出版社 2006 年版,第 1031 页。
② 《习近平总书记系列重要讲话读本》,学习出版社、人民出版社 2016 年版,第 128 页。

及利用"互联网+"改进和创新社会治理的能力。我们知道,青年马克思在《莱茵报》时期由于遭遇了"物质利益"的问题,集中论述了新闻传媒这种特殊社会组织的人民性,以及新闻传媒对于政府国家的政策和工作的监督和制约作用。我们在这里引入马克思的分析和评论,目的是阐明社会组织的人民性,并基于此进一步讨论各类社会组织参与社会治理对于加强和创新社会治理的重要意义。

青年马克思在《莱茵报》工作期间,针对当时德国在 1841 年 5 月举行的第六届莱茵省议会关于新闻出版自由的辩论撰写了一篇评论文章。马克思敏锐地觉察到在莱茵省议会辩论的背后,深深隐藏着各种利益的对立。正是不同的物质利益制约着不同等级的思想和行动。围绕"新闻出版的自由问题",各个等级的意见是不同的。诸侯等级的辩论人惧怕和斥责新闻出版自由,对此,马克思深刻阐述了自由报刊的"人民性"。马克思指出,诸侯等级的辩论人之所以斥责新闻出版自由,乃是因为他们惧怕"人民革命"。人民革命是总体性的,既有物质的形式,又有精神的形式,而"自由报刊"则是人民精神的革命。马克思说:"自由报刊的人民性(大家知道,就连艺术家也是不用水彩来画巨大的历史画卷的),以及它所具有的那种使它成为体现它那独特的人民精神的独特报刊的历史个性——这一切对诸侯等级的辩论人说来都是不合心意的。"①马克思认为,诸侯等级的辩论人"斥责的是:人民的缺陷同时也是他们的报刊的缺陷;报刊是历史的人民精神的英勇喉舌和它的公开形式"②。这就是说,在马克思看来,人民精神的自由是通过报刊的自由得以表现的,斥责报刊就是斥责人民,斥责自由就是主张不自由。诸侯等级的立场是与人民对立的。马克思还说:"自由报刊是人民精神的洞察一切的慧眼,是人民自我信任的体现,是把个人同国家和世界联结起来的有声的纽带,是使物质斗争升华为精神斗争,并且把斗争的粗糙物质形式观念化的一种获得体现的文化……自由报刊是人民用来观察自己的一面精神上的镜子,而自我审视是智慧的首

---

① 《马克思恩格斯全集》第 1 卷,人民出版社 1995 年版,第 153 页。
② 《马克思恩格斯全集》第 1 卷,人民出版社 1995 年版,第 155 页。

要条件。自由报刊是国家精神,它可以推销到每一间茅屋,比物质的煤气还便宜。它无所不及,无处不在,无所不知。自由报刊是观念的世界,它不断从现实世界中涌出,又作为越来越丰富的精神唤起新的生机,流回现实世界。"①

当然,马克思是站在德国人民的立场上批判封建官僚制度的,是为德国人民的自由和利益而战斗的。但是,面对今天的中国社会治理问题,从马克思的观点和评论中,我们仍然可以得到如下启发:首先,自由报刊和传媒作为一种社会组织,能够反映人民的利益呼声,是人民精神的某种体现,因而具有人民性;其次,自由报刊和传媒是人民自我观察、审视和自我信任的一种体现;再次,真正的人民的报刊和传媒能够打破管理者和被管理者之间的不平等的统治服从关系,有利于确立一种新的治理结构,形成一种相互讨论、相互批评的平等格局。在中国的社会治理格局中,"报刊传媒"在社会治理中可以发挥双重的作用:一方面能够帮助政府发现、聚焦和解决社会问题;另一方面,能够监督和限制公权力的越界,从而有利于形成良性互动的格局:多元的、动态的、平等的关系。当然,报刊和传媒甚至"网络社会组织"只是社会组织的一种,但其"人民性"的体现无疑是典型的。

其次,"社会组织"以团结和认同为纽带将独立的个人联结在一起,在一定意义上体现和推动了社会民主的建构。社会历史的辩证发展使得社会主义国家实现了从政治民主到社会民主的跨越,使民主从政治领域扩展到社会领域当中。在我国,人民当家作主从广义上说包括经济、政治和文化等各方面的内容,从狭义上说是指民主政治方面的内容。社会组织是人民为了"特定目标"而有意识地建立起来的各类联合体。无论是基于经济利益的联合,还是基于文化和生态目标的联合,社会组织都是以团结和认同为纽带的。社会组织的建构原则本身体现了自由、自主、平等和民主的价值,不仅内在支持社会组织的自治,而且有利于社会组织之间以及社会组织与其他治理主体的互动和合作。因而社会组织参与社会治理,就是将分散的个人意愿汇聚起来,合理

---

① 《马克思恩格斯全集》第 1 卷,人民出版社 1995 年版,第 179 页。

合法地参与社会的自我管理的一种方式。从民主发展的视角看,社会民主高于政治民主,"人类社会最终将走向的社会民主,不仅是人类彻底解放的要求,而且也是人类社会历史辩证发展的必然。历史辩证发展的必然决定了民主在其自身发展过程中,必将以社会民主为其最高形态。"①

可见,人民是国家和社会的主人,社会组织是组织化和制度化的人民,是人民自愿、自主精神的实体形式。坚持人民的主体地位,就要充分发挥社会组织的力量,释放社会组织的能量,不断完善社会组织参与社会治理体系的能力和水平,进而为国家与社会、政府与群众之间的良性沟通架起稳固的桥梁。社会组织也必然会成为党和政府激发社会领域群众活力、发挥人民群众治理主体作用的组织载体,进而为推动"社会管理"向"社会治理"的动态转变以及国家治理体系和治理能力现代化建设赋能提速。

二、社会组织的若干作用

改革开放后,我国的社会结构发生了翻天覆地的变化,人民群众生活水平显著提高、利益诉求回应得到明显改善。面对转型期社会的复杂问题以及新时代的社会主要矛盾,固守"维稳"思维和仅仅依靠政府主导的官方渠道来解决社会多元矛盾和利益诉求已经难以适应时代快速变化,党和政府须改变社会治理的方式,妥善应对新时期复杂社会变化带来的新议题。近年来,社会组织在党的正确领导下,密切联系群众,积极与政府进行沟通合作,为有效化解社会利益矛盾、满足人民美好生活需要、推动社会转型发展做出了重要贡献。党的十九大报告特别强调,要"发挥社会组织作用,实现政府治理和社会调节、居民自治良性互动"。这不仅体现了党和政府对于社会组织在社会治理和社会建设所发挥的重要作用的肯定,也充分显现了党和政府在新形势下依托社会组织打造共建共治共享社会治理新格局的坚定决心。

---

① 王沪宁主编:《政治的逻辑:马克思主义政治学原理》,上海人民出版社 2004 年版,第231 页。

1. 倾听人民诉求的"利益代表者"

面对复杂的社会问题,公民个人的力量往往是单一的、微薄的,当公民个体的利益诉求与政府的政策冲突时,就存在着双方利益协调和沟通的客观需求。在现代大规模复杂社会,政府不可能获知或把握每个个体公民的利益或诉求,公民个人也无法直接面对政府进行沟通和利益协调。在政府无法满足社会成员的诉求而公民又缺乏表达诉求的途径时,就容易引发社会成员对政府的不满情绪,从而可能引发社会冲突和矛盾。对于弱势群体来说,在利益受损时,由于他们的利益表达话语权相对较弱,理性程度较低,以至于这些弱势群体"无力搭建展示自身利益的话语平台、无力创造表达自身利益诉求的合理渠道、无力把分散的合理利益诉求凝结成具体现实的政策要求政府纳入到公共政策议程之中"①,导致政府难以满足甚至根本无法获知其利益诉求。为此,社会组织作为源于社会本身的一种力量,能够自然地融入社会多元群体,能够恰当地代表人民群众发声,进而达到鞭策政府"善治善政"的目的。加强和创新社会治理,不能忽视社会组织作为利益主体和利益代表的地位和作用。

当然,这是由社会组织的志愿性和自治性特征所决定的。社会组织是民众个体自主自愿结社而成,是根植于民众的团体形式。社会组织具有灵活性,其本身就是特定群众的组织,能够凭借组织化的优势凝聚和团结个体公民,将差异化的个体利益诉求和价值取向进行整合,升华为相对合理有效、集中统一的需求和意见,以"集体的形式"发出具备强大"话语权"的理性诉求,避免个体因"身单力薄"和"人微言轻"而得不到政府重视或关注的"失语"现象。由此,社会组织不仅有利于实现分散的公民个人的利益整合,而且有利于推动社会弱势群众的理性表达和政治参与。

2. 畅通互动渠道的"桥梁搭建者"

如前文所述,中国社会组织具有显著区别于西方社会组织的"官民二重性"特质。这种特质是具有两面性的:一方面,这导致中国社会组织在一定程

---

① 王宝治、李克非:《公共治理视角下弱势群体话语权的保护》,《河北大学学报》(哲学社会科学版)2015年第2期。

度上具有"依附性",不利于社会领域的充分自治与发展;另一方面,这使得社会组织与政府之间具有某种"天然亲和力",成为推动政府与群众之间互联互动的稳固纽带以及国家、社会和市场等领域之间联络沟通、同频共振的坚实桥梁。易言之,在建构中国新型社会治理体系过程中,中国的社会组织具有无可比拟的优势,能够在政府与民众之间建立多元化的沟通平台。为此,加强和创新社会治理,必须充分重视社会组织的"桥梁搭建"作用。

其一,推动政策信息的上传下达。一方面,社会组织由于植根于社会基层,能够反映和代表群众利益、知晓群众喜好,能够充分联系包括老弱病残等弱势群体在内的社会各类群体,集中反映其政治、经济、文化等多种诉求,相对准确、客观和及时地传达民情民意,为党和政府的科学决策提供有益参考;另一方面,社会组织作为党和政府的得力助手,能够准确理解党和政府的公共决策,以人民群众喜闻乐见的形式及时传达和解释党和政府的政策精神与工作部署,增强民众对政府的理解与信任。其二,推动社会资源的组织和整合。由于社会组织是群众自发自愿组织而成,且大多以公益、慈善为目的,因而社会组织具有高度的灵活性,能够充分调动社会成员参与的积极性,实现社会资源的有效整合。比如,新冠肺炎疫情发生后,各地社会组织纷纷凭借组织动员优势,第一时间集合专业队伍、动员多元力量、整合多重社会资源,在协助政府参与防疫救助或捐款捐物等方面发挥了重要的作用。确如有学者所言:"社会组织具有公益性、专业性和志愿性的特点,其在参与公共危机过程中有着自身的特点和优势,能够很好地协助政府提供社会公共服务,及时补位,在重大突发事件中作用特别显著。"①此外,一些枢纽型的社会组织,通过搭建政府与社会组织之间的服务管理枢纽平台,凭借"以民管民"的自治形式更易取得其他社会组织的信赖与认可,从而在统筹、协调和管理社会与公共资源的过程中发挥着"核心中轴"的作用。② 其三,推动公共冲突的干预调停,有效化解社会矛

---

① 徐家良:《疫情防控中社会组织的优势与作用——以北京市社会组织为例》,载《人民论坛》2020 年第 23 期。

② 叶林:《"陌生人"城市社会背景下的枢纽型组织发展》,载《中国行政管理》2013 年第 11 期。

盾。与政府、企业等社会治理主体不同,社会组织由于具有相对"草根"的出身背景、显著的民间立场以及非营利驱动和公益导向,因而更容易获得社会各类群众的广泛信任和支持。在面对公共冲突和社会矛盾时,社会组织作为中介,"既是社会整合的重要力量,也是国家运作社会、引领社会发展的重要力量,对平衡国家与社会、公共权力与公民权利之间的关系起中介、桥梁作用。在社会矛盾化解中社会组织可以发挥政府所起不到、不好起、起不好的作用"①。这意味着,社会组织处于政府与民众之间的"中间地带",能够将社会矛盾及时消弭于萌芽之中或纳入理性有序的处理轨道。这也意味着,由于具备较强的沟通和协调能力,社会组织也有助于营造出坦诚理性、平等协商的对话氛围,既代表人民群众对政府行为给予监督,又是有效纾解政府压力的一种助力。因而就化解社会矛盾的过程来说,社会组织发挥着"安全阀""防火墙"等多重作用。

3. 保障人民需求的"服务供给者"

随着改革开放的纵深推进,如何提高社会公共产品及服务的供给效率和质量来满足人民对美好生活的需求和向往成为新时代中国社会治理和社会建设的一个关键问题。在党和政府的领导和支持下,社会组织作为"第三部门"开始有序承接政府的转移职能,不断为社会提供高质量的公共产品及服务,帮助政府逐渐完成从"划桨人"到"掌舵人"的角色转变。这意味着,社会组织不仅是组织化的利益主体和民众的利益代表,而且是新型公共服务的供给主体。

其一,多元化的组织类型,凸显专业优势。与以往单纯依靠政府提供公共产品及服务的状况不同,社会组织凭借多元化的组织类型,能够灵活地掌握民众的各类需求,且由于长期专注于特定领域,专业化能力突出,因此,能够以比政府更低廉的成本提供更高品质的产品和服务,能够通过差异化的形式满足群众多元化、个性化的需求。其二,行动灵活高效、具有创新能力。社会组织大都具有扁平化的组织架构,规模小、灵活性强,便于迅速行动和及时调整策

---

① 康晓强:《社会建构的逻辑:中国社会组织发展论纲》,中国政法大学出版社 2017 年版,第 152 页。

略,极大提高了效率。不仅如此,社会组织由于其具有明确公益导向和非营利目的,因而在行动时往往会更关注群众体验和行动质效,更愿意通过改革创新来扩展产品类型、提升服务体验,较政府、企业等主体而言,具有更强的抗风险能力和创新活力。其三,营造良性竞争环境、避免权力寻租。以往政府一方垄断公共权力和公共资源,使得社会公共事务缺乏良性竞争环境,这在一定程度上为少数人权力寻租提供了土壤,其结果是既影响政府形象又降低服务质量。相比之下,社会组织更多地通过产品及服务品质之间的公平较量而非垄断的方式获取公共资源、承接公共事务,也就一定程度阻断了权力寻租的可能路径。

4. 弘扬公民精神"理性培育者"

改革开放前,我国社会的主流价值是以"集体主义"为核心原则的"群体本位"或"国家本位"取向,不可否认,这在特定时期发挥了不可替代的重要作用。但是,随着经济和社会的发展,对国家和集体价值的过度强调导致了对个人价值诉求的相对忽视,这在一定程度上制约了民主、理性和平等的公民参与精神的健康发展。为此,借助社会组织在潜移默化中培育和发展同现代民主法治社会相匹配的公民精神和公民文化就是时代之需、客观之需。

概言之,社会组织孕育的理性公民精神为社会治理实践提供了精神支持和保障。其一,有利于培育公民积极参与政治生活的民主意识。由于社会组织可以作为连接政府与群众、政治与生活之间的纽带,通过人民群众喜闻乐见的茶话会、坝坝会等丰富多彩的基层协商民主形式,动员广大人民群众献计献策、参与民主决策,一方面帮助群众熟悉民主参与过程、培养民主参与技能;另一方面可以激发群众"主人翁"意识,促使其感受民主价值、社会良知和社会责任,进而培养独立自由、理性包容的公民精神。其二,培育公民积极维护法律权威的自律意识和法治精神。社会组织可以较为充分地深入基层一线群众的日常生活,在帮助群众解决问题和服务群众的过程中以形象生动的"群众话语"宣传和普及法治观念与法律常识,同时广泛吸纳群众参会入会,自觉接受组织内部章程约束,培养公民自律意识和自律精神。其三,培育公民积极融入公共事务的志愿意识和公共精神。社会组织由于具有典型的非营利和公益特性,在配合政府参与社会公共事务或公益活动时,本身便起着道德示范的作用,能够潜移默化地引导社会价值风尚,从而激发群众志愿意识和公益精神,逐渐培养群众形成热心公共领域、参与公共事务的公共精神。打造新时代共建共治共享的社会治理新格局,需要法治保障,这就需要通过大力培育市民社会,充分激活社会组织的潜能,"推进社会多元化,以权利制约权力,从而培养社会成员的民主参与、自主自律和公共精神"。①

三、社会组织与基层协商治理

党的十八大报告提出要大力发展社会主义协商民主,"积极开展基层民主协商"。党的十八届三中全会《决定》进一步提出发展多种形式的基层协商民主。党的十九届四中全会进一步明确了"民主协商"的重要地位,要求加快构建"程序合理、环节完整的协商民主体系",并将其作为构建社会治理体系的重要支撑。近些年,相继出台的《关于加强社会主义协商民主建设的意见》《关于加强城乡社区协商的意见》等政策文件更是明确提出要按照"协商于民、协商为民"的要求,以"健全基层党组织领导的充满活力的基层群众自治机制"为目标,不断扩大公民有序参与、拓宽协商范围和渠道,切实保障人民群众的民主权利,这为基层协商民主的有序推进提供了具体指导和实践路径。与此同时,党的十九届四中全会《决定》还提出"构建基层社会治理新格局",强调"健全党组织领导的自治、法治、德治相结合的城乡基层治理体系,健全社区管理和服务机制,推行网格化管理和服务,发挥群团组织、社会组织作用,发挥行业协会商会自律功能,实现政府治理和社会调节、居民自治良性互动,夯实基层社会治理基础"②。党的十九届五中全会《建议》再次强调了"完善共建共治共享的社会治理制度",并把"社会治理特别是基层治理水平

---

① 马长山:《国家、市民社会与法治》,商务印书馆 2002 年版,第 294 页。
② 《中共中央关于坚持和完善中国特色社会主义制度 推进国家治理体系和治理能力现代化若干重大问题的决定》,载《人民日报》2019 年 11 月 6 日。

明显提高"作为"十四五"时期经济社会发展主要目标之一。这又为充分发挥社会组织对于基层协商治理的作用和功效指明了方向,也为积极探索社会组织与基层协商治理的关系提供了广阔的理论空间。

社会主义民主的本质和核心是人民民主,无论是党中央对"推进基层协商民主"的高度重视,还是提出"建构基层社会治理新格局",都体现出党和政府始终贯彻以"人民为中心"的政治思维方式。"基层协商民主最能体现社会主义民主协商于民、协商为民的本质要求,协商民主的根在基层。"①基层协商民主涉及基层民众的切身利益和社会生活,是社会主义民主的直接生动体现。广泛有效地开展基层协商是实现基层社会治理的基本方式。基层社会治理是国家治理体系和治理能力建设的重要组成部分,是社会治理的基础和重心。"基层协商治理"作为基层协商民主和基层社会治理的汇聚,其共同目标是让人民对自己的事情说了算,是人民当家作主的具体体现。基层协商治理的好坏直接关涉到广大人民群众的切身利益和真实需求,是解决和化解人民群众的问题和矛盾的关键,是促进社会稳定、和谐的基础。在基层协商治理中,除了让老百姓充分发表意愿和妥善解决其合理诉求以外,充分发挥"社会组织"在构建基层社会治理格局和推动基层协商民主化过程中的积极作用,是实现人民当家作主,依法参与构建"社会治理共同体"的另一重要路径。

大量活跃于基层的社会组织是推进基层协商治理的有力抓手和重要载体,有利于推动基层社会治理结构的合理化,有利于打造政府、社会与民众之间的互动格局。根据相关研究,参与基层民主的社会组织大体有三类:一是能够参与和影响基层政权、政策的民间组织,如商会;二是旨在维护私人权利的市民联合组织,如物业业主委员会、小型协会等;三是基层群众组建的各类自治社团组织,包括文娱类、服务类和维权类的协会、团队和联合会等。② 社会

---

① 教育部中国特色社会主义理论体系研究中心:《协商民主的根在基层》,载《求是》2016年第1期。

② 参见王名主编:《中国民间组织30年:走向公民社会》,社会科学文献出版社2008年版,第283页。

组织作为第三方介入基层协商治理不仅必需而且必要,对于推进和完善基层协商治理建设具有显著的积极价值。有研究者指出,协商民主的实质是"一种政治治理形态,其最基本的现实基础是公民个体的主动积极参与以及由此生发、衍生的形色各异的社会网络,因此,社会组织理所当然成为协商民主建构和建设的一个现实运行空间和日常实践场域。"[1]从一般层面说,社会组织不仅能够以自身独特的方式解决基层协商治理的现实困境,而且是国家和社会实现基层共治的纽带,有利于推动基层民主建设。

首先,由于社会组织具有灵活性、中介性和扎根群众、贴近生活的特点,能够有效解决基层协商治理的现实困境。不同于政党协商、人大协商、政府协商等以影响和制约公共决策为取向且偏正式的、结构化的协商场域,基层协商所发生的现实场域更多是非正式和非结构化的"社会领域"。与政治协商不同,社会协商具有"直接民主"的性质,包括政府与民众之间直接的互动协商以及社会组织与政府、其他社会组织之间的互动协商两个基本层次。[2] 在广泛多层的社会协商过程中,协商主体是多元化的,协商内容也更为复杂多变。大到拆迁征地、资源开发、行政立法等社会公共政策,小到门禁时间、快递存放、小区停车等社区公共事务都可能被纳入基层协商的范围,如果仅仅通过政府与公民个人的直接互动和协商,不免会导致协商过程长、协商成本较高、协商效果较差等现实问题。因此,依托公民自主联合的基层自治组织推动基层协商治理和解决就显得十分必要。基层社会组织的功能集中表现在"内""外"两个维度上:就内在功能而言,社会组织作为产生诸如信任、认同、规范等"社会资本"的载体和场域,能够促使政府与公民之间以及公民个体之间形成友好信任、互动合作的关系。"社会资本实质上是一种关系网络资源,关系网络的广度和密度决定社会资本的数量与质量。社会组织作为个体间关系网络联结的重要平台和桥梁,延伸了传统人际交往的范围和空间,拓展了联结的方式和

---

① 康晓强:《社会组织一定促进协商民主吗?——对国外文献的评述和批判性考察》,载《马克思主义与现实》2018 年第 1 期。

② 参见阎孟伟:《社会协商与社会治理》,载《南开学报》(哲学社会科学版)2015 年第5 期。

渠道,将原本散落的个体聚合成拥有共同旨趣和施展集体行动的共同体,并在持续的合作互动和重复博弈中,不断增强相互间的认同感和归属感,从而增进了现代型关系网络资本。"①就外在功能而言,不同于政府部门,社会组织一方面可以有组织、有计划的培育公民个体协商参与意识和参与能力,提升参与程度和协商质效;另一方面在面对基层复杂多元的治理问题时,可以精准施策、科学应对和灵活处理,有效弥补政府治理之不足,从而有助于"避免因有话无处讲、有冤无处申、有委屈无处说而造成的不满情绪甚或对抗情绪的积累,以及由此导致的非理性化的外部冲突"②。事实上,一些社会组织凭借在凝聚和组织公民个体,培育和培训公民能力,精准和灵活处理问题以及化解社会矛盾等方面的优势,已经承担起基层社会"粘合剂"、"集训场"、"解压器"等多项角色。

其次,社会组织作为人民群众的联合形式,是国家和社会两个领域实现基层共治的纽带,是基层民主建设的重要主体和推手。随着近年来"社会组织协商"、"党建引领社会组织参与基层治理"等治理提法的涌现,社会组织日益成为中国共产党领导下团结和联系最广大人民群众的重要组织形式。由于社会组织本身就是自愿联合起来的人民群众,具有整合功能、服务功能以及民主精神的培育功能,因而部分构成了党和国家治国理政的群众基础、组织基础和社会基础。在此意义上说,党的群众路线与社会组织的发展具有"内在统一性","群众路线是党的根本工作路线,也是社会组织的基本工作思路"③。事实上,改革开放以来,广泛存在的社会各领域的人民团体、社会组织等各类群众性组织不仅成为基层群众依法自治的重要组织形式,更成为党领导下凝聚和团结最广大人民群众的制胜法宝。在党的领导下,社会组织利用自身优势一方面广泛听取民众的意见和建议,把民众的利益诉求、意愿、想法及时传达

① 梁立新:《社会组织介入协商民主的价值体现及其实现路径》,载《学术交流》2016 年第2 期。
② 阎孟伟:《社会协商与社会治理》,载《南开学报》(哲学社会科学版)2015 年第 5 期。
③ 赵宇新:《探索中国特色社会组织的科学内涵》,载《毛泽东邓小平理论研究》2017 年第2 期。

给党和政府;另一方面用群众熟悉的形式传达党和政府的决策部署,确保各项决策部署落地。社会组织成为党的群众路线落实于基层、扎根于大地的重要践行者。社会组织既成为沟通国家与社会在基层实现共治的桥梁,又是推动基层协商和社会协商的主体。应当说,社会组织推进基层民主协商和民主建设的作用同样是不可或缺的,社会组织与基层民主具有强大的"共生关系","基层民主的发展需要它们的推动,同样,它们的提升和发展也需要基层民主的拓展和进步"①。正是在这种共生发展中,使基层民主的质量得到提升,社会领域的民主基础得到充实。

从具体层面说,中国社会组织的类型多样、层次多样,面对不同的基层治理问题,介入和参与的社会组织以及社会组织发挥的功效和作用也是不尽相同的。

在农村基层,社会治理的问题主要集中在村级事务上,比如:村干部的选举、村规民约的制定和修改、村庄发展规划、本村土地调整、流转、承包经营、集体资产和资源的管理和使用、本村公益事业的兴办、各类先进的推荐、低保户的申请、困难户的补贴,村民之间的矛盾纠纷等等。当前,我国民主政治的实践已经在基层自治领域形成了"村民会议、村民代表会议、居民会议、居民议事会、社区论坛、集体协商制度和劳动恳谈制度等,将协商民主由国家层面推进到社会层面,使协商民主在制度建设上有了新的重要进展"②。在基层协商治理结构中,协商主体既包括"两委"会成员、党员代表、村民代表、相关的利益群体代表或个人,也包括村务监督委员会之类的农村社会组织。采取村(居)民议事会、恳谈会、咨询会等协商形式,切实促进了村务决策的科学化、有序化和民主化。农村社会组织是农村社会治理和社会建设的重要参与主体。"农村社会组织是指在农村地区的县及县域以下的乡镇、村落范围内,由农村基层群众自主成立或参加的,为了满足他们不同需求为目的,从事经济、

---

① 王名主编:《中国民间组织 30 年:走向公民社会》,社会科学文献出版社 2008 年版,第284 页。

② 邢元敏:《协商民主与群众路线》,载《求是》2014 年第 10 期。

科技、教育、卫生、文化、环保、慈善等活动,具有非政府性、非营利性、公益性、组织性、志愿性及地域性等特点的社会团体或民办非企业单位。"①农村社会组织大致上可以分为三类:第一类是监督维权类,比如:村务监督委员会、计划生育协会、老年人协会等;第二类是社区服务类,比如:幼儿托管组织、红白事理事会、社区服务中心等;第三类是文体公益类,比如秧歌队、广场舞队等。不同类型的农村社会组织在基层社会治理中发挥着不同的作用。比如:社区服务类的社会组织,能够有效地提供便民利民服务,一方面,满足了基层群众日益多元化的日常生活需求和精神文化需求,另一方面,有力促进了基层政府职能转变,承接了原本属于政府职责范围内的部分公共性和服务性工作。比如:村务监督委员会在促进村务决策合法化、公开化的过程中发挥了有效监督和维护村民权益的作用,是村务决策和村务治理的重要参与主体。

以天津宝坻区的基层协商治理为例。在实施基层协商民主试点并总结经验的基础上,天津宝坻区制定出台了《关于进一步完善村级重大事务"六步决策法"的通知》,完善了基层协商治理的体制和机制。所谓村级重大事务的"六步决策法"②的操作过程如下:

(1)村党组织召开全体党员会和村民代表会征求意见形成议案;

(2)村"两委"联席会议讨论通过;

(3)乡镇党委、政府对议案的内容及过程进行审查;

(4)村民会议、户代表或者村民代表会议讨论表决通过;

(5)限时在村务公开栏公开;

(6)整个决策过程由村民代表负责监督,在村党组织领导下由村委会组织实施。

在村务重大事项决策过程中,村务监督委员会不属于"两委",但它既

---

①　鲁可荣:《农村社会组织建设与农村基层社会治理创新——基于浙江实践的研究》,山东人民出版社 2015 年版,第15—16 页。

②　张维真、李荣亮、白燕妮:《天津市基层协商民主现状与分析——以宝坻区基层协商民主实践为例》,载《求知》2017 年第 5 期。

是基层协商决策的参与主体,也是基层协商治理的参与主体,对于村务决策过程起着相对独立的"监督"作用。村务监督委员会实际上承担着"第三部门"的角色,既对基层政府又对村民委员会形成制约,起着沟通政府和群众的桥梁作用。此外,农村社会组织还具有自我教育、自我管理和自我服务的重要作用,有助于维护和保障农村百姓平静祥和、幸福美好的社会生活。

在城市社区,社会治理的主要问题涉及城乡规划、征地拆迁、社区管理、物业费的缴纳等关涉民众切身利益的民生问题。在这一层面上,业主委员会、社区居委会、邻里互助组织等群众自治组织以及工会、妇联等群团组织的协同作用的发挥是更为明显的,有利于实现社会的良性自治,有助于构建多元共治的社区治理体系。在企事业单位,围绕员工福利、单位发展,甚至员工道德和文化建设等问题,健全以职工代表大会为基本形式的企事业单位民主管理制度,畅通职工表达合理诉求渠道,在基层单位治理中发挥着重要的作用。当然,社会组织作为城市和社区治理、单位治理的主体只是多元治理主体的一个,只有与其他治理主体形成良性互动和协作的关系,才能充分发挥其协同治理的作用。

这里需要特别指出,充分发挥社会组织在基层协商治理结构中的作用与功能,并不意味着对基层党组织和政府工作的排斥,恰恰相反,要充分发挥社会组织在基层协商治理的作用与功能必须毫不动摇地坚持基层党组织及政府的领导和负责制,这是治理的首要前提和根本保障。当然,积极引导各类社会力量的有机融入也不能缺位,随着基层治理内容的日益多元和复杂化,治理主客体的定位日趋呈现"动态化",其治理手段和治理模式也须与时俱进。在实践层面,集中表现为以政府或执政党为代表的拥有公共权力、具有公共权威的政治共同体或政治国家与以社会组织为代表的私人自主领域之间"共同治理"或"协同治理"。

同时也要看到,尽管社会组织参与基层协商治理已取得了一些显著成效,但由于社会组织本身以及相关体制机制等问题,社会组织在基层协商治理中也不免遭遇一些困难。近期的一些研究表明：协商民主在基层的实践状况也许并不乐观，甚至遭遇"冷场"，面临着诸如形式化倾向、弱势群体表达受阻、协商理性不足、参与冷漠与协商责任感缺失等困境。[①] 这是因为：第一，社会组织力量薄弱，存在着小、散、弱的问题。比如，一些社会组织的规模可能只有几个人，存在"空壳"倾向等。第二，社会组织力量本身的独立性不强。比如，有的村民监督委员会主动攀附基层党组织，同级监督作用不明显，甚至出现村干部贿选等问题。第三，社会组织参与基层协商治理的体制和机制不健全。比如，一些地区社会组织依法参与治理的机制不完善，社会组织参与度不高等。针对这些问题，还需要我们进一步提升基层治理能力和水平，充分挖掘和依托我国基层社会长期传承下来的习俗和文化，持续创新和发挥我们在党建引领、"三治"结合、智慧治理等方面的优势，努力形成既规范有序又充满活力的基层社会治理新格局。

综上所述，推动社会组织介入基层协商治理结构，既是发挥其作为基本社会组织单元天然优势的必然举措，也是完善社会主义协商民主进程的题中之义，更是提升国家治理体系和治理能力现代化的必然要求和贯彻落实党的群众路线的必然结果。

第四节　网络社会组织与社会治理

在当今时代，信息技术革命深刻地改变了人类社会生活，对经济、政治、社会和文化领域产生了重要影响，从而引发了以互联网为引擎的一系列社会结构的深刻变化。我国作为互联网大国，网络作为"虚拟空间"已然成为国家和社会生活的重要组成部分，与此同时，"网络社会组织"应势而生并获得了蓬勃发展。网络社会组织在我国的社会治理体系中发挥着越来越重要的作用。与科技一样，互联网是一把双刃剑，在给人民带来快捷、便利、开放等正向福利

① 参见张等文、陈佳：《中国基层协商民主的实践困境与化解策略》，载《理论与现代化》2015 年第 4 期。

的同时,也带来了诸如"数字鸿沟"、"群体极化"①和"网络暴力"等负面问题,为此,如何引导和监督网络社会组织,使之有助于完善网络治理并嵌入和助推现实社会治理体系就成为党和政府打造共建共治共享社会治理新格局面临的一个问题。诚如有学者指出:"互联网发展到今天,已经没有哪一个国家仅仅将其视为技术现象,网络治理逐渐成为国家治理的重要内容。"②无疑,网络治理不仅是国家治理的重要内容,也是社会治理的重要课题。由于网络社会组织既是现实的社会组织的扩张和延伸,同时又有着区别于实体性的社会组织的特征,因而考察中国网络社会组织的特征,阐明网络社会组织在网络治理中的作用以及网络治理与社会治理的关系就是本节要关注的问题。

一、网络社会组织的特征

作为社会组织的一部分,"网络社会组织"并非一个所指明确的概念,而是一个尚处于形成和发展中的虚拟社会交往领域。在当今中国,随着网络的普及和网民的大量增加,网络群体的规模和数量迅速增长,网络社会组织也逐渐引起了学界的关注。不同于网民个人和一般的网络群体,"网络社会组织"是指由特定网民成员而组成的一种有组织的联合。这种联合形式"以网络为载体,具有一定的网民人数,组织成员以自我管理为基础,有相对约定俗成的规定,为了一定的目标自愿组成的虚拟与现实相结合的社会结构体,具有志愿性、自治性、民间性、长期性和相对稳定性等特点"③。这意味着,网络社会组织是依托于现实的社会组织的界定得到规定的,其与现实的社会组织具有一致性的特征。这也是一些学者将这类网络社会组织定义为"类民间组织"、"网络社群"、"网络社团"等概念的缘由。基于这种考虑,网络社会组织大致上可以被划为两类:一类是现实社会组织的"网络版本",即是说,一些社会组

---

① "群体极化"(Group Polarization)概念意指群体成员一开始就持有的某种偏向,经过群体成员之间的商议或互动后,朝着更加极端的方向移动。

② 何明升:《中国网络治理的定位及现实路径》,载《中国社会科学》2016年第7期。

③ 刘斌、程亮:《网络社会组织培育与监管研究》,载《社团管理研究》2011年第10期。

织借助于信息技术在互联网平台上组建"虚拟形态",例如,公益寻亲社会组织"宝贝回家",既有线下实体又有官方网站;另一类是指依托互联网和信息技术媒介,基于一定的目的而自发组成的具有相对固定成员和活动方式的网民联合体,例如,在网络论坛基础上形成的豆瓣、虎扑等虚拟社区或基于各种目的而发起的QQ群、微信群等等。这类网络社会组织往往没有线下实体,纯粹活跃于虚拟世界,因而又被称为"无组织",以突出其与实体性社会组织的差异。

网络社会组织不仅延续了社会组织志愿性、自主性和民间性等特征,同时依托互联网,把信息技术的超时空性、开放性、匿名性等特质融入其中,呈现出更为显著的特征,即开放性、平等性和包容性。开放性是就网络社会组织的外部性而言的,由于互联网和信息技术不受时间和地域的限制,使得网络社会组织对成员的吸纳是开放的,无论是发达城市的网民还是边远地区的网民,都可以由共同的兴趣和目的联合起来。平等性是就网络社会组织的内部性而言的,网络社会组织的成员较少受到地位、身份和知识的影响,能够共同就特定问题展开平等讨论,提供不同的视角交融。由于网络社会组织的开放性和平等性特征,使得网络社会组织更具有包容性的特点。因此,网络社会组织具有组织结构更扁平、组织类型更丰富、组织成份更多元和互动联系更高效等优势。鉴于网络社会组织的特点和优势,充分发挥其对于网络治理、网络秩序的积极作用,进而使其成为"互联网+"时代的社会治理的重要依托,就成为构建新时代中国特色社会治理体系的题中之义。重视网络社会组织的培育和引导,发挥网络社会组织的正向功能,也是实现"让人民群众在信息化发展中有更多获得感、幸福感、安全感"的关键支撑。

二、网络社会组织在网络治理中的作用

网络社会组织是网络社会领域的重要主体。与网民个人以及相对松散的网民群体相比,网络社会组织对于维护网络社会和空间的秩序,实现公民有组织的政治参与、与政府和国家的积极互动以及积聚社会资源、组织社会动员等

方面具有重要的作用。美国学者霍华德·莱茵歌德认为,"网络虚拟社团不仅仅是互联网改变人类结社方式的一种表现,而且这种表现中也包含着人类进一步改变自己命运的机会"①。正是基于互联网信息技术,依托网络社会组织,人类社会才能有效开展更加广泛的政治参与和社会动员。网络社会组织超越了现实社会公民之间难以摆脱的身份枷锁与地位羁绊,超越了时空地域的限制与阻隔,而且催生了网络社会的内在规范与秩序,进而在某种意义上有助于对个体与群体之间、群体与政府之间关系的"重塑"。概言之,网络社会组织的"正效用"集中地表现在推动政治参与和进行社会动员两个层面。

从政治参与的视角看,网络社会组织的伦理规范有助于组织和约束网民进行有序政治参与,从而为政府与社会的良性互动搭建更为宽松、开放的平台。网络社会组织虽然较传统社会组织结构松散、管理弱化,但也并非全无规范,以《微博社区公约》为代表的网络社会组织的规范或约定多数由网民自主草拟而成,虽然不具备法律效力,但是在规范网民的行为秩序,特别是有序政治参与、意识形态建设和国家网络安全等方面效果显著,在一定程度上避免了网络社会由于高度信息自由而带来的"失序"。与松散的网络群体不同,任何网络社会组织都具有一定的规范和公约,这使得特定网络社会组织成员之间共享一定的伦理规则。"从功用上看,网络伦理承担了非常重要的治理职能,相关的戒律、要求及制度创新,都源于共同准则的相互性逻辑,体现了社会力量的自组织能力。"②这种网络社会组织的伦理规范是以网络空间成员之间的"归属感"和"认同感"为基础的,因而能够对网民成员的言语和行为产生约束,从而有利于维护网络政治参与的有序性和组织性。与现实社会一样,各种各样的网络社会组织就是组织化的网民,它们将那些在网络社会中高度自由的原子式网民个体聚集、联合起来,形成相对稳定的"团体"。由网络社会组织的开放性和包容性特点所决定,能够促使更加多元化的声音在网络社会中

---

① 转引自熊光清:《中国网络社团兴起的影响:国家与社会关系的视角》,载《南京社会科学》2009 年第 11 期。

② 何明升:《中国网络治理的定位及现实路径》,载《中国社会科学》2016 年第 7 期。

被关注,这些声音经过整理和聚合后就形成相对稳定且代表一定网民群体的"公共意见"。与来源于传统社会组织的"公共意见"相比,这些意见和声音无疑更具真实性、代表性和深刻性。因为网络社会组织的结构更加扁平化和多中心性,消解了传统社会组织难以避免的"金字塔式"层级结构,有助于打破信息垄断困境,使得信息交换和利益表达更自由、更包容。网络社会组织拓展了政治参与的空间和形式,提供了一个"不受身份与场景限制的协商平台",使得网民或以个体或以团体的形式充分发表意见、表达诉求,甚至质疑和审视政府权威和政策规定①。网络社会组织作为网络社会的桥梁和纽带,使得广大网民能够积极参与公共决策,能够更好更有效的监督和制约公共权力。近期公众热议的"市委书记掌掴秘书长""货拉拉女生跳车"等事件妥善解决的背后无疑体现了网民"众人拾柴"的强大监督力量。如果说网络技术开放了政治活动的交通场域,那么网络社会组织则为这个场域画好了适宜行走的"斑马线"和如何行走的"红绿灯"。

从社会动员的视角看,网络社会组织动员范围广、力度大、速度快,凭借信息技术的超时空性等优势可以在短时间内最大限度地吸引和积聚各类离散社会资源,与现实社会的传统民间组织形成互补,实现"网上网下"的双线互动,在协助政府完成某一特定公共事务或解决特定公共问题上成效显著。与实体的社会组织不同,一些网络社会组织出于临时目的或突发状况而成立,专注于某一特定事务或问题,因而是一种典型的"就事论事"的临时性组织,一般"事毕即散"。也就是说,网络社会组织所进行的社会动员往往是无组织和自发的,成员之间关系松散、出入自由,并不存在一个相对固定、等级分明的领导者或领导机构,这使得网络社会组织超越了"等级制的命令、遵从关系和市场式的交换、竞争关系"的发展模式,从而避免陷入传统社会组织的困境。如此一来,网络社会组织在解决某一特定公共事务或问题时往往能更加集中精力关注事务或问题本身,进而激发网民个体的主动性和创造性,加速事务或问题的

---

① 参见伍俊斌:《网络协商民主的契合、限度与路径分析》,载《马克思主义研究》2015 年第3 期。

解决进程。这使得网络世界的社会动员在有些情况下比现实世界的社会动员更具认同感、公信力和吸引力,因而更善于和便于处理复杂社会关系和凝聚分散社会资源,形成某种"强社会动员"①。从传播学的角度看,网络社会组织依托的信息技术(Web2.0)是一种分众传播技术,较之传统社会组织所依托的电视、报纸、广播等单向度纵向传播媒介而言更加重视用户交互作用,属于横向、分散式传播,这就使得信息的传播更广泛、更迅速,也更容易获得信息接收方的认同和接纳。这种新组织形式使得在短时间内进行广泛的社会动员和开展集体行动从可能变为现实。

网络治理和网络安全事关国家安全,进而事关经济社会的稳定和人民群众利益的保障。在充分重视和利用网络社会组织的优势积极推动网民的有序政治参与以及开展广泛的社会动员背后,更为深层次的问题是如何在网络治理中完善多主体参与共治的结构。习近平指出:"要提高网络综合治理能力,形成党委领导、政府管理、企业履责、社会监督、网民自律等多主体参与,经济、法律、技术等多种手段相结合的综合治网格局。"②这意味着,网络社会组织并非网络治理的唯一主体,高水平的网络治理必须明确政府、网络社会组织、网民公众在网络治理中的主体责任和功能定位,加强法律法规建设,完善监督和制约机制,打造多主体协同共治的治理结构。必须指出,加强党中央对网信工作的集中统一领导是核心,充分发挥"工青妇等群团组织优势"对于推动网信工作至关重要。

2020 年,突如其来的新冠肺炎疫情给全球带来了严重的灾难,党中央团结带领全国各族人民进行了一场惊心动魄的抗疫大战,取得抗击新冠肺炎疫情斗争重大战略成果,这其中不乏网络社会组织的抗疫身影。比如,疫情暴发初期,NCP(新冠)生命支援网络第一时间组建起网络救助队,参与助力"为爱战'疫'·守护新生"公益项目,为湖北武汉易感人群的孕产妇群体提供防疫物资、营养保障、协助联络医院、线上问诊、心理支持等综合援助服务。疫情期

---

① 张文宏:《网络社群的组织特征及其社会影响》,载《江苏行政学院学报》2011 年第 4 期。
② 《习近平谈治国理政》第 3 卷,外文出版社 2020 年版,第 306 页。

间,NCP 生命支援网络直接或间接支持了 5000 多名新冠患者,其中超过 2000 名属于重症。孕妇组还在线上和线下支持了 1000 多名武汉孕产妇,支持时间跨度超过半年,微信群组持续发挥影响。NCP 生命支援网络通过互联网把并肩作战的志愿者联合起来,持续带动更多人参与志愿服务,为常态化防疫工作提供人力资源储备。"NCP(新冠)生命支援网络"公益项目荣获"抗疫特别奖"。此外,在全民抗击新冠疫情阻击战的过程中,微博、微信群等成为民众了解疫情动态和走向、分享防疫知识的重要媒介。以微博热门的虚拟社区"超级话题"平台(简称超话)为例,新冠肺炎疫情发生后,"肺炎求助患者"超话成立,其后迅速发展,截至目前,该超话粉丝已超过 50 万,阅读量超过 51 亿。借助于微博"超话"平台,网络用户自发组成了一个由患者及其亲属发布信息、其他用户转发和扩散、帮助者共享知识和提供解决办法的"虚拟社团",这些举措充分汇聚了各方资源、各类信息,显著提升了患者与政府、民众的对接效率,为打赢抗疫保卫战争取了宝贵的时间,充分展现了网络社会组织"无组织"力量的巨大影响力。[①]

三、网络社会组织与社会治理

网络社会组织作为新兴的社会力量,"是推动网信事业发展、建设网络强国的重要力量,是网信队伍的重要组成部分"[②]。从社会治理视角看,虽然网络社会组织在建构社会治理共同体中能够有效发挥信息集体共享和社会整合的作用,成为现实世界的社会治理的重要帮手。但是,由于网络社会组织以及网络空间的虚拟性、"弱联结性"以及易散播性等特点,使其在助推社会治理、造福民众的同时,也为社会治理带来了一些"负效用"。这就需要更为全面地认识和把握网络社会组织参与社会治理的优势及问题,在对网络社会组织和

[①] 参见王欣悦:《从社会治理视角看网络"无组织"的组织力量——以新冠病毒肺炎疫情为例》,载《东南传播》2020 年第 6 期。

[②] 罗昕、支庭荣主编:《中国网络社会治理研究报告·2019》,社会科学文献出版社 2019 年版,第 23 页。

网络空间进行引导和监管的基础上,支持和培育优质的网络社会组织,充分发挥网络社会力量协同社会治理的效能,整合网络社会与社会治理的优势,打造社会治理的新生态。

如同实体性的社会组织一样,网络社会组织能够在医疗、卫生、教育等领域承担公共服务,这也是实现以社会力量解决社会问题和民众之需的另一重要途径。相比之下,网络社会组织提供的服务更加便捷、及时、惠民。网络社会组织中的志愿组织、公益组织等在社会服务方面发挥了重要作用。比如,在中国抗击新冠肺炎疫情期间,由于部分疫情地区实施封闭式管理,学生无法返校上课,针对这个问题,学而思、猿辅导等一些非官方的培训机构积极响应政府"停课不停学"的号召,以免费直播的形式为学生提供一些课程和辅导,一定程度上弥补了学校教育的空场,缓解了部分家长和学生的焦虑情绪,在协助政府完善群众居家抗疫工作方面做出了贡献。

如同实体性的社会组织一样,网络社会组织在特定情况下能够弥补"政府失灵"和"市场失灵"的缺陷,起到协调社会各方利益的作用,是一种社会协调和社会整合的方式。① 由于互联网的特性,网络社会组织能够在短时间内动员社会力量、积聚社会资源,是实现群策群力、社会自我救治的机制之一。比如,在新冠肺炎疫情期间,针对一线抗疫的女性医护人员使用卫生用品的难题,某微博用户自发建立起"姐妹战疫安心行动"的微博超话,一时间全网沸腾,各路网民迅速形成"无组织"的集体行动,纷纷为抗疫一线女性医护人员送去关心和温暖。同时,网络发声也引起了中国妇联以及国务院联防联控机制的快速响应,从而在更大范围内解决了这个问题。② 这无疑从一个侧面反映出网络社会组织具有促进政府回应民众需求的积极作用。

如同实体性的社会组织一样,优质的网络社会组织能够有助于培育民众的民主意识和公共精神的作用。比如,2019 年,正值新中国百年华诞之际,一

---

① 参见刘斌、程亮:《网络社会组织培育与监管研究》,载《社团管理研究》2011 年第 10 期。
② 参见王欣悦:《从社会治理视角看网络"无组织"的组织力量——以新冠病毒肺炎疫情为例》,载《东南传播》2020 年第 6 期。

场"我和国旗同框"的超话迅速在微博平台引发热议,大家纷纷借与国旗合影之际表达对祖国母亲的祝福和爱意,一时间"生在红旗下,长在春风里""我们在战位,祖国请放心"等正能量语录火爆全网,全民爱党爱国的热情被充分点燃,截止目前,超话阅读23.6亿,讨论191.7万次。

诚然,在看到网络社会组织发挥"正向效用"的同时也必须清醒认识到,目前我国仍处于网络社会治理和建设的起步阶段,网络社会组织由于自身的弱点而在参与社会治理过程中不可避免地具有一些缺陷和不足。

首先,网络社会组织自身的合法性问题限制其参与社会治理的有效性。由于网络社会组织的发育尚不成熟,相关法律法规建设相对滞后,政府的监管不够完善,网络社会组织"合法性"和"正当性"还存在疑问,这导致其作为政府推动社会治理的助手角色不够明显。2018年,中国网络社会组织联合会成立,联合会发布了共筑网上网下同心圆,助力网络强国建设的倡议书,这在一定程度上填补了网络社会组织的管理空白,规范了网络社会组织的活动秩序。但是总体而言,系统性、协调性、强制性的法律规范仍显不足,处罚机制和治理体系尚不健全。实际上,网络社会组织类型多样、鱼龙混杂,以网络公益慈善类社会组织为例,有的网络社会组织打着"互联网+公益"的旗号,借"募捐众筹"之名,行"骗钱骗财"之实;有的确在行善募捐,但由于审核流程不健全、资金监管不到位等问题,难以确保募捐全过程的公正性与透明性。与实体性社会组织相比,由于网络社会组织性质多样、数量庞杂,涉及网信、民政、业务等多个部门,"合法性"登记注册较为复杂,导致大量网络社会组织"合法性"地位仍旧处于模糊状态。这些不同层面的"合法性"问题,或者使部分网络社会组织处于与政府的游离状态,或者使部分网络社会组织没有充分发挥社会治理的主体作用,或者使部分网络社会组织对社会治理产生了负面的影响。

其次,与网络社会组织自身的"合法性"相关,网络社会组织存在着"主体缺陷"。受互联网高度自由、开放、虚拟符号化等特性影响,网络社会组织的成员素质参差不齐,主体间的共识联结较弱,组织相对松散,主体表达易于产生非理性倾向,主体行为尺度面临"失范"危险。由于互联网信息技术以虚拟符号或代码为网络身份,因而导致网络社会个体的道德素养、知识技能等虚实难辨,这会导致网民的言行与自身的品行和能力出现"错位"。与此同时,网络社会组织由于较为松散的成员关系和组织规范,使得本就自律程度较低的网民个体缺乏有效的"互律"及"他律",言论行为极易走向随意化和自由化,进而导致部分诞生于网络社会组织中的"公共意见"或"公共决策"呈现碎片化、情绪化和极端化,难以形成良性的政社互动,甚至可能误导政府决策。近些年来,这一现象往往体现在活跃于网络社会组织的"意见领袖"身上,由于知名度高、粉丝数多、煽动性强,一旦做出非理性决策或发表非理性言论极易形成"蝴蝶效应",从而引发网络社会的非理性行为,造成"群体极化",甚至出现"网络暴力"等扰乱社会安全秩序的行为。此外,受"数字鸿沟"等客观因素影响,网络社会组织成员大多是拥有一定收入、地位或掌握一定社会资源的"信息富有者",而那些生活于贫困落后地区的底层劳动群体往往无法有效参与其中。这意味着,依托网络社会组织所开展的政治参与或"网络民主"实践并不能真正涵盖全体人民群体,其意见所指也必然具有一定的局限性。

再次,由于一些网络社会组织的生长和培育机制,使得其与政府的关系颇为复杂,难以完全形成民众与政府的良性互动关系。在中国,大部分网络社会组织是在政府的指导下建立的,其更多地从属于政府,而不是代表广大民众的利益,因而不能很好地反映民众的意见和要求。网络社会组织对政府的高度依赖性使得其自主程度较低,这在一定程度上抑制了网络社会组织参与社会治理的积极性。针对上述问题,一方面必须加快完善相关法律法规,强化对网络社会组织的价值引导;另一方面,必须完善培育机制,加强对网络社会组织的监管,建构网络和现实有机结合、网络治理和社会治理的有机统一性,通过多措并举,夯实网络社会组织作为互联网时代的社会治理主体力量。

改革开放以来,我国市民社会的培育和发展已取得显著成效,与此同时,我国社会组织和网络社会组织在社会治理体系中的地位也愈加重要。但总体而言,我国的社会组织的发展还处于初级阶段,诸如自治性不足、法治化和制度机制不健全、主体性功能有限、参与不充分等问题仍然未得到彻底解决,但是,随着中国特色社会主义制度的不断完善以及国家治理体系和治理能力现代化的有序推进,中国社会组织所蕴含的社会治理潜能必将得到进一步的释放,真正成为我国社会治理"堪当大任"的主体力量。

第四章　社会治理和社会建设

从前文论述可知,中国社会主义市场经济的发展,推动了中国社会基本结构的变迁,开创了中国特色社会主义的伟大实践。中国特色社会主义进入新时代,我国社会主要矛盾发生了转变,新时代对社会治理提出了新的要求。党和政府必须更新社会管理理念,加强和创新社会治理,坚守以人民为中心的社会治理理念,打造共建共治共享的社会治理新格局。然而,从长远来看,社会治理本身不是目的,社会治理的根本目标是满足人民的美好生活需要,把社会治理得让人民满意。因而,加强社会治理离不开社会建设,社会治理与社会建设之间存在着辩证关系。从理念和目标上说,社会治理与社会建设是内在一致的,都是坚持人民利益至上,贯彻以人民为中心的发展思想的重要体现。只有从人民的利益出发,充分发挥国家、政府、市场和社会组织等多元社会治理主体的作用,加强社会事业建设,让人民有获得感、幸福感和安全感,才能建构真正的社会治理共同体。

第一节　社会治理与社会建设的辩证关系

从概念上讲,社会建设有广义和狭义之分。广义上的社会建设是指包括政治子系统、经济子系统和思想文化子系统在内的整个社会大系统的建设。而狭义的社会建设则指与政治、经济、思想文化各子系统并列的社会子系统的建设。① 从不

---

① 郑杭生:《关于和谐社会建设的几个问题》,载《江苏社会科学》2005 年第 5 期。

同的概念出发,人们所理解和把握的社会建设存在内容、范围和层次上的差异。新中国成立初期,"社会"隐身于经济、政治和文化之中,被当作包括经济、政治和文化的大概念而存在。社会建设主要是在广义上使用。改革开放以来,伴随着市场经济的不断发展,社会物质财富和社会福利不断增加,人们社会交往的空间不断扩张,与之相伴而生的社会信任、社会秩序、道德风险、贫富分化等问题,凸显了社会自主性的必要性和意义。社会发展作为国家建设的重要议题开始受到重视,其内容从人口问题、社会保障逐步向生态环境和精神文明建设等领域不断拓展。党的十六届四中全会明确提出"构建社会主义和谐社会",党的十七大、十八大报告均将"社会建设"纳入中国特色社会主义总体布局,并且党的十八大报告明确提出"党委领导、政府负责、社会协同、公众参与、法治保障"的总体布局。这一过程,反映出我国对社会建设不断深入的实践和认识。我们探讨社会建设,既要充分认识到社会领域的广泛性及其与政治、经济、思想、文化之间难以界分的关联性,由此可以在普遍的意义上理解社会;同时也要从其具体的发展领域着手,在与政治、经济、思想文化等相对分殊的意义上考察,由此对社会建设有一种具体的确定的分析。因而只有将作为哲学理念和具体材料这两个层面结合起来考虑,才能更加全面地理解和把握社会建设。

从实践来看,社会建设是通过"有组织、有目的、有计划地动员各种社会力量"参与和实施社会领域的各项建设。[1] 对社会领域的不同界定,直接影响着社会建设的边界和空间以及具体内容。有学者认为,社会建设是"在社会领域不断建立和完善各种能够合理配置社会资源和社会机会的社会结构和社会机制,并相应地形成各种良性调节社会关系的社会组织和社会力量"[2]。其内容主要包括两个方面:其一形成能够良性调节社会关系的各种社会组织和社会力量;其二是正确处理社会矛盾、社会问题和社会风险。[3] 有学者认为,

---

①　陆学艺:《关于社会建设的理论和实践》,载《理论前沿》2008 年第 11 期。
②　郑杭生:《社会建设和社会管理研究与中国社会学使命》,载《社会学研究》2011 年第 4 期。
③　郑杭生:《抓住改善民生不放　推进和谐社会构建——从社会学视角领会十七大报告的有关精神》,载《广东社会科学》2008 年第 1 期。

社会建设包括"社会结构的调整与构建、社会流动机制建设、社会组织建设、社会阶层利益关系协调机制建设、社会事业建设、社会保障制度建设、社区建设、社会安全体制建设和社会管理机制建设"①。还有学者认为，社会建设主要包括发展社会事业、扩大公共服务、协调利益关系、完善社会管理、调节社会矛盾、促进社会公平正义等，以及这些方面的改革和建设②。以上这些关于社会建设的观点虽各有侧重，但都强调社会事业的基础性。由此我们大体上可以将社会建设区分为两个主要内容：社会事业建设和社会治理。社会事业建设旨在提供更多的公共服务，而社会治理则使这种服务更具有有效性，更能符合社会的需要。社会事业建设和社会治理既有发生的相应条件和机制，也有内在的联系，二者相辅相成，统一于社会建设的全过程和各个环节之中。

一、加强社会事业的建设是社会治理的基础

社会事业是指那些以满足社会公众需要为基本目标，面向全社会直接或间接为国民经济或社会生活提供服务并且不以盈利为目的的社会活动。③ 它由国家和政府主导，以改善民生和增加人民福祉为目标，包括科技事业、教育事业、医疗卫生、劳动就业、社会保障、体育事业、协会组织建设、社区建设等诸多领域。社会事业具有"救济性"、"福利性"和"发展性"的鲜明特性，它直接关系人民群众的生活质量和公共利益。

公共性、社会性、公益性和非营利性，是社会事业最主要的特征。社会事业的公共性主要体现在两个方面：供给对象的公共性和供给过程的公共性。前者要求社会事业以政府为主体，向社会成员公平、均衡地提供教育、医疗卫生等社会事业服务；后者则要求社会事业发展作为社会公共资源的使用和分配，要按照公开透明的原则来运行。④ "社会性"要求社会事业不以局部利益

---

① 陆学艺：《关于社会建设的理论和实践》，载《理论前沿》2008 年第 11 期。
② 魏礼群：《加快推进以改善民生为重点的社会建设》，载《求是》2007 年第 22 期。
③ 徐彬主编：《社会管理学十讲》，安徽师范大学出版社 2015 年版，第 80 页。
④ 参见龚维斌：《社会管理与社会建设》，国家行政学院出版社 2011 年版，第 93 页。

和部门利益为导向,要为社会公众提供无差别服务,主要表现为社会效益和环境效益,以维护社会公正、构建合理的社会结构为目的。"公益性"要求社会事业不以赢利为目的,为社会成员生产、生活提供支持与服务。① 从具体内容上看,社会事业的公益性主要是指通过广泛开展"科教事业、文化宣传、医疗卫生、体育健身等社会公益事业","使社会成员享有平等接受教育、医疗等的权利,从而不断提高科学文化素质,增强健康意识,改善精神面貌,实现对公平的合理要求,提升幸福感和满意度,真正成为'各尽其能,各得其所'的平等社会成员"②。

社会事业建设是主体自觉地推进社会事业不断发展,从而为社会提供公共服务、改善民生的行为和过程。社会事业的发展,可以提升广大人民群众的生活质量,增进其选择、发展能力以及生活满意度,积蓄社会经济发展的资源和潜力,由此促进社会的良性运行与和谐稳定,实现人的全面发展。在这个意义上,社会事业建设提供了人们相互交往的物质基础,是社会存在的重要基础,没有社会事业的发展,也就没有真正意义上的社会③,社会治理也就无从谈起。

正如前文指出,从"社会管理"到"社会治理"不仅仅是概念上的变化,还蕴含着理念、方法、手段和制度等多个层面的深刻变革。就治理主体而言,除政府之外,社会组织、企事业单位、社区以及个人等多类主体被赋予治理主体的权利和资格,同时要求他们承担起与之相适应的责任和义务;就治理方式而言,社会治理强调通过运用合作、对话、协商、沟通等多种方式,在法律的框架下,引导和规范社会事务、社会组织和社会生活,由此汇聚多方智慧和意愿,增进公共利益和公共服务。但是从社会发展过程看,我们不能对"社会治理"做抽象地、孤立地理解。社会治理是伴随着社会建设的进程而产生的,既是社会

---

① 梁鸿、徐进:《社会事业、公共财政投入与经济增长:一个内生框架》,载《东南学术》2008年第 3 期。

② 陆学艺主编:《当代中国社会结构研究报告·4》,社会科学文献出版社 2018 年版,第68 页。

③ 顾海良、张雷声:《社会建设》,湖南教育出版社 2014 年版,第 121 页。

发展的实际需要,也在一定程度上有赖于社会的发展,因此与社会事业建设存在着辩证的统一关系。

首先,社会事业建设夯实了社会运行和发展的客观基础,从而使社会治理得以可能。社会治理的主体是人民,社会治理的对象是"社会","社会"的存在是社会治理的前提,"社会"的发展以及与之相伴的问题是社会治理的动力基础。社会不是与个人相对立的抽象的东西,而是所有个人都要参与、互动而形成各种关系的可感的现实。社会的基本功能就是为人们提供一个能够分工和协作的有序的场所。① 我们如何理解社会,也就在相应的意义上理解社会治理。"社会"是一个内涵极其丰富的概念,广义上的社会是包括经济、政治和文化的大概念。毛泽东曾在《新民主主义论》中指出:共产党人的革命奋斗是全方位的,"一切这些的目的,在于建设一个中华民族的新社会和新国家。在这个新社会和新国家中,不但有新政治、新经济,而且有新文化"②。从狭义上讲,"社会"是包括家庭、家族、宗族、村庄、社区、社群、社会网、各种正式组织、国家及国际组织等在内的人们的结合形式。③ 社会的发展和运行必须要以人的全面发展为基础。从本质上说,社会事业的所有方面都在于促进人的发展,通过教育事业、医疗卫生、社会保障、文化生活、体育健身等改善人的生存环境,提高人的生活质量,促进人的全面发展。④

实践性是社会关系本质的基础。社会是围绕着共有的实践理解而被集中组织起来的、具身化的、与物质交织在一起的实践领域。⑤ 近年来,我国持续推进的社会事业建设扩展了"社会"的空间,使其活动和内容日益丰富。这不

---

① 郭湛等:《公共性哲学——人的共同体的发展》,中国社会科学出版社 2019 年版,第 7 页。

② 《毛泽东选集》第 2 卷,人民出版社 2006 年版,第 663 页。

③ 谢立中:《"社会建设"的含义与内容辨析》,载《北京大学学报》(哲学社会科学版)2015 年第 3 期。

④ 陆学艺主编:《当代中国社会结构研究报告·4》,社会科学文献出版社 2018 年版,第 69 页。

⑤ [美]西奥多·夏兹金、[美]卡琳·诺尔·赛蒂纳、[德]埃克·冯·萨维尼:《当代理论的实践转向》,柯文、石诚译,苏州大学出版社 2010 年版,第 4 页。

仅表现在各项社会事业建设对于广大人民群众多样化的需要和诉求的回应，表现在政府与社会以及社会自身不断健全的交往结构，也表现在这一过程中不断完善的基础设施体系。社会事业建设所提供的公共服务，既可以在很大程度上弥补较低阶层人群利益的缺失、心理平衡，消弭社会矛盾，也在一个更为合理的起点上重构社会观念；不仅要满足人民群众当下的需要，还在很大程度上要考虑人民群众在物质、文化和精神方面日益增长的新的需要，不断丰富社会生活的内容以及与之相应的交往体系。

对社会事业的需求既包括个人不断提升自己生活质量和自我发展的个体需要，又包括维护社会稳定、推动社会进步的公共需要。如果社会事业的供给不能与其需求相适应，不能回应社会不断增长的社会需求，将会带来贫富严重分化、社会信任缺失、社会秩序破坏等一系列社会问题。此外，社会事业发展的不均衡也会影响到社会事业的公平性，甚至会强化社会的不公平性，所以我们在推进社会事业建设的过程中，还面临着充分发展和均衡发展的压力，这就要求我们更进一步加大社会事业建设的投入，充分调动各种社会资源，明确社会事业建设主体的责、权、利，调整社会事业运行机制，推动社会事业全面进步。① 可以说，不断深入的社会事业建设既为加强社会治理提供了现实基础，也对提高社会治理水平提出了要求。

其次，社会事业建设为社会治理培育了实践主体。从社会治理的主客体关系来看，"社会"不仅是社会治理的对象，也是社会治理的主体。社会事业建设的过程是各种公共服务内容不断丰富、规模不断增加、质量不断优化的过程，也是社会主体需要不断获得满足、国民素质不断提升、社会主体性不断彰显、组织化程度不断提高的过程。这种不断彰显的主体性既是社会事业建设的成果，也作为一种成长起来的力量影响着社会事业建设的持续、健康发展。这不仅表现在广大人民群众对社会事业建设所提出的更高需要和诉求上，而且表现在他们作为公共服务的提供者参与社会事业建设的积极性和能力上。

这意味着,"由社会事业发展而导致的公民受教育程度的提高、健康状况的改善、社会安全体系的完备、科技文化的进步和社会管理的有序等,反过来可以为经济的进一步发展搭建良好的社会平台,为经济发展提供宝贵的人力和智力支持"①。作为现实的个人,人们总是在具体的社会交往中进行思想和行动的。对于这种交往实践的体验和反思,是产生公平感、幸福感以及满意感的依据。社会事业建设直接关系到人民群众生产生活各方面,人民群众由此感知社会、进而评价社会。比如,教育、医疗卫生服务的质量如何,能不能在其中体验到他们所意愿的公平感,以及相应的自主性和选择权等,都直接影响着他们的社会认知以及社会治理参与的积极性。比如,2008 年汶川地震期间各地群众自发的救援活动以及 2020 年新冠肺炎疫情防控过程中社区志愿者的工作,都是很好的例证。

从社会管理向社会治理的转变,本质上是对现代社会权利格局的重新分配。它既需要政府从管控向服务的职能转变,也需要积极培育和发展社会力量,以便承接那些政府做不了、市场做不好而群众又需要的公共服务职能。社会组织的发展和公众参与的扩大,构成了推动这一转变动力的重要内容②。社会组织是社会的集体主体,是社会治理的重要力量,也是社会治理赖以实现的重要条件。这是因为,社会组织是松散的个体之间的有机联系体,是公众学习共同解决集体问题、实现自治的重要场所,是公众参与社会治理、提供公益服务的重要载体。如果社会组织缺乏应有的能力、意愿和资源,就无法很好地发挥连接社会群体的桥梁作用,也就难以成为组织社会资源解决社会问题的平台③。

因此,社会组织发展是社会事业建设的有效支撑,也是我国社会事业建设

① 陆学艺主编:《当代中国社会结构研究报告·4》,社会科学文献出版社 2018 年版,第69 页。

② 朱士群、张杰华、包先康:《从社会管理到社会治理:动力、逻辑和制度发展》,载《学术界》2015 年第 3 期。

③ [美]邓穗欣:《制度分析与公共治理》,张铁钦、张印琦译,复旦大学出版社 2019 年版,第 253 页。

的重要内容。党的十六届六中全会通过的《中共中央关于构建社会主义和谐社会若干重大问题的决定》把加强社会事业建设放在《决定》的首要位置上，提出"健全社会组织，增强服务社会功能"，并进行了具体安排。党的十八大报告提出，"发挥社会组织作用，实现政府治理和社会调节、居民自治良性互动"。2015年中共中央办公厅印发《关于加强社会组织党的建设工作的意见（试行）》，为新形势下全面加强社会组织党建工作提供了基本遵循。2016年中共中央办公厅、国务院办公厅联合印发《关于改革社会组织管理制度促进社会组织健康有序发展的意见》，提出了规范和促进社会组织发展的进一步安排。可以看到，伴随着社会事业建设的不断推进，社会组织无论在数量上，还是规范性方面，都有了长足的发展。各类社会组织能力显著提高，社会组织资源募集、服务供给、政策倡导等能力稳步提升，综合影响力不断增强，在促进经济发展、繁荣社会事业、创新社会治理、扩大对外交往等方面发挥了积极作用[1]。

需要指出的是，社会组织的成熟状况及其治理主体的角色定位，并不是一个纯粹的理论问题，而只能是在社会治理的具体实践中得到检验。积极参与社会治理，既有利于社会组织的质量提升和内涵式发展，也有利于社会治理的顺利进行。

再次，社会事业建设孕育了社会治理赖以运行的公共精神。如前所述，公共性是社会事业的本质特征。社会事业建设既有赖于公共意识和公共精神，又作为公共性的载体，催生和培育着社会的公共性。这种公共性是社会主体相互合作与协作的基础，也是共建共治共享的社会治理实践有效开展的条件。在社会治理的实践中，政府、市场和社会等主体虽然有一定的自主性，并由此具有治理的能动性和主体性，但社会治理更重要的是主体间性或者公共性。这是因为，过度的主体性更多地伸张主体自身的意志和诉求，很容易导致对他者关切的疏忽和关注，社会治理所欲求的彼此之间的合作共建也就很难形成，

---

[1]　杨宜勇、黄燕芬：《十八大以来中国社会建设的新思路、新成就》，载《社会学研究》2017年第6期。

公共利益最大化也就不可能实现。这种主体间性或公共性就蕴含在社会治理的主客体的动态关系中，因为任何价值理念都只能产生于实际的社会交往过程之中。社会事业建设既关系最广大人民群众切身利益，也是保障社会民主、公平和稳定的重要手段和途径。诚如有学者所言："社会事业的功能之一主要是面向社会特殊群体和弱势群体，为他们提供必要的支持与服务，使其能共享社会经济发展的成果，由此增进他们的福利和社会认同，维护社会团结。"①社会事业建设的实质是政府以公共财政收入为保证，提供社会公共产品以便满足社会成员最基本需求公平分配的重要方式。而社会事业建设所提供的公共服务、公共空间作为一种客观的社会存在，也是培育公共精神和涵养公共意识的现实载体。

在社会事业建设的过程中，伴随着我国公共服务规模的不断提升，内容不断丰富，人民生活也不断改善，教育、医疗、就业、收入水平等有效提升，基本满足和回应了广大人民群众物质文化生活的需要，取得了中国特色社会主义建设的阶段性成果。与此同时，人民群众的公平意识、民主意识和权利意识不断增强，对于贫富差距、贪污腐败、环境污染、分配不均等问题更加敏感，参与社会公共事务的呼声和要求日益强烈。这固然是经济社会发展水平的提高与旧有生产关系不相适应的结果，同时也显示了社会发展相对于经济发展的滞后以及由此而导致的关系失衡。因此，党的十六届六中全会第一次将"加强社会事业建设"摆在突出位置，要求以解决人民群众最关心、最直接、最现实的利益问题为重点，发展社会事业，建设和谐社会。

总之，社会治理的核心就是要处理社会事业建设过程中发生的各种关系和资源配置，由此协调不同利益主体在资源占有、社会分工、发展机会和分享发展成果等方面面临的不平等、不均衡，帮扶弱势群体。社会事业的持续推进和不断深化，在不断满足人民群众的物质文化需要的同时，也必然带来社会领域的扩张，催生了更为高级的需要，从而产生和积累了诸多亟待解决的问题，

---

① 陆学艺主编：《当代中国社会结构研究报告·4》，社会科学文献出版社2018年版，第69页。

这也为社会治理提供了新的实践目标和内容。同时,社会事业的建设既不断扩展社会治理的范围、领域,也为社会治理提供和创造了更多的条件。

二、加强社会治理是促进社会事业建设的保证

从根本上讲,社会治理是为了治理好社会,使其符合社会发展的要求,满足人民群众美好生活的需要。社会事业建设旨在"实现发展成果更多更公平惠及全体人民",实现这一目标的基本要求就是保障民生,创造满足人民群众多样化需求的公共服务和公共资源。因此,自上而下的指控和单凭政府主导的社会管理是行不通的,这就需要一种能够包容多元主体进行共同参与的建设模式,需要多元主体的共治。从实践上看,尽管发展民生是社会治理的前提和基础,但这不是一个按顺序发生的线性过程,而是同时发生的交互联动过程。

加强社会治理,是社会事业建设不断增效提质的要求。近年来,我国社会事业建设的不断推进,取得了显著的成就,极大地提升了人民群众的幸福感和满意度,但同时也面临诸多现实性的问题和挑战。党的十九大报告指出,目前人民对美好生活的需要,已不仅对物质文化生活提出了更高要求,而且在民主、法治、公平、正义、安全、环境等方面的要求日益增长;我国社会生产力水平总体上显著提高,但是在城乡、区域之间、收入分配等领域存在的不平衡、不充分,已成为满足人民日益增长的美好生活需要的主要制约因素。这意味着,中国特色社会主义进入新时代,社会事业建设中的问题已经逐渐从物质和待遇诉求为主,逐渐转向以权利和正义诉求为主。易言之,广大人民群众的诉求不再只是局限于物质文化需要,而更为深刻地提出了以公平、正义、民主为主的价值诉求。如果说物质和待遇诉求是社会服务总量和规模的问题,需要不断加大社会事业投入的数量和规模,提高社会事业建设的技术效能;那么,权利诉求则属于分配和承认问题,必须在社会建设的实际参与过程中才能获得满足。

加强社会治理是当下社会事业建设的时代要求。十四五时期,既是我国

163

发展的战略机遇期也是各种矛盾凸显期。在这种形势下加强社会事业建设，必须综合考虑各种因素，吸收借鉴国外经验，充分发挥各方优势。习近平指出："经过改革开放近40年的发展，我国社会生产力水平明显提高；人民生活显著改善，对美好生活的向往更加强烈，人民群众的需要呈现多样化多层次多方面的特点，期盼有更好的教育、更稳定的工作、更满意的收入、更可靠的社会保障、更高水平的医疗卫生服务、更舒适的居住条件、更优美的环境、更丰富的精神文化生活。"[1]目前，人民群众在就业、教育、医疗、居住、养老等方面面临不少难题，社会发展的不平衡和不充分问题较为突出，社会矛盾交织叠加，这些都考验着我国扎实推进社会事业建设的智慧和能力。事实上，社会建设所涉及的每一个问题，都不是纯粹的单一的供给和满足的问题。比如，能不能真正做到"学有所教"？不只是政府单方提供了什么样的教育基础设施和公共政策的问题，还需要明确教育价值体系、家庭和社会的期望和努力，明确教育资源和相关政策在何种意义上真正回应了人民群众的需求。如果政府只是从控制和管理出发，忽略了人民群众自身的主体性，一厢情愿地确定服务的内容和形式，就很难有效回应社会多样化的需求。供给和需求是辩证的统一体。人民群众的社会需求在何种意义上得到满足，不仅取决于政府提供什么样的公共服务，还在于什么样的公共服务最符合人民群众的需要。人民群众自主的美好生活需要以及作为社会建设主体的切身感受，部分决定了社会治理的现实性和复杂性。为此，社会治理需直面并着力解决现实中的各种难题，使群众的诉求表达、利益的协调和权益的保障等渠道得到畅通和规范，将社会组织、公众以及市场组织视为治理主体，使其承担相应的治理责任和权利，使其在一定的深度和广度上参与公共服务，并由此获得社会事业建设的实质性发展。

社会事业建设须激活社会活力，进而推进社会治理。人民群众不断扩展的美好生活需要与政府作为单一公共服务供应及优化主体的能力之间的落

---

① 《习近平谈治国理政》第2卷，外文出版社2017年版，第61页。

差,决定了加强社会治理的必要性。从现实状况来看,社会事业往往具有投入规模大、周期长、回报率低的特点,社会事业所具有的公益性、公共性、共享性特征,又决定了市场和个体缺乏参与的动机、动力和意愿,政府必然要成为主要的责任者。但随着社会事业的不断发展,政府也面临着越来越大的压力和责任。传统的社会管理框架下政府力求解决所有问题,但由政府独自承担不断增加的公共服务需要,将会导致政府职能的扩张和机构的膨胀,进而扩大政府对社会资源的控制。这种资源的过度聚集和服务供应的扩展之间的落差,将导致服务质量和效率的低下,不能充分回应社会的需要。同时,过分依赖政府的权威,无限扩大政府的责任,还将导致政府"费力不讨好"甚至"好心办坏事",并致使社会自组织能力相对较弱,社会活力不足,进而导致社会建设"一抓就死,一放就乱"的局面。实际上,无论任何一项社会事业,人民群众都深刻而全面的涉身其中,不仅他们的诉求和期待会随着社会整体发展而发生动态的调整和变化,其个体性和特殊性也会随着知识、偏好、思维方式的变化而变化。因而服务质量是个体、社会和政府的双向多维建构,不可能只靠政府和其他公共组织单一、单向获得。从这一点来讲,政府面对社会公共服务方面能力的有限性与社会需求的扩展性、多层次性之间的张力和冲突,必然要求加快推进社会治理。治理不同于管理,体现的是"系统治理、依法治理、源头治理、综合施策"。社会治理的核心是治理主体的多元化、治理手段的柔性化、治理目标的广泛性,并因此与社会事业建设的系统性、整体性和共享性要求相契合。对这些问题的有效治理和解决,将有助于社会建设结构优化和功能的健全,为社会事业建设提供切实保障。

加强社会治理是社会事业发展的内在要求。社会事业建设的成效,最终是多元主体"各种意志""合力"的结果。如果不能统合和协调"各种意志",社会建设过程中各类主体的南辕北辙、相互隔离、相互冲突,都会带来社会建设的低效、低质、无效,使得社会运行趋向劣质化。在这个意义上,社会建设的一个基本诉求就是充分激发社会活力,发挥每一个主体的能动性和创造性,使得社会建设过程"人人有责、人人负责、人人尽责"。马克思指出:"凡是有许多个人进行协作的劳动,过程的联系和统一都必然要表现在一个指挥的意志上,表现在各种与局部劳动无关而与工场全部活动有关的职能上,就像一个乐队要有一个指挥一样。"①与多人协作劳动相类似,对于社会治理实践来说,重要的是形成合作的框架和意志,引导政府、社区、公民、企业和社会组织等主体进行社会建设,共同推进符合公共利益的治理。

三、在社会建设中进行社会治理

虽然社会建设和社会治理在目标和定位上存在差异,但是二者并非截然不同的两个阶段,不可能先进行社会建设而后治理,二者内在统一于中国特色社会主义事业的实践之中。

任何人们所设想的理想社会或社会的理想状态,都不可能自动到来,而只能是在特定社会历史条件下社会主体有意识、自觉地推进的结果。尽管由于具体议题以及实践情境的复杂性和动态性,人们的努力并不一定能够达到预期的目标,但总能在一定程度上朝这一目标有所推进,从而更有可能接近理想的目标,更符合人民群众的需要。这种理想和现实之间的差距,也就构成了社会治理和社会建设的空间。对于社会建设来说,其合理路径就是通过建设主体对理念、方向以及策略的理性规划和实践推进,将可能性的社会构想逐渐转化为现实性的存在,不断优化,从而渐进地接近人们理想的状态。

社会建设和社会治理既有根本目标的一致性,也有其具体内容的差异性。社会建设是总目标,包括改善民生和社会治理两个内在关联的关键领域。改善民生是一个持续发展的过程。这是因为,涉及人民群众切身利益的问题、困难以及人民多层次美好生活需要的满足,是一个渐进发展的社会实践过程,不可能一蹴而就。这就要求形成动态开放的民生回应机制,不断地回应民众的难题,不断地满足人民群众对美好生活的需要。社会治理就是要让人们过上好日子,好日子就是衣食丰足、幸福平安、和谐有序②。改善民主和社会治理

---

① 《马克思恩格斯文集》第7卷,人民出版社2009年版,第431页。
② 参见李培林:《社会治理与社会体制改革》,载《国家行政学院学报》2014年第4期。

共同构成了社会建设的关键内容,从属于社会建设领域。社会治理作为更新社会管理观念、推进社会建设和社会管理创新的主要方向,不能代替、也不可能升格为社会建设。有学者指出,社会治理属于社会建设的范畴,是推进社会建设的重要方略,它和社会建设之间是手段与目的之间的关系①。从社会治理和社会建设的内在关系看,社会治理的目的是更好地进行社会建设;社会治理的有效性,就体现在它对于推进社会建设的成效。"进入新发展阶段,优质民生与高效治理更是统一于社会公共性的生成与发展。"②

　　社会建设具有典型的"社会性"和"公益性"。社会性并不直接等同于公共性。社会性作为现实的个人的本质,是相对于自然性和物质性来说的,首先表现为人与人的协作关系的属性。通过社会交往过程,个人的活动转化为社会的活动、个人的自然性转化为个人的社会性。社会性的现实形态就是人们的各种各样的社会关系,人们在各种各样的社会关系中追求个人利益和公共利益。公共性则与私人性或个体性相对,首先表现为一定共同体的公共性,是社会主体在一定条件下相互交往的结果,是"现实的个人"利益和需要的公共部分,具有"主体间性"和共享性。社会性和公共性的这种关系,决定了社会事业建设中既有内在的张力和竞争,由此激发和驱动基于自身利益的社会性行动,也存在协作和共同行动的可能,使主体间的公共性成为可能。

　　从社会性的内核出发,社会建设需要主体性的发挥,不断释放作为社会成员的能量和创造性,避免单向的、不顾实际的服务供给,真正回应和满足人民群众不断增长的社会需要,真正提升人民群众的获得感、满足感和幸福感。事实上,如何满足人民群众不断增长的丰富需求从来不只是纯粹客观的计算,也不只是物质层面的财富和资源的供给,更重要的是在这一过程中让人民获得自由全面的发展,高扬人民的主体意识。因此,社会建设必须充分激发社会活力,引导和纳入社会治理的模式,在社会建设的各个环节和全

---

　　①　参见宋国恺:《论社会治理是社会建设的重要方略——兼论"社会建设就是建设社会现代化"》,载《探索》2018 年第 1 期。

　　②　李友梅:《党的人民观:破解"中国之治"的社会密码》,载《文汇报》2021 年 6 月 27 日。

过程推进社会共建。

从"公益性"内核出发,社会建设必须着眼于公共性,不断引导和形成各类主体的"同心圆"和共识领域,以促进基本公共服务均等化为基础,提升公共服务水平。这要求政府角色的转变,政府要从"划桨者"转为"掌舵者",将众多政府做不了、市场做不好、群众又需要的公共服务职能,转移给群众团体和社会中介组织承担,从而与民间组织形成合力,推动形成多元社会主体参与的社会治理格局。

社会实践主体的意识决定着其治理行动的取向、形式和内容。"他们都是从自身所处位置的有限视点出发来看世界的"①,人的经验的有限性决定了其公共性的有限性。不同的社会关系范围形成不同意义的群体,而群体的一个纽带是"认同","人们总是和与自己观念相近的人联系密切,而个人则会修正自己的观点以使其契合于他所加入的群体的观念"②。特定群体的利益或观念不可避免地具有局限性。马克思曾经指出:"每一个企图取代旧统治阶级的新阶级,为了达到自己的目的……赋予自己的思想以普遍性的形式,把它们描绘成唯一合乎理性的、有普遍意义的思想。"③如果将马克思的思想转换为社会治理的话语,意味着,在社会治理过程中,一种社会主体有可能失去对整体目标的关照,而只是从特定群体或集团利益的满足出发,形成相对狭隘的治理行动,并因此需要其他主体的参与和塑造。

社会建设的社会性和公益性本身要求政府、市场、社会等多元主体共同参与,形成一个多元主体不断融入、渐进优化的治理结构和过程。各类主体及其角色的定位,并不是一个理论上的应然规定,而是社会建设实践的产物,是特定形式的社会建设成就累积到一定程度的结果。这样一种多元主体参与的结构必然伴随着社会实践逻辑的展开而呈现出相应的形态,面临相应的问题。

---

① [美]兰德尔·柯林斯、迈克尔·马可夫斯基:《发现社会——西方社会学思想评述》,李霞译,商务出版社2014年版,第58页。
② [美]兰德尔·柯林斯、迈克尔·马可夫斯基:《发现社会——西方社会学思想评述》,李霞译,商务出版社2014年版,第11页。
③ 《马克思恩格斯文集》第1卷,人民出版社2009年版,第552页。

从中国特色社会主义建设的实践进程看,党的十六届四中全会首次出现关于社会建设的表述,党的十六届六中全会提出"把构建社会主义和谐社会摆在更加突出的地位"的要求。党的十七大报告将"加快推进以改善民生为重点的社会建设"单列一章,将社会建设与经济建设、政治建设、文化建设并列为四大任务,提出经济、政治、文化、社会建设"四位一体"的中国特色社会主义事业总布局,更进一步深化了对社会建设的认识。党的十八大报告提出"在改善民生和创新管理中加强社会建设"。"十三五"规划提出加强和创新社会治理,建立共建共享的社会治理格局。党的十九大报告更进一步提出"共建共治共享"的社会治理格局,并提出了加强和创新社会治理的一系列举措。从这些权威文件来看,中国的社会建设日益受到党和政府的重视。作为一种国家的宏观战略,社会建设的内涵和外延也逐渐得到拓展。

伴随着社会建设的不断深入,各类社会事务以及与之相应的社会问题也不断增多。社会建设领域的相对滞后,已无法适应于社会发展的节奏,这从客观上提出了加强和创新社会治理的体制机制的要求。社会治理作为一种多主体共同参与公共服务和管理社会公共事务的新模式,其必要性和重要性日益突显。

四、共建加共治才能共享

恩格斯指出:"历史是这样创造的:最终的结果总是从许多单个的意志的相互冲突中产生出来的,而其中每一个意志,又是由于许多特殊的生活条件,才成为它所成为的那样。这样就有无数互相交错的力量,有无数个力的平行四边形,由此就产生出一个合力,即历史结果,而这个结果又可以看做一个作为整体的、不自觉地和不自主地起着作用的力量的产物。……每个意志都对合力有所贡献,因而是包括在这个合力里面的。"①概括地说,历史合力是社会发展的终极原因。这意味着,不论是否有自觉的意识,各个主体都以特定的形

---

① 《马克思恩格斯文集》第 10 卷,人民出版社 2009 年版,第 592—593 页。

式不同程度地影响着社会发展状况。这为我们考察多元主体共建共治共享的内在关系提供了理论基础。根据这一观点，社会建设和社会治理的关键和核心，就是在整体中寻求各个力量要素的协调共处和最佳组合，引导形成具有最大效能和最大效益的推动力。社会建设作为一个庞大的系统的复杂工程，其效果取决于合力的状况，包括方向和大小。如何最大限度地整合起社会各主体的力量，形成有效的共同行动，直接影响着社会发展的进程。仅仅依靠单一主体的社会建设和社会治理，其所承载的只是特定主体的意志，一旦与其他主体的需求"错位"，或者与其他主体存在紧张关系，就无法聚集起更大的力量。这样看来，只有政府、公众、企业、社会组织等各主体同心同德、合作共谋，才能发挥最大效力，取得最优效果。在这个意义上说，多元主体的共建共治共享是最具效能的治理方案。

所谓共建，就是各类主体共同参与社会建设。每个主体都隶属于特定的家庭、家族、宗族、村庄、社区、社群、社会网，也是社会共同体的成员。这些主体都既有其特定的社会性，也随着对社会建设参与的深度和广度而呈现出公共性的特征。根据相关研究，从内容上看，社会建设包括社会事业、社会法治和社会力量的建设。社会建设的对象是"社会"，主要内容包括社会关系、社会结构和具体要素等方面。在这些领域中的"共建"既可以充分彰显不同主体的观点、立场、资源和利益之间的异质性，也可以在制度规范的有效约束下形成协调和对话，达成一种相互兼容的公共框架，明晰社会建设对象的事实与价值关系，由此确认各主体的应然规范和行动路径，并通过不同环节和内容的增益而促进社会建设的顺利进行。

社会建设的根本目的不仅在于满足人民群众日益提升的客观需要，还要满足人民群众的主观感受，即"获得感、幸福感、安全感"。这种需要涵盖了利益、价值和精神等多个层面，只有在社会建设的共同参与中才有可能真正得到满足。

共治是各类主体共同参与社会治理。作为推动社会建设的重要引擎，社会治理主要是从制度层面强调社会建设的重要性，进行社会建设必须在社会领域构建整套紧密相连、互相协调的社会福利制度和政策体系。① 其重心在于社会建设过程中存在的机制性、体制性难题。如果社会建设过程中的体制机制不畅，则会制约和阻碍建设的成效。党的十九届四中全会《决定》提出的"党委领导、政府负责、民主协商、社会协同、公众参与、法治保障、科技支撑的社会治理体系"，既明确了各类主体在社会治理中的地位和角色定位，也设定了其整合统一的相互关系和结构。这种新的社会治理结构能够将原本关联不足的治理主体紧密联结在一起，增进彼此之间的信任和沟通，实现各主体的平等协商与合作互动，共同应对社会建设中的风险、矛盾和难题，从而更好地激发各主体的活力，不断提升社会治理效能。

所谓共享，就是各类主体共同享有治理成果。习近平指出："我们追求的发展是造福人民的发展，我们追求的富裕是全体人民共同富裕。改革发展搞得成功不成功，最终的判断标准是人民是不是共同享受到了改革发展成果。"②因此，社会治理归根结底是增进人民福祉，实现公平正义，保障人民群众的合法权益，让全体人民共同享受发展和治理成果。我国共享发展的内涵包括四个相互贯通的层面，即全民共享、全面共享、共建共享和渐进共享。然而，无论是作为社会治理的价值目标，还是作为广大人民群众的权利，"共享"究竟能否实现以及在何种程度上能够实现，并不是一个简单的理论问题，而是一个实践问题。权利不是抽象的，而是一定社会历史条件下的具体权利，马克思说道："权利决不能超出社会的经济结构以及由经济结构制约的社会的文化发展。"③这意味着，在社会主义初级阶段，按劳分配是基本的分配原则，由于生产者不同的个人天赋以及工作能力所带来的收益上的不平等是不可避免的，因而让全体人民"共享"改革、发展和治理成果是党和政府的价值目标，也是在党的领导下全体人民开展社会建设的动力。

---

① 参见奂平清：《福利社会建设与社会治理——兼论社会政策研究的理论自觉》，《教学与研究》2015 年第 11 期。
② 《习近平关于社会主义社会建设论述摘编》，中央文献出版社 2017 年版，第 35 页。
③ 《马克思恩格斯文集》第 3 卷，人民出版社 2009 年版，第 435 页。

人民群众对美好生活的需要本身并不是静态的某种结果,而是动态变化的过程。作为社会行动的主体,每个人都有自主判断、理性决策与行动的意愿要求和能力。从个体出发是最基本的行动逻辑,按照自己的意愿行事并获得欲求的利益是成功和影响力的表现。这种自主性以及与之相伴的存在感是社会个体的一种本质性需要,随着个体发展到一定阶段必然会产生。事实上,单纯的施舍、给予从来不可能使人得到真正意义上的满足。易言之,人民群众对美好生活需要的满足,不可能是被动的馈赠,而是主动自觉的创制以及在此过程中获得的主体性和自主性。正是在这个意义上,人民群众在社会建设和社会治理中的现实性活动,形成了他们对自我本质的确证。

习近平指出,"中国特色社会主义是亿万人民自己的事业,所以必须发挥人民主人翁精神,更好保证人民当家作主。"①发挥人民主人翁精神,彰显人民的主体性,贯穿于社会善治的全过程和各个环节,也是社会善治和积极建设的结果。让人民群众"共享"改革和发展的成果,不是说先进行建设然后再进行共享,而是说在中国共产党的领导下各类社会主体通过协同行动在社会发展实践中取得的成果应该由全体人民共享。共享不能脱离共建和共治,共建和共治回应的是社会共同的需要和利益,融入的是共同的意志,体现的是共同的价值诉求,其成果才是共同的。共享作为价值理念和目标选择,必须要在各个主体的社会建设和社会治理的实践中得到实现。在这个意义上,共建和共治是共享的前提、条件和载体,共享则是共建和共治的过程和结果。在这个意义上,共享不只是取得成果之后的再分配,"而是在生产发展过程中随时都有分配的活动,使发展过程本身成为共享。每个人既是过程的参与者,又是过程的享有者"②。

中国仍然处于社会主义初级阶段,贡献原则作为社会主义分配的主要原则,仍具有现实的合理性。这也意味着,个人与其他人之间是平等的,也不能

① 《习近平谈治国理政》第 1 卷,外文出版社 2018 年版,第 13 页。
② 丁素:《社会建设的中国成就》,《河南日报》2018 年 11 月 13 日。

因此而否定他们作为个体与其他个体之间的绝对差异。必须承认,作为行动者的"现实的个人"彼此之间的差别是无法避免的。在社会发展过程中由于物质生产力状况而产生的不均衡现象,也同样无法彻底避免。因而必须指出,共享不是要搞平均主义,不讲贡献。在生产力落后和社会物质资源极度匮乏的情况下,共享发展成果是不可能实现的。共享只能是建立在发展的基础之上,是人与人之间分配或收益的适度均衡。从历史经验来看,过大的贫富差距不但会带来社会的撕裂和对立,也会带来社会财富生产和消费结构的失衡,进而制约和阻碍着社会健康发展和有序进行。我们国家之所以提出共享发展的理念,就是要通过这一理念引导制度安排和公民的自觉行动,消除不合理因素导致的社会差距,从而不断消除贫困,缩小贫富差距,推动社会朝着共同富裕的目标不断前进。

第二节　社会治理和社会建设的理念和目标

事实上,治理提供了一个包容性的行动框架,其内容与效果取决于治理主体及其现实状况,并因此具有鲜明的情境性或者文化性特征。"每个社会、每一种伟大的文明都产生了治理的特殊传统。……分别产生了风格各异的治理。大部分宪法的前言,也以不同的词语,按地方、文化和时代的不同,提到了治理的远大目标。"[1]对于不同情境中的主体而言,治理既有不同的目标、认知、价值观,也有相异的制度、规范和手段。治理有着它自身的内在逻辑和价值追求,治理主体的文化属性或者理念是治理的核心要素。在这个意义上说,治理主体秉持的治理理念和价值目标,直接决定和影响着治理的效率和效果。

社会治理是国家治理的重要组成部分,在不同的情境下,社会治理也必然受到治理主体的理念的影响。中国的社会治理是政府、社会组织、公众等在互

---

① ［法］皮埃尔·卡蓝默:《破碎的民主——试论治理革命》,高凌翰译,生活·读书·新知三联书店 2005 年版,引言第 9 页。

动协商的基础上共同努力解决社会问题、回应治理需求的过程①。也就是说，社会治理的预期目标是共同解决社会问题、回应治理需求。为了谁，为了什么而治理，是社会治理创新的首要问题。历史唯物主义认为，人民群众是历史的创造者，马克思主义的社会治理应当围绕人民性来展开，把贯彻以人民为中心的践履程度作为评价治理的价值标的。

一、人民利益至高无上

我国是社会主义国家，一切权力归人民所有。我国的国家制度的根本属性决定了人民是国家和社会的主人。始终代表最广大人民根本利益，保证人民当家作主，体现人民共同意志，维护人民合法权益，是中国特色社会主义不断提升社会治理的水平及能力的终极指向。

人民利益至高无上，是马克思主义政党的根本立场和价值取向。马克思和恩格斯在《共产党宣言》中指出，过去的一切运动都是少数人或为少数人谋利益的运动。无产阶级的运动是绝大多数人的、为绝大多数人谋利益的运动。习近平指出，"我们任何时候都必须把人民利益放在第一位"。这是中国共产党的根本立场和价值取向，也是社会治理和社会建设的基本理念。中国共产党始终把实现和维护最广大人民群众的根本利益作为党的理论和路线方针政策以及全部工作的根本依据。这种要求典型地体现在党的基本章程上。作为共产党最根本的党内法规，党章既是党赖以建立和活动的法规体系的基础，也是党的各级组织和全体党员必须遵守的基本准则和规定，具有最高党法、根本大法的效力。《中国共产党党章》规定："党除了工人阶级和最广大人民群众的利益，没有自己特殊的利益""除了法律和政策规范范围内的个人利益和工作职权以外，所有共产党员都不得谋求任何私利和特权"。这些对以人民为中心、人民利益至上理念的强调和承诺，将通过党委的领导贯彻和传递到社会

---

① 参见郁建兴、关爽：《从社会管控到社会治理——当代中国国家与社会关系的新进展》，载《探索与争鸣》2014 年第 12 期。

治理的各个环节和全过程,塑造和规范着社会治理的实践。

坚持以人民的利益为本,是中国共产党人一脉相承的理论创新,更是落在实处的实践创造。习近平指出:"人民对美好生活的向往,就是我们奋斗的目标","检验我们一切工作的成效,最终都要看人民是否真正得到了实惠,人民生活是否真正得到了改善,这是坚持立党为公、执政为民的本质要求"。① 持续不断地开展社会建设、创新社会治理的根本目标就是"让老百姓过上好日子",就是不断为人民群众提供更好的教育、更满意的收入、更可靠的社会保障、更高水平的社会服务、更优美的环境,满足人民群众对美好生活的向往。

坚持人民利益至上既体现在党和国家对人民群众根本利益、长远利益的保障上,也体现在对民众现实利益和具体利益的满足上。社会治理,说到底就是对人民的服务和治理。社会治理既要关注个体及其当下利益,回应个体的现实需要,做好托底工作,更要立足整体和长远,谋划符合人民群众整体利益的发展格局和宏观战略,引导社会建设走向更加和谐、更加稳健,最终实现个人利益与公共利益的协调共进。2020 年以来的新冠肺炎疫情防控工作就充分体现了这种理念。在突发的新冠疫情到来之际,党和政府始终把人民群众的生命和健康放在首要位置,把保障人民群众的生命安全权、信息知情权和防控参与权作为头等大事,充分调动社会组织、社会公众的积极性,团结一心、共克时艰,体现了"以人民为中心"的疫情防控理念,兑现了人民利益至上的承诺。党的十八大以来,关于中国特色社会主义事业"五位一体"总体布局的设计,要求全面推进经济建设、政治建设、文化建设、社会建设、生态文明建设,旨在实现以人为本、全面协调可持续的科学发展,更好推动人的全面发展、社会全面进步,更是深刻反映了人民利益至上的价值立场和取向。

坚持人民利益至高无上,必须坚持利益的人民性。归根结底,人民的利益是由人民来评价的,社会治理的成效如何以及社会治理在何种程度上实现了人民的利益,人民才是真正的评价主体。习近平指出:"中国改革已经进入攻

---

① 习近平:《全面贯彻落实党的十八大精神要突出抓好六个方面的工作》,载《求是》2013年第 1 期。

坚期和深水区,我们将以壮士断腕的勇气、凤凰涅槃的决心,敢于向积存多年的顽瘴痼疾开刀,敢于触及深层次利益关系和矛盾,把改革进行到底。"①这既是当前构建新的社会治理体系的现实起点和基本背景,也凸显了我国社会治理变革的高度复杂性,它所涉及的更多是牵动全局的敏感问题和重大问题,关系着一些重大利益关系的调整,不可避免地会触及某些个体或群体的利益,亟待突破利益固化的藩篱。

从根本上讲,利益既是现实需求的满足,并由此具有一定的客观性,同时也是人们认知的结果,具有主观建构性。对于特定主体而言,个体利益和社会整体利益的一致性,往往是在面向长远和整体的评价视阈中做出的,在短期、即时性的评价视角下,则可能意味着个体的损失和牺牲。坚持人民利益至高无上,必须坚持正确的利益观。从内容上看,利益不仅包括物质利益,也包括尊严、价值以及与他人、群体的交往关系等等。在不同社会、不同阶级以及不同人那里,利益的内涵具有一定的差异,而个人所能够期望的利益以及能够得到的利益,也存在相应的差异。因此,社会治理不仅要关注"谁的利益",还要关注"什么样的利益"。习近平指出,不应把一己之利凌驾于人类利益之上,要"算大账、算长远账、算整体账、算综合账",避免"因小失大、顾此失彼、寅吃卯粮、急功近利"的利益诉求。这是一种将整体利益和个体利益相结合、将当下利益和长远利益相结合的正确的利益观。从现实社会状况来看,满足人民群众的所有需求是不可能的,还必须注意人民需求的合理性、相对性、阶段性和持续性。那些超出了一定社会发展阶段和物质水平的需要,无论多么美好,也都只能是梦幻泡影,无法得到现实性的满足。关于人民丰富的需要的满足以及满足这些需要的形式和内容,都必然建立在社会生产力发展状况的基础上,伴随着社会经济发展水平的提升而逐渐扩展。贯彻以人民为中心理念的社会建设,既要求在现有条件基础上挖掘潜力,创造条件,随时随刻倾听人民呼声,最大限度地回应人民群众的利益和需要,同时也要引导人民群众进行自

---

① 习近平:《中国发展新起点　全球增长新蓝图》,载《人民日报》2016 年 9 月 4 日。

主创造和发展,成为基层社会治理的最广泛参与者、最大受益者、最终评判者,真正体现社会治理的人民性和主体性。

在一定意义上,对于人民群众的利益和需要的认识也需要管理和教育。这是因为,人民群众的利益既有一定的异质性和相互冲突的可能性,也存在着一定的公共性和一致性。仅仅站在狭隘的个体的立场和角度,不可能形成对于利益的正确理解,这就需要引导和激发社会的主体性,培养和提高人民进行自我管理的能力。这也需要在社会治理的框架下,融入相应的教育理念,引导人民群众形成关于利益和需要的观念以及什么对自己和他人有利的合理信念,更新人们对自身利益的理解,从而确立正确的利益观。这种利益观应该是个人利益和公共利益的统一,就像马克思在《青年在选择职业时的考虑》一文中所说的那样,"人只有为同时代人的完美、为他们的幸福而工作,自己才能达到完美"[1]。唯有据此理念调整个人及社会的利益关系,才能促进人民群众开展有效的社会治理实践。

二、改革发展成果公平惠及全体人民

在社会治理中坚持人民立场,就要让广大人民群众成为改革发展的真正受益者。党的十九大报告强调:"必须始终把人民利益摆在至高无上的地位,让改革发展成果更多更公平惠及全体人民,朝着实现全体人民共同富裕不断迈进。"将改革成果惠及全体人民,持续推进人民共同富裕,是中国社会治理和社会建设的又一个重要理念和目标。

改革成果惠及全体人民是共享理念的体现,是共同富裕和公平正义的要求。习近平指出,广大人民群众共享改革发展成果,是社会主义的本质要求。判断改革发展成功与否的最终标准,是人民是不是共同享受到了改革发展成果。更具体地说,是社会各阶层、各民族、各地区的人民都能享受到改革发展的成果。

---

[1]　《马克思恩格斯全集》第1卷,人民出版社1995年版,第459页。

　　从实践逻辑上看,让改革开放成果惠及广大人民群众,首先要尽可能地创造更为充分的社会物质和精神财富,提供社会必需的公共服务,使"蛋糕"越做越大。共产主义的实现要建立在社会生产力极大发展、物质财富极大丰富的基础之上。邓小平根据中国社会主义建设实际指出,贫穷不是社会主义,社会主义就是要解放生产力,发展生产力,实现共同富裕。这就是说,人民的美好生活不可能建立在贫穷落后的基础之上,社会治理和社会建设的任务必须围绕人的利益和需要展开,不断满足人民群众的实际需要。应当说,改革开放以来,社会主义市场经济的高速发展,积累了大量的物质财富。当然,这种物质财富的积累和供给不可能是无限制的,而是必然会受到一定社会资源禀赋、自然环境、生产力水平等方面和因素的影响和制约。事实上,伴随着近几十年我国经济社会的高速发展,自然环境、自然资源对于经济发展的硬约束和深刻影响已经日益清晰地呈现出来。2014中央经济工作会议指出:"我国环境承载力已经达到或者接近极限"。这意味着,传统意义的经济发展所需要的环境资源禀赋已经达到上限,正遭遇发展的自然边界和环境瓶颈,在这种情况下,必须顺应人民群众对良好生态环境的期待,推动形成绿色低碳循环发展的新方式,与此同时,也就需要一种与经济转型相适应的社会转型。当然,物质财富的丰裕和充分只能是相对的、有限的,是相对于特定时代的人的需要而言的。社会主义国家所规定的共同富裕也只能是相对意义上的富裕,它所能满足的需要,也只能是人的合理的需要。而这种合理性的标准,不只取决于人的合理性,不只取决于社会的合理性,同时也要遵从自然生态的合理性。

　　因此,在任何历史阶段的社会建设中,公共服务和社会财富的内容和规模都不可能是无限的,恰恰是因为这种限度和边界,致使存在着一定的稀缺性和争议性。中国特色社会主义的社会建设事业,同样不可能无限制地扩展这一边界和空间,因而加强和创新社会治理的必要性和重要意义就在于,真正让人民群众在其利益相关的领域中"当家作主",并为了自己真正的利益和利益的真正实现而努力,切实增进治理效能,分享发展成果,并从中获得主体性和幸福感。习近平指出:"我国经济发展的'蛋糕'不断做大,但分配不公问题比较突出,收入差距、城乡区域公共服务水平差距较大。"①为此,在"蛋糕"足够大或者存在边界制约的情况下,如何做好"蛋糕的分配"就成为社会治理的核心议题。对于人民群众来讲,这些"蛋糕"从来不是抽象的,而是现实的民生问题,这些问题在不同程度上关乎老百姓的生活质量、需要的满足以及生活的前景。解决这些问题,不仅要有广大人民群众的理性参与,彰显他们的主体性和存在感,还要有合理的制度约束和规范,以确保治理活动的有效性和合法性。在这里,构建出符合中国国情和马克思主义的公平正义原则是至关重要的。易言之,在社会治理和社会建设过程中,两个方面的工作是缺一不可的:一方面,积极推进制度改革,合理调节收入分配,"保护合法收入,规范隐性收入,遏制非正当收入,取缔非法收入";另一方面,通过推动基本公共服务均等化、社会政策托底、保护弱势群体等方式保障基本民生,使发展成果惠及所有社会群体、惠及广大人民群众。

需要注意的是,中国特色社会主义进入新时代,但我国仍处于并将长期处于社会主义初级阶段,基本国情仍是人口多、底子薄,发展不平衡,发展中不平衡、不协调、不可持续的问题依然突出,改善民生、加大再分配力度都不能脱离这个实际。从这一基本国情出发,让改革成果惠及全体人民,既是一个持续推进的过程,也是一个渐进发展的过程,不可能一蹴而就。我们既要充分考虑各种客观条件,坚持以人为本,尽量满足最广大人民群众的合理需要,也要从整体出发,坚持决策的系统性、协同性和整体性,吸取过度福利化和过度承诺所带来的生产效率低下、导致收入分配恶化的经验教训。只有坚持实事求是、量力而行、循序渐进、分步实施、有序推进的原则,才能善作善成、行稳致远,真正惠及全体人民。

三、让人民有获得感、幸福感和安全感

人民对美好生活的向往,就是我们的奋斗目标。坚持以人民为中心,不仅

---

① 《十八大以来重要文献选编》(中),中央文献出版社 2016 年版,第 827 页。

是抽象的社会治理原则,更是具体的规定,必须落在实处。所谓"实处",不仅存在于共产党人执政为民的政治理念中,存在于党和政府的文件和制度设计理念中,而且体现在为人民的利益和幸福而奋斗的实际行动中,体现在广大人民群众的直观感受和评价上。坚持以人民为中心的社会治理和社会建设理念,真正让改革开放的成果惠及人民群众,一个基本的表征就是让人民群众有获得感、幸福感和安全感。

"社会治理"的题中之义就是"人民治理社会"。社会治理和社会建设的主体是人民,社会治理的成效取决于人民的感受和评价。人民作为主体来治理社会,即是说,将人民的意志和诉求贯穿于社会建设过程的始终,使社会的发展真正体现人民的意志、意愿,不断回应和满足人民对美好生活的期待。正是在这种意义上说,社会治理的根本目的就是建设一个"使社会成员得以过上美好生活的社会"①。然而,"好"或"坏"是主体评价的结果,什么是"好"的生活,并不是一个抽象的规定,而是"现实的个人"在社会交往和生活实践过程中的体验、选择和评价的体现,具有深刻的主体性。因而何谓人民群众的"好生活"归根结底要由人民群众来判断。社会治理在何种程度上为人民群众创造了"好生活",要看人民群众怎样看,由人民群众说了算。这意味着,对社会治理成效的评估,不能停留在政府的政绩考核上,不能脱离人民群众的获得感、满意度。正如习近平所讲,"真正的政绩在老百姓的口碑里"。

同时也要看到,人们所能实现的"美好生活"的内容和形式,具有鲜明的时代性,并因此与特定的社会历史条件、情境和观念相关。可以说,不同时代、不同条件、不同主体的"美好生活"有着不同的含义。所谓"美好生活"的标准既有一定的共同性,也必然存在着一定的差异性。这意味着,在进行社会治理和社会建设的过程中,坚持以人民为中心的理念,既需要落实群众路线,真正抓住和满足人民群众的现实性需要,也要与时俱进,回应人民群众不断变化的利益和诉求。此外,还要从观念上对人民群众的需要和利益进

---

① 刘志洪:《美好生活须有美好需要》,载《光明日报》2020 年 10 月 19 日。

行引导。确如马克思所言,"理论一经掌握群众,也会变成物质力量"①。因此,引导人民群众形成健康、合理的美好生活观,可以转化为一种"物质的力量"进一步推进人民追求真实需要、合理需要,从而避免西方资本主义社会"虚假需要"、"异化需要"、"奢侈性需要"的困扰,最终确立"人成为自己的主人"的本真需要。

必须看到,随着中国特色社会主义的社会建设事业整体持续推进,广大人民群众的诉求和期待必然会随之发生动态的调整和变化,其个体性和特殊性也会随着知识、偏好、思维方式的变化而变化。所以,公共服务的质量及其对人民美好生活的满足状况,更多地取决于社会和政府之间的双向多维建构,不可能只靠政府和其他公共组织单一、单向实现。人民群众的获得感、幸福感和安全感,只能在多元主体互动的社会治理结构中得到满足,也只能在社会建设的实践过程中得到推进。总之,中国的社会治理只有坚持人民的主体地位,赋能社会组织的发展,聚焦人民群众最关心最直接最现实的利益问题,才能构建富有成效的社会治理体系,逐渐实现"幼有所育、学有所教、劳有所得、病有所医、老有所养、住有所居、弱有所扶",确保人民群众有更多的获得感、幸福感和安全感。

第三节　社会公益事业与市场机制运行

一、市场机制运用的限度、条件和规则

前文曾指出,一般而言,市场的机制是通过"看不见的手"来运作的,它透过产品和服务的供给和需求产生复杂的相互作用,进而达成自组织的效果。"看不见的手"极大限度地激发了社会的活力和创造性。也就是说,以"个人满足私欲的活动将促进社会福利"为逻辑的市场经济,是一种"自由放任"的

---

① 《马克思恩格斯文集》第 1 卷,人民出版社 2009 年版,第 11 页。

市场经济秩序,其功能是调节社会资源的配置状况,使之趋于合理和优化。这种作用具体表现在两个层次上:一是使社会资源在国民经济的各部门和各产业中得到合理配置,使市场供求趋于协调平衡;二是使社会资源在各市场主体尤其是企业之间得到合理配置和使用,使资源从劣势企业向优势企业转移,实现在企业层次上的资源优化配置。这种机制的结果是以高效率的市场经济取代了低效率的自然经济和管制经济,极大地解放和发展了生产力。马克思对资本主义市场经济的发展做出了高度评价,他指出,资产阶级在它统治的不到一百年的时间里面,所创造的生产力比过去所有时代创造的全部的生产力的总和还要多还要大。

西方主流经济学家认为,尽管市场因为私利而倾向于采取短期动机,从而为最大限度地谋取私利的动机所驱动,但其最终将会服务于公共利益。它假定所有参与者都具有相同的信息,市场最终会自我纠正。市场主义者甚至认为,只要有了市场一切目标都能实现。但是,一些研究表明,"个人满足私欲的活动将促进社会福利"远非普遍性的现象,而只是特定类型的市场经济的结果。市场所能实现的目标也是有限的,不仅如此,在全球化的市场经济背景下,市场机制还会带来一些难以预期的后果。

其一,市场机制和公共利益并不必然一致。价格是市场运行的核心机制。市场赖以运行的"看不见的手"是通过供求关系所引发的价格机制呈现出来的。只有对于那些可以用价格度量的商品和服务,市场机制才能充分地发挥作用。这些服务和商品的基本特征是排他性和封闭性,否则也就无所谓定价。在商品和服务的生产、流通、分配和消费诸环节中,尽管政府、社会及相关利益者都可能基于特定的目的和标准提出某种形式的改变,比如生态伦理、社会责任、道德规范等,但都无法直接取代这一机制的作用。对于那些不能定价的服务和商品,无论是否匮乏,是否具有道义上的重要性,市场都不会有积极供给的意愿和动机。不仅如此,越是具有公共性的物品,越难以得到市场应有的回应和关照。卡尔·波兰尼曾指出:如果让市场成为人类命运以及自然环境的唯一主宰,事实上,即使它只是成为购买力数量和使用方式的主宰,也会导致社会的毁灭①。一个重要的原因在于,市场经济忽视了真正的个体责任、破坏了共同体,系统地阻碍了道德行为,并由此导致将私人的美德转换为公共的恶行。在这个意义上,市场体系绝不像伯纳德·曼德维尔所讲的那样:虽然腐蚀了美德,但它却魔幻般地将个人的私欲转换成为公共的利益。② 市场导向的公共利益是有限的,而只是特定的公共利益,并且只能以物化的形式呈现出来。换句话说,这种公共利益只能体现为可以定价的、具有一定排他性的商品——人造物。因此,市场与公共利益存在着不一致性。

其二,市场机制带来公共性的衰落。市场经济的本性是受利润的驱动。作为市场主体的企业从盈利目标出发,总是愿意先投资于盈利大、见效快的部门,那些投资规模大、建设周期长或非盈利性的部门就难以获得发展,由此可能会造成公共事业、基础设施等的投资不足。建立在西方资本主义私有制基础上的市场经济,其运行逻辑内在地鼓励一种个人主义和拜金主义的价值观,它强调和张扬的是个体利益、狭隘的部门利益,而相对弱化共同体意识和公共精神。尽管我国是市场经济的后发国家,我国社会主义市场经济的确立和发展过程离不开党和政府的直接推动,但是随着从计划到市场经济体制的改革,社会自主性空间的扩展,使得利益和价值呈现出多元化的倾向。这意味着,我国社会主义市场经济的发展也面临着个体利益与公共利益、市场价值与公共价值以及个体性与公共性之间的张力问题。国内有学者指出的那样,"市场导向的公共政策及其治理,将追求个人利益等同于公共利益,不仅导致了公共价值的衰败,而且完全忽略了市场价值与社会公共价值的不同,使得市场成为独立政治与社会之外的非道德领域。市场导向的公共政策与治理,同时导致了环境的恶化,加剧了社会的不平等,以及社会关系的普遍异化"③。在市场

---

① 参见[美]世界观察研究所:《可持续发展的治理》,谢来辉等译,中国社会科学出版社2016年版,第13页。

② 参见[英]加雷斯·戴尔:《卡尔·波兰尼:市场的限度》,焦兵译,中国社会科学出版社2016年版,第12页。

③ 张成福:《意识的转化与内在革命——关于我们时代公共行政大问题的对话》,载《中国行政管理》2019年第10期。

经济条件下,个体在经济上的自主性与利益追求的主动性培养和提升了个体的平等意识,使个体对机会平等、公平正义的愿望和要求转变为一种自觉的理性文化,并进一步造就了公民的民主意识。但是,这种民主意识在带来个体主体性的同时,也强化了个人主义的现实合理性。这种个人主义的意识形态以及与之相应的市场竞争一起,共同导致了公共性的衰落。

理论上说,市场竞争应该是一个优胜劣汰的过程,在激烈的市场竞争中,那些生产效率低下、产品成本偏高的企业会被淘汰,那些能够提供更高质量和更低成本的商品和服务的企业将会做大做强。但是从实际情况来看,市场竞争机制只具有狭隘的价值视野,它对利润具有高度的敏感性,只考虑企业自身的经济效益,而相对忽视社会的责任和整体效益。也就是说,在市场机制中,"优"和"劣"具有不以社会意志为转移的自主性,这种竞争的评判标准集中地反映在价格上的经济利益。马克思和恩格斯在《德意志意识形态》中指出:"普遍的竞争迫使所有个人的全部精力处于高度紧张状态。它尽可能地消灭意识形态、宗教、道德,等等,而在它无法做到这一点的地方,它就把它们变成赤裸裸的谎言。它首次开创了世界历史,因为它使每个文明国家以及这些国家中的每一个人的需要的满足都依赖于整个世界,……它把自然形成的性质一概消灭掉(只要在劳动的范围内有可能做到这一点),它还把所有自然形成的关系变成货币的关系。"[1]尽管伴随着市场经济的不断发展,人们对于市场竞争结果的认知日益全面,并力图通过政府、消费者、利益相关者、社会组织等相关主体,运用政策、行业标准、引导消费偏好、声誉机制等等多元化的措施予以纠偏和调控。但不容否认,主导市场竞争的核心驱动仍然是利润。在具有高度复杂性和不确定性的市场环境中,市场主体面对日益增多的不确定因素和不可预见的环境,短期化的预期和行为更多地成为他们的现实选择。相比之下,具有社会良知、环境伦理、长远眼光且有益于社会整体和长远利益的企业,也经常会处于劣势。

---

[1] 《马克思恩格斯文集》第 1 卷,人民出版社 2009 年版,第 566 页。

总之,以市场机制提供社会产品,既有特有的优势和活力,也有其固有的问题和不足。这就要求我们更加清醒认识市场经济和市场机制的内在不足,在构建社会治理体系的过程中,形成市场、政府和社会多元主体共治的格局,从而让资本逻辑服务于广大人民群众的福祉。

二、社会公益事业的"市场化"范围

社会公益事业是指那些直接或间接地为经济活动、社会活动和居民生活服务的部门、企业及其设施,既具有公益性又具有产业性,既有福利性又有经营性。这决定了社会公益事业建设的特殊性。

从公益性出发,由政府投资的社会事业归国家所有,为人民群众所共享。这种公益性决定了政府推进社会公益事业的合理性。政府对资源的配置具有先见性、全局性、效益的综合性等特征和优势,因而是理想的公益事业供给主体。然而,将社会事业的主体仅限于政府,在政府管理的框架下解决所有问题,不仅不适合市场经济改革以来中国社会发展的实际情况,而且必然导致政府职能的扩张和机构的膨胀,进而导致政府对社会资源的过度管控。由于政府组织缺乏成本意识,这种资源的过度聚集和服务供应的扩展之间的落差,将导致其服务质量和效率的低下,这不能充分回应社会的需要,也难以满足公众的需要。比如,公共选择理论认为,政府官员的"经济人"特征,使政府的决策更有利于政府官员和政府机构的利益,从而可能造成"政府失灵"的风险。在一些情况下,政府投资的部分"政绩工程"不仅经济效益低,社会效益也不高,有些甚至没有效益。过分依赖政府的权威,无限扩张政府的责任,无论对政府还是对社会来说都是不利的:政府对社会建设的大包大揽可能会导致"费力不讨好"甚至"好心办坏事"的结果;会造成社会自组织能力相对较弱,社会活力不足,由此导致社会公益事业建设陷入"一抓就死,一放就乱"的困局。

从产业性出发,社会公益事业的市场化是通过市场的方式来提供社会公益产品。从根本上说,这是基于效率标准的考量。伴随着社会主义市场经济的确立和发展,市场配置的优势逐渐凸显,政府在社会建设中的角色和职能也发生相应的转变。传统意义上由政府大包大揽进行社会事业建设的模式已逐步退场,市场机制在社会公益事业的资源配置方面开始发挥更多的作用,并且真实促进了社会事业的发展。社会公益事业的市场化存在着一定的合理性:首先,市场配置具有准确、灵活和高效的特点,市场作为一种资源配置方式,可以通过市场主体的自由选择和自由竞争,极大地增进生产的积极性,并使各种资源达到合理的配置;其次,通过市场化的运作将"社会资本"纳入公益事业领域,可以在一定程度上解决发展资金的短缺问题,降低政府运行成本;再次,社会事业的市场化能够使其更贴近群众,有利于满足社会多样化、多层次的需求。但是,如前所述,公益事业的市场化也会带来诸多问题:比如,市场经济遵循谁投资谁受益的原则,企业参与社会事业建设不是以公益为目的,而是以赚钱为目的,这可能会扭曲社会公益事业的行为规范;再比如,市场化可以在一定程度上提高服务质量与运作效率,但也会由于过高的收费标准与各种服务陷阱,实质上降低人民群众的获得感和满意度。此外,部分社会事业投资虽然具有营利性,但是其投资往往具有强度大、回收周期长、收益率低等特点,"社会资本"缺乏介入的意愿和动机。在这种情况下,如果没有政府的干预和调控,可能会造成社会事业投资不足的结果。

应当指出,对于社会公益事业建设来说,市场和政府都有不可替代的作用。中国社会主义市场经济是对西方资本主义市场经济的扬弃,它摒弃了私有制代之以公有制,并确立了共同富裕的发展目标。中国特色社会主义的发展进入新时代,政府、市场和社会之间的相互合作和共同治理,既是社会主义市场经济繁荣发展的前提条件,也是实现社会公益事业建设效益最大化的客观基础。西方资本主义市场经济的实践表明,在完全不受干预的市场中,商品生产者之间不可能达到早期自由主义所设想的天然和谐,而是会不可避免地陷入种种冲突之中。就整个社会生活而言,一个放任自流的市场经济必然导致两个严重的问题:一是公共利益和公共价值得不到保障;二是两极分化日益严重而社会公平难以实现。因此,在我国,政府对于公益事业的主导和参与具有合理性和必要性。由政府兴办公益事业,就是要矫正市场经济的自发性倾向以及由此带来的市场失灵;社会公益事业的市场化,就其本质来讲,是对市场经济自发性的强化,但无限度地实施这种新公共管理方案,将不可避免地会造成严重的破坏性后果。

事实上,人们对于公共服务的认识有一个渐进的过程。人们越是关注到公共服务的本质,就越能深刻地发现,纯粹的公共性和纯粹的私人性并不是截然二分的两个极端,而是有着灰度等级的连续体。对于这一连续体,可以从供给的结合性或可分性、排他性、选择性和对拥挤的敏感性加以区分。产品或服务的公共性不是组织安排的职能,政府生产的物品和服务具有不同程度的公共性,私营企业或公司生产的物品和服务也同样如此。① 在这个意义上,公共服务并非某个组织的专属。在合适的条件下,政府、社会组织和企业均可以提供公共服务。只不过由于其不同的社会位置和资源禀赋,这种公共服务的供给有着不同的实践逻辑和行动模式,也因此有着不同的效率和效果。关键在于,既确保公共服务的公共属性,为公民所共享,又保证公共服务的数量和质量,使其真正满足公民的实际需要。

以市场化的方式提供公共服务,其合理性和必要性在于社会需求的多层次和多样性。这意味着,社会事业领域中许多产品和服务本身就具有竞争性和排他性,因此是可以定价的。我们可以将这些需求区分为“基本”和“非基本”等类型。其中,涉及“基本”类型的需求必须由政府提供和实施公共服务项目,旨在保障人民群众最基本的社会需求。涉及“非基本”类型需求的社会事业,可以交给社会和市场,通过发展相关产业,满足人们多层次、个性化的需求,在此过程中,政府只是履行监管责任。这就要求,在社会事业建设领域,政府要进一步放宽门槛准入,进而调动全社会参与的积极性,利用社会资本加快社会事业发展;适合由市场提供的公共服务和解决的事项,大胆交由市场承担,政府要集中力量办好该办的事情。在社会事业供需矛盾突出的背景下,市场化机制会逐渐渗透到社会事业各领域,比如,教育产业化、医疗市场化、住房

---

① [美]戴维·约翰·法默尔:《公共行政的语言——官僚制、现代性和后现代性》,吴琼译,中国人民大学出版社2009年版,第182页。

商品化等就是明显的例子。

当然,社会公益事业的特性,决定了它的发展不可能简单地依赖市场,也不可能仅仅由市场承担,而必须借助于各类主体的共同发力。社会公益事业建设作为一种对象性活动,生产和提供足够的服务固然重要,但是考虑和重视作为消费者的民众的意愿和诉求则更重要。与其他市场一样,社会公益市场也存在信息不对称的问题。在社会治理的框架下,民众和社会组织既是公共服务的消费者和享受者,也是公益事业的建设者和公共服务的生产者,他们可以与政府联合起来合作生产,提供公共服务。不断推进社会建设,就需要把政府的力量与社会的力量有机地凝聚起来,形成强大的群体合力。有研究者提出"合作生产"的概念,意思是说,公共服务是由公共服务机构和公民两者共同提供的,前者涉及专业人员或"正规生产者",而"公民生产"则建立在个人或团体的自愿努力的基础之上,旨在提高他们所接受的服务的质量和数量。由此,公共服务是公民与政府共同活动的产品,合作生产就是政府和公民协同发挥作用的一种形式①。这意味着,社会公益产品有多种可供选择的混合供给方式,而这些方式将会更好地平衡政府利益与公共利益之间的关系。在实际生活中我们看到,在公共体系的维持、管理过程中,有很多情况是无法依靠市场化来解决的,例如,通过对违法停放自行车进行罚款来维持公共秩序,意味着国家权力这种有着排他性的力量仍是不可或缺的。② 习近平在谈到医疗卫生事业时明确指出:"无论社会发展到什么程度,我们都要毫不动摇把公益性写在医疗卫生事业的旗帜上,不能走全盘市场化、商业化的路子。"③因此,社会公益事业的"市场化"既有必要性,又有其限度。

对于公共服务的供给来说,有两种路径是可行的:一是在公共机构内部引入竞争机制;二是除了国家提供公共物品和服务以外,允许私人提供公共

---

① [英]奥斯本:《新公共治理?——公共治理理论和实践方面的新观点》,包国宪、赵晓军译,科学出版社 2016 年版,第 215 页。

② [日]佐佐木毅、[韩]金泰昌:《21 世纪公共哲学的展望》,卞崇道、王青、刁榴译,人民出版社 2008 年版,第 376—377 页。

③ 《习近平关于社会主义社会建设论述摘编》,中央文献出版社 2017 年版,第 102 页。

物品。

政府购买服务是一种新兴的公共服务市场化方式,20世纪80年代发端于英美等发达国家。其实质是在公共领域引入市场机制,破除政府的垄断以及由此产生的低效。它通过发挥市场机制作用,把政府直接提供的一部分公共服务事项以及政府履职所需服务事项,按照一定的方式和程序,交由具备条件的社会力量和事业单位承担,并由政府支付费用。这主要涉及一些社会力量能够承担并且适合采取市场化方式的公共服务事项。

在实践中,政府购买服务不是无条件的。首先,要确保公共物品(或服务)能够反映社会公众的共同需要,满足公众多样化、多层次的需求。其次,应当确认政府购买公共服务的边界,即哪些产品是适宜向社会组织或企业购买的。界限不明晰,将导致政府职能的"缺位"或"越位"风险。所谓缺位是指政府将自己能够做好的事务交给社会组织或企业,但后者却做不到位;所谓越位是指政府包揽本不属于其职能范围内的服务[①]。这些问题既关系到政府职能的合理定位,也关系着社会公平正义的实现。因此社会公益事业的建设需要政府、市场和社会等多元主体的共同参与,既要警惕政府的不当卸责,也要避免其过度干预。

近些年来,我国政府购买公共服务的范围不断发生变化,从过去主要局限于养老、社区公共服务逐渐扩大到公共教育、医疗卫生、科学研究和社会保障等领域。我国一些地方政府如上海、广东、北京、浙江等省(市)陆续尝试在教育、养老、公共卫生以及就业服务等领域购买服务,已经取得显著成效。

"政府和社会资本合作"(即PPP模式)是目前采用较多的一种公共服务市场化方式。它是政府和社会资本按照平等协商的原则订立合同,由社会资本提供公共服务,政府依据公共服务绩效评价结果向社会资本支付等价的一种公共服务供给方式。在该模式下,鼓励私营企业、民营资本与政府进行合作,参与公共基础设施的建设。这种方法使私有企业在利益驱动下肩负起提

---

① 孙玉霞:《公共经济学视阈的财税改革问题探究》,光明日报出版社2016年版,第182页。

供公共服务、维持公共体系的任务。当前,我国社会主义初级阶段在以公有制为主体、多种所有制经济共同发展的基本经济制度框架下,引导社会资本参与公共服务,具有了相应开放的制度空间。2014 年国务院出台的《关于创新重点领域投融资机制鼓励社会投资的指导意见》明确鼓励和引导社会资本参与基础设施和公益事业建设运营,以便提高公共服务的质量和效率,保护特许经营者合法权益。这是从制度层面对于 PPP 模式的承认和规范。

总体来讲,政府购买服务和 PPP 模式的运用,都可以被纳入共建共治共享的社会治理框架,使其有助于增加公共产品的种类,提高公共服务的质量,进而有助于在改善民生中培育经济增长新动力。

三、社会保障体系的"低水平"原则

根据国际劳工组织的定义,社会保障是指"社会通过一系列的公共措施对其成员提供的保护,以防止他们由于疾病、妊娠、工伤、失业、残疾、老年及死亡而导致的收入中断或大大降低而遭受经济和社会困窘,对社会成员提供的医疗照顾,及对有儿童的家庭提供的补贴"[①]。

社会保障制度就是以国家或政府为主体,依据法律对公民在暂时或永久丧失劳动能力以及由于各种原因而导致生活困难时给予物质帮助,以保障其基本生活的制度。一般来说,社会保障由国家通过国民收入分配和再分配实现,具有广泛的覆盖面和与之相应的"低水平"的特点。

社会保障的"低水平"具有动态性。社会保障水平代表着一个国家为其公民提供的社会保障程度和水平。它不仅影响着人民的生活状况,而且影响一国或地区的社会稳定发展。一定的社会经济条件是社会保障发挥作用的物质基础和客观条件。社会保障水平因而应与生产力发展相适应,在社会发展的不同阶段,不同的生产力状况和物质财富水平,"低水平线"存在一定的差异。较低的生产力发展水平决定了社会保障的低水平。但随着社会经济的发

---

① 周沛、易艳阳、周进萍:《社会保障概论》,武汉大学出版社 2010 年版,第 2 页。

展,社会保障水平也应适当提高。在我国社会主义初级阶段,发展生产力还是一切工作的出发点和归宿。没有生产力的高度发展,没有物质财富"量"的一定程度的积累,社会保障就是一句空话。

社会保障水平的最低标准是应当能够维持公民生存且过上体面生活的能力。亚当·斯密指出:"我所说的必需品,不但是维持生活上必不可少的商品,而且是按照一国习俗,少了它,体面人固不待说,就是最低阶级人民,亦觉得有伤体面的那一切商品。"①在一定意义上,人们所应该享有的最低保障,不仅要能维系其生命,而且要保证生活质量不失尊严。② 这种不失尊严的生活质量,不仅取决于主体的基本生活需要,还要取决于一定社会的平均生活水平。社会保障水平既要真正满足人的基本生活需要,也不能脱离实际、过度追求高水平,应与社会经济发展水平相适应,与社会各阶层的经济承受能力相适应。易言之,它应该能够保证公民生存、温饱以及生存所必需的基本条件。过低的保障水平,则无法保证人们的基本生活,容易引起人们的不满情绪,增加社会的不安定因素,最终对社会团结和经济可持续发展造成不良影响。

我国仍处于社会主义初级阶段,我国的主导分配原则仍然是按劳分配的原则。依据劳动贡献原则进行的公平分配要求公民的付出与回报成适当比例。真正的公平不是搞平均主义,也不是不顾实际地一味提高社会保障水平。高于经济社会发展水平的社会保障,既不能充分发挥社会主体的能动性,使得政府承受巨大的财政压力,还会助长民众的惰性,削弱企业及国家竞争力,影响和制约生产力的发展。如果不公平地对待那些付出更多精力、创造更多价值、做出更多贡献的人,必然会影响社会生产力的进一步发展。这就要求国家实施"适度的社会保障水平",旨在保证社会成员一定的生活水平的基础上,对国民经济发展起到积极的促进作用,同时又能实现自身运转的周期平衡,维持社会保障制度的良性运转。习近平指出:"努力让人民过上更好生活是党

---

① ［英］亚当·斯密:《国民财富的性质和原因的研究》下卷,郭大力、王亚南译,商务印书馆 1974 年版,第 431 页。
② 参见周瑾平:《社会治理的哲学话语》,社会科学文献出版社 2020 年版,第 188 页。

和政府工作的方向,但并不是说党和国家要大包大揽。要鼓励个人努力工作、勤劳致富,要创造和维护机会公平、规则公平的社会环境,让每个人通过努力都有成功机会。"①因此,社会建设和社会治理必须将人民群众整合进社会建设的过程和框架内,使每一个个体都可以通过自己的劳动来获得生存资料和社会尊严,获得主体性和自我本质的确证,以此激发人民群众的内生动力,不断提高经济社会的发展以及公共服务的水平。当前,一些群众希求维持社会保障的低水平生活,"等、靠、要"思想还在束缚人们的手脚。这种情况,不但无法实现人的潜能的全面开发,获得自我肯定和自我发展,还会严重制约社会生产力的发展。

当今中国社会保障体系仍面临着理想与现实的张力,一方面,城乡居民在就业、教育、医疗、居住、养老等方面仍存在现实性的难题,基本公共服务不足与不公问题也亟待解决;另一方面,人民日益增长的美好生活需要与不平衡不充分的发展之间的矛盾已经成为社会主要矛盾,决定了社会保障体系建设的新方向。正是这种张力,为中国特色社会治理新格局的确立和完善提供了条件和契机。无论理想多么高远,都必须、也只能从现实情况出发,遵循社会发展的基本规律,遵循问题解决的必要步骤,既不能以理想取代现实,也不可以随意超越或取消自然的发展阶段。马克思指出:"一个社会即使探索到了本身运动的自然规律,……它还是既不能跳过也不能用法令取消自然的发展阶段。但是它能缩短和减轻分娩的痛苦。"②中国的社会事业建设既有其无法选择的历史和传统,也有其自身无法超越的客观实际。不同于西方国家基于市场经济高度发展、公民社会高度发达背景下的社会治理,中国仍然面临着市场发育相对不足、社会组织不健全、公民意识和权利意识不够高等问题。在中国共产党的坚强领导下,中国必须、也必然能走出一条不同于西方国家的社会治理之路。

十九大报告指出:保障和改善民生要抓住人民最关心最直接最现实的利

① 《习近平扶贫论述摘编》,中央文献出版社2018年版,第132页。
② 《马克思恩格斯文集》第5卷,人民出版社2009年版,第9—10页。

益问题,既尽力而为,又量力而行,一件事情接着一件事情办,一年接着一年干。量力而行,就是要根据国家实力和国民收入现状来发展中国的社会事业。尽力而为,就是要发挥主观能动性,调动一切积极因素努力实现既定的社会事业发展目标,重点是要把力用好、用足、用在刀刃上,争取在解决问题上取得最大最优效果,做到有所为有所不为,要把"有为"和"不为"统一起来。①　显然,这是一种理性、负责的态度,也是实事求是的判断。

①　参见顾海良、张雷声主编:《社会建设》,湖南教育出版社 2014 年版,第 152 页。

第五章　打造共建共治共享的社会治理格局

党的十九届四中全会审议通过的《决定》提出要坚持和完善"共建共治共享的社会治理制度"建设的命题,"完善党委领导、政府负责、民主协商、社会协同、公众参与、法治保障、科技支撑的社会治理体系",这是对新时期社会治理创新的整体规划。这既是党和政府在社会管理制度上不懈地探索和实践中的经验总结,也是对当前社会发展关键期和矛盾多发期的一系列新情况、新问题的回应。自改革开放以来,转型期社会问题的复杂性、人民需要的多样性、社会治理的利益敏感性,使得国家与社会、政府与社会、政府与市场、市场与社会之间的互动表现出"复杂多维"的关系。正如盖伊·彼得斯所言,"不论是公共部门还是私人部门,没有一个个体行动者能够拥有解决综合、动态、多样化问题所需要的全部知识和信息;也没有一个个体行动者有足够的知识和能力去应用所有有效的工具"①。面对这种复杂的动态的多维的社会问题,无论是市场、政府还是社会,仅靠任何一方单方面的努力都无法获得有效解决。构建中国新型社会治理体系,不仅是一种静态的社会治理格局的设计,更是在动态的社会发展语境中多元治理主体互动、协作和共治的实践活动。它要求党委、政府、社会和公众基于共同的治理理念和各自的行动逻辑而形成彼此关联和有机互动。核心和关键就在于,形成一种容纳多方共同参与的协同机制,通过搭建协作平台、拓宽协作渠道、创新协作方式,形成优势互补、资源共享、协同互益的社会治理格局。在这一格局中,国家、社会与市场各归其位、各尽其

---

① ［美］盖伊·彼得斯:《政府未来的治理模式》,吴爱明、夏宏图译,中国人民大学出版社2001年,第55页。

责,实现各主体的共治和良性互动。

第一节　社会协同

充分发挥社会协同的作用,最直接地体现了人民的主体地位。"社会治理共同体"旨在将原本关联不足的主体力量整合起来,形成各方理念、制度和行动相兼容的社会治理结构,各扬其长、协同合作,由此应对日益严峻的社会风险和冲突。社会组织作为重要的治理主体,在治理共同体中发挥着重要的作用。社会协同是实现人民主体地位的重要方式,是实现政府与市场、市场与社会、政府与社会之间互动的重要中介。

一、社会协同的必要性

"社会协同"中的"社会"是指狭义上的、与国家公共权力系统相对应的社会交往系统,它包括属于公民个人的私人生活领域和在这种私人生活领域基础上形成的公民的志愿联合组织(社会组织)。公民的公共生活领域主要包括"由公民个人或法人本着自愿原则而组成的各种合法的非政府的社会公民组织"①。

协同的本意是相互协调、共同作用。从治理的视角看,协同包括两个或多个主体。他们之间存在连续的关系和互动,共同对协同的结果负责。协同的核心目标在于形成拉动、推助效应,导致彼此间互相增强,增进社会治理的效益和效能。在协同式的治理实践中,公共决策的最终决定权在政府部门,但所有利益相关者在整个政策过程中均能够参与其中,对政策过程实施有效的影响并承担由此可能产生的责任。政府和利益相关者可以在双向的面对面交流过程中,在多次的协商对话和互动中达成共识,而不是依靠社会调查和关键利益群体听证会等单向的交流方式获取信息,从而更能增进

---

① 　阎孟伟:《诚信中国》,江苏人民出版社 2019 年版,第 123 页。

相互理解、相互认同。

社会协同首先表现为社会组织在政府、企业和社会三大社会主体结构中的中介作用和耦合效应。在现代社会,社会组织同政府、企业共同构成了社会结构的三大支柱。社会组织在社会公共事务中有着政府不可替代的重要作用,是社会治理结构的重要力量。在社会治理的过程中,政府、企业、公众与社会组织一起,形成了复杂而有条理的责任与义务链,存在相互关联的利益诉求和传导机制。社会组织主要由非政府的群体和组织构成,在社会中扮演着连接市场与政府、纯粹私人利益与普遍利益的中介角色,发挥着极其重要的协调、缓冲和安全阀的作用。它作为相对独立的社会力量,在为市场提供保障的同时,对政府也会进行一定的规范和监督。涂尔干极为重视社会组织的作用,他指出:"如果在政府与个人之间没有一系列次级群体的存在,那么国家也就不可能存在下去。如果这些次级群体与个人的联系非常紧密,那么它们就会强劲地把个人吸收到群体活动里,并以此把个人纳入到社会生活的主流之中",而"国家与个人的距离也变得越来越远,两者之间的关系也越来越流于表面,越来越时断时续,国家已经无法切入到个人的意识深处,无法把他们结合在一起"。[①] 这里的次级群体主要是指职业群体和法人社团,它们作为个人与国家联结的中介而存在,形成了整合和协调社会关系的道德和组织基础。缺失了这些组织,人们很难为了共同利益而形成有效的联合,国家与个人之间的中间地带不复存在,导致行动者以原子化的个人去面对政府,"弱势群体的利益表达无法顺利上达"[②]。社会组织是公民参与社会治理的重要载体。社会组织将分散的公民联合起来,按照一定的规则、章程进行管理,可以为公民进行有序政治参与提供基础和保障。同时,社会组织在整个社会结构中处于关键节点,具有重要的协同性。

从职能定位来看,社会组织以社会理性为目标,提供的是非营利的专业化

---

① [法]涂尔干:《社会分工论》,渠东译,生活·读书·新知三联书店 2000 年版,第 40 页。

② 田毅鹏:《转型期中国社会原子化动向及其对社会工作的挑战》,载《社会科学》2009 年第 7 期。

的社会服务或社会支持,这种服务具有人性化和专业化的特性。它可以有效弥补政府"刚性"管理与服务的不足,同时实现与社会成员需求的有效对接,对各种团体和个人具有黏合剂和润滑剂的作用。如果社会组织得不到充分发展,社会就会缺乏活力,进而导致社会治理结构中的"社会失灵",那么导致的结果就是社会领域被自由市场和国家政府简单取代,社会受到排斥和挤压,以至于"社会"被虚化成一个空洞的概念,缺乏真正的实体和力量,走向边缘或表现为沉默。[①]　如果社会组织在基层治理和建设以及在宏观社会场域中处于"无位"的状态,就会导致社会治理的"结构性缺位",那么不仅带来社会建设乏力,而且还会使政府、市场和社会三重力量无法整合、意志无法统一、行动无法同步,最终致使治理陷入碎片化困境。

社会协同的必要性还在于,公共服务议题的复杂性以及由此导致的单一主体治理的失灵。由于社会情境的动态开放性和治理议题的高度复杂性,基于单一主体的治理模式都很难解决问题,实现治理的意图和目标。从现实来看,在公共性产品和服务的供给中可能存在着三种失灵:其一是市场失灵,即由于外部性、信息不对称、交易成本等因素而导致的市场失灵;其二是政府失灵,即由于政府官员追求个体利益最大化以及能力不足和信息不对称等问题而难以有效提供公共服务;其三是社会失灵,即社会部门由于资源动员能力不足、资源配置低效等原因,无法提供有效的公共性产品和服务。

这种多主体的失灵的形成原因,都与主体自身的因素有关,也与现代公共事务本身的高度复杂性相关。从主体来说,无论是政府、企业还是社会,都并非简单、同一的同质性群体,而是在利益、价值乃至于认知等方面存在着较大差异的异质性群体,他们彼此之间的协调合作存在现实的难题。如果说市场主体的异质性是由其本质确定的,社会的异质性是所属群体的异质性决定的,那么即便是最具有公共性的政府本身也可能存在着异质性。有西方学者指出:"虽然我们在谈论'政府'时,就好像它是一个统一的整体,但事实上,任何

时候政府都被不同且对立的利益所分割,而且不同时期的政府领导层是由完全不同的人组成的。"①当然,西方国家的政府与社会之间存在着某种"对抗性",这是西方学者断言政府内部存在着利益对立的根源。与西方国家与社会的关系不同,我国社会领域的发展是在党和政府的领导和支持下进行的,在政府与社会之间存在着根本利益的一致性。然而,从我国的社会治理实践看,各级政府以及政府的各个部门之间,也的确存在着差异化的行为和选择,以至于政府各部门之间以及政府和社会之间有时存在着协同性的缺失,这是社会治理体系构建中的一个关键性障碍。

从社会治理的客体来讲,现代社会公共事务,比如社会安全、公共卫生、环境保护、社会保障、公共医疗等,均属于跨越了多个部门边界的问题,外部性特征明显,解决难度大,以致任何单一部门都无法独自承担和解决。这些又因此被称为棘手的公共问题。现代社会事务本身即具有一定社会建构性,其生成和演变的过程与政府、市场和社会三大主体的互动和交往方式密切相关。或者说,三大主体的互动和交往本身也是社会公共事务的内在组成部分。对于特定主体来讲,社会事务一旦存在,就具有客观性,对人的社会生活产生实质性的影响。比如,社会诚信危机不论是如何产生的,都会影响着社会交往的内容和形式。对于这些问题的治理也必然需要多主体的配合和协作。那么,如何将政府、企业和社会有效地关联和协同起来形成共同行动,是社会治理理论的核心和关键,也是社会治理实践的最大难题。这有赖于构建一种政府、企业和社会各方协同治理的体制和制度体系展开合作共治过程。

需要指出的是,不存在抽象的政府、企业,更不存在抽象的社会。它们都是由"现实的人"及其交往实践所组成的现实性存在。"现实的人"既可能是某种组织的人,并因此承担着各种不同的组织责任以及由此而形成的组织行为,也具有作为个体而需要承担的责任,有其必须满足的利益和需要。对于社会治理来说,每个人都是治理的主体,承担着应有的责任和义务,也都是评价

---

① [美]托马斯·索维尔:《经济学的思维方式》,吴建新译,四川人民出版社2018年版,第437页。

主体,拥有相应的权利和权力,有着需要满足的利益。就此而言,加强和创新社会治理,需要各类主体的参与,并通过特定的制度和机制激发共同的行动,构建社会治理共同体。社会治理本身是一项公共性的事务,它的整体性、系统性特征,也必然要求治理行动的协同性和整合性。社会治理的核心与关键,可能不在于消除各方的利益、价值及认知差异,而在于基于这些差异形成相互配合、相互制约、相互补充、相互调适的治理格局。

二、人民主体地位的最直接体现

"人民主体性"是指人民群众在创造历史的实践活动中发挥其自觉能动性、自主性、自为性和创造性。人的"自主活动"是人民主体性思想的实质内容。社会协同是人民主体地位的最直接体现。

从主体性来看,社会组织是人们有意识地为实现某个特定的目标,依照一定的结构形式而组成的有机整体,因而是组织化的个体,它将遍布于各行各业的异质性个体组织起来,形成了具有特定诉求和需要的组织。社会组织是社会生活自治化的载体,由于各种类型的社会组织能够广泛地承担起社会的微观治理职能,从而在一定程度上改变了政府社会治理的方式,减轻了政府直接从事社会治理的负担。[①] 社会组织作为治理主体的地位日益突显,不仅是社会日趋成熟的表现,也必然导致社会治理结构的重组,社会组织的培育与发展是加快推进政府职能转变以及事业单位和人民团体改革的关键。从功能上讲,社会组织可以承接某些政府职能,比如,协调社区居民矛盾、推进社区居民互助、提供多样化社区服务。从主体的互动关系来看,社会组织可以在政府与公民之间建立起沟通的桥梁,形成政府与社会的良性互动;社会组织也可以发挥协调各方利益关系、提供公共服务、维护社会稳定等积极作用。显然,社会组织作为"第三种力量",已经成为现代化建设不可缺少的重要组成部分。

前文曾指出,人民既是社会治理的主体,也是社会治理成效的评价主体。

---

① 参见阎孟伟:《诚信中国》,江苏人民出版社 2019 年版,第 124 页。

任何社会治理实践都不可避免地与社会相关联,围绕着人民的需求和利益来展开。因而社会治理的目标和意图也只有在社会的协同和配合中才有可能真正实现。

其一,社会协同彰显人民群众的主体地位。社会组织具有人民性,是人民群众的一种组织化、制度化的联合体,它就植根于广大人民群众之中,能够直接动员人民群众广泛参与社会事业和社会建设。社会组织是现代社会富有活力的要素,它们不仅采取实际行动去推动社会治理,还会为社会治理带来新的理念、提供社会资源。① 社会组织能够汇集其成员的要求、综合各方面意见,然后向政府提出诉求,这种中介和代表作用,有助于政府与群众之间的互动与沟通。不仅如此,多元化的社会组织也能够将不同的需要和主张纳入社会治理体系,使社会治理体系更加开放和包容。不同的社会组织因在社会过程中所处的位置不同而具有"不同的经验、历史和社会知识",并因此对于公共利益的理解有着独特的观点和判断。尽管中国的社会组织从根本上具有"官民二重性"的特点,但是,它们不是政府指令的被动接受者,而是在自身活动范围内具有一定的自主性。作为社会协同的主体和依托,各种类型的社会组织通过参与社会治理和社会建设,让人民群众成为社会治理的真正主体、参与者、最终评判者,并由此彰显了人民的主人翁地位。

其二,社会协同彰显人民群众的话语权。不同类型的社会组织代表着特定团体或群体的利益,从而是利益群体的话语和观点的代表。不同类型的社会组织往往长期关注某一个问题,通过专业知识和经验的积累成为相关领域的"专家"。在基层治理实践和社会治理的过程中,社会组织能够运用它们的知识和经验提出专业性建议,发表独到见解,甚至建构政策议题,具有一定的发言权和话语权。这使得社会组织能够作为特定群众的代表,深度参与社会治理,表达不同群体的利益诉求,以及成为公共服务的提供者和享受者。

其三,社会协同彰显社会治理的公共性。社会组织内在具有一定程度的

---

① 参见郭道久、杨鹏飞:《国家与社会协同:"社会治理共同体"的一种理解》,载《中国治理评论》2020 年第 2 期。

"公共性"。有学者指出,自治性社区组织的最大贡献在于,使自己成为"有意义的公民意识的新中心"①。社会组织不以营利为目的,与企业相比,具有较强的社会责任感,具有相对的自主性,是社会自我管理的主要力量。在社会生活中,社会组织不是为了个人利益进行言说,不是为了其管理层的利益进行辩论,而是代表某一方面或某一部分群体的利益发声。虽然这种社会性并不能完全等同于公共性,但可以通过不同社会组织的协商对话,形成他们各自所代表的不同群体之间的利益纽带和共识,从而形成这种利益的"最大公约数"和"最大同心圆"。

社会协同彰显人民群众的主体地位,还可以通过社会治理的一些具体经验得到说明。不尊重人民的主体地位,而只将人民视为被动的管理对象,这种社会治理观念在实践中是行不通的。这是因为,一方面,将原本可以由社会自主解决的问题推给政府,会增加政府的负担;另一方面,将社会和社会组织排除在治理主体之外,会极大削弱人民群众的主人翁的存在感、获得感和责任感。这两个方面均会增添治理难度,直接或间接地影响社会治理的成效。比如,在乡村治理领域,如果公共资源的投入只停留在改善农民生产生活的硬件条件,而忽略其精神文化生活、人文关怀等方面,则不能从深层次满足农民的真正需求,使其获得满足感和幸福感。② 这就意味着,必须重视乡村社会组织中的"社区服务类"和"文体公益类"组织在积极发挥社会协同和社会治理中的作用。从农村基层治理的实践来看,如果不尊重农民和农村社会组织治理主体的地位,不将农村的社会组织纳入治理体系,农民的真正诉求就无法得到有效回应,基层治理也不可能取得好的效果。如果不尊重农民和农村社会组织的治理主体地位,长此以往,农民就会将本应自己负责的"小事"也推给政府,从而养成"等、靠、要"的思维,基层政府将会不堪重负。在城市社区治理领域,同样如此。如果政府为社区居民提供公共服务,却不与居民、居委会或各类社区组织商量,可能会导致各类治理难题。比如,在基层,越来越多的干

---

① ［美］彼得·德鲁克:《知识社会》,赵巍译,机械工业出版社2021年版,第167页。
② 参见王德福:《社会治理共同体:新理念新在何处?》,载《半月谈》2019年第11期。

部发现,一些本来为了民众利益而做出的政策安排,却没有得到公民的接受和好评。政府在承担越来越多责任的同时,与民众的距离却越来越远。美国学者全钟燮曾提出,我们正生活在一个"悖论的时代"①。人们提高生活质量、增进社会福祉的努力却常常会带来不可预期、意想不到甚至是对立的结果。当政策制定者们强力推进一项富有争议的政策时,这种悖论就会出现。这种悖论之所以产生,很大程度上是因为政府未能及时有效地回应民众以及社会组织对于其权益的需要和诉求。在这种情况下,政府提供的每一项公共服务,都在事实上弱化了社会和公众的主体性体验,使民众成为"旁观者"。

"与商品生产不同,若没有服务对象的积极参与",公共服务的提供是相当困难的。② 一种合理的路径是政府和公民的合作生产,即是说,发挥社会的协同作用。实践证明,社会协同能够让人民群众真正发挥自主性,变"要我做"为"我要做",并因此成为社会公共服务的合作者和生产者,这是增进社会治理效能的重要路径。构建人人有责、人人尽责、人人共享的社会治理共同体,需要政府将更多注意力和资源转到提升人民群众的自我组织能力上,而非"代民作主"甚至越俎代庖,直接介入群众自己可以办好的具体小事。与之相反,充分重视社会治理中"社会"的作用,尊重其自主性,可以激发人民群众的积极性,不但有助于减轻政府负担、提升治理效能、弥补治理空白,还可以更好地培育公共精神,推进政府和社会的共同发展。③

在社会治理和建设的实践中,政府和社会不是相互隔离、独立运行的实体,而是有着多维联系、相互重叠的对立统一体。这意味着,在社会治理中,多元主体的权利和责任之间存在着交叉重合,需要不同主体的良性互动。如果配合不当,很有可能形成治理的共同缺位,甚至会造成治理真空。这就既对政府和社会之间的信任、团结和相互依赖性提出了很高的要求,也对社会组织作

---

① [美]全钟燮:《公共行政的社会建构:解释与批判》,孙柏瑛等译,北京大学出版社 2008 年版,第 1 页。

② [英]奥斯本:《新公共治理?——公共治理理论和实践方面的新观点》,包国宪、赵晓军译,科学出版社 2016 年版,第 215 页。

③ 参见陈朋:《社会治理重在"社会"》,载《学习时报》2019 年 4 月 10 日。

为治理主体的认识和意识提出了要求。近年来,党和政府不断以治理创新形塑社会组织,既赋予其相应的权利和责任,也通过日益广泛的社会治理实践增进其治理意愿和能力,不断增强社会组织在政策制定及其实施过程中的参与度和影响力,为社会协同创造条件。

目前,社会组织在广泛的政策领域参与了大量的治理实践。在教育、卫生、养老、环保、法律援助等多个领域,类似的社会组织日趋活跃。作为协同政府加强社会治理工作的重要组成部分,社会组织在承接政府职能、联结百姓生活方面发挥着越来越重要的作用。

三、社会协商与基层协商

日益复杂的社会问题、人民需求的多样性以及政府与社会、市场之间的"复杂多维"关系,构成了中国特色社会治理的动态、开放情境。这意味着,政府和社会的关联和互动,不存在一种适应于各种情况的模式和规范,也意味着,处理这种"复杂多维"的关系,不能只是依靠正式的强制性的公共权力,而必然同样有赖于柔性的、非正式的影响力。由这种现实所决定,用于调控政府和社会之间关系的规范也处于动态开放的建构之中,而不可能一蹴而就、一劳永逸。在这种情境下,社会治理体系的关节点在于构建良性互动的社会结构及决策体制,引导和保障人类社会的发展与变革。当然,这种社会变革,不是既有交往方式和社会结构的突然断裂,而只能是向着新的社会治理图景逐步推进的过程。这一过程的开启和发展,需要一种新的社会对话机制,从而使人们有机会和条件在不同观念和生活方式之间进行审慎选择和适应性改变。协商民主作为一种理性、有序、开放、包容的民主治理模式,也因此成为一种现实性的选择。一个形成了普遍性协商体系的社会,将容纳政府、社会与市场各类主体之间的现实性互动,从而在最大限度上关注公民的理性诉求和意愿。在一定意义上,社会治理就是要通过构建人与人的和谐关系来确保社会安定有序。社会主义协商民主的发展和完善,将使社会治理各主体之间在常态化、体系化的协商对话中彼此关切、深层交流,有可能使一种面向社会整体的利益观、价值观和认知模式成为共识,进而转化为社会建设的积极行动。因此,以商谈、对话、商量为主要渠道的协商民主,构成了政府、市场和社会各主体之间互动的合理框架。可以说,社会协商和基层协商是构建和形成社会协同的重要机制。

社会协商主要围绕着建构社会公共秩序、协调社会公共利益、达成社会基本共识、解决社会问题而形成的协商体系,其核心主体是各类社会力量与社会组织,相关主体则是党和政府。社会协商主要包括三种类型:党和社会的协商,政府和社会的协商,社会力量之间的协商。① 就协商议题来讲,社会协商主要在两个层面上进行:第一个层面是行政协商,发生在政府治理范围,由政府及其职能部门组织,就具体的公共政策听取社会各方面的意见;第二个层面是立法协商,发生在人大立法领域,主要体现为人大立法所涉及的相关问题在社会上公开征求意见的形式。社会协商是推进与深化中国式协商民主的关键,"更是整体撬动中国社会建设的杠杆","能够凝聚社会力量与政府力量形成社会建设的合力,从而创造出社会管理与社会治理共强、国家与社会合作共治的格局"。② 社会协商以社会民众能够直接参与协商过程为基本特征,具有"直接民主"的性质。"在广泛多层的社会协商过程中,民众可以以个人的身份直接与政府部门进行对话(如政府接待日、信访等),或通过大众媒体、网络平台直接面向政府部门和其他社会公众发表个人的意见和建议、申诉自己的委屈或提出自己的利益要求,以谋求同政府部门和其他社会公众就自己所关注的问题进行对话;民众也可以通过自愿加入的自治性公民组织,或通过推举自己的公民代表就某些共同关心的、具有一定普遍性的问题与政府部门和其他社会公众进行有组织的协商对话。"③ 协商对话的过程,就是参与各方畅所欲言,相互沟通,增进理解,扩大共识的过程,也是化解对

① 参见林尚立、赵宇峰:《中国协商民主的逻辑》,上海人民出版社 2015 年版,第 45 页。
② 林尚立:《社会协商与社会建设:以区分社会管理与社会治理为分析视角》,载《高校社会科学》2013 年第 4 期。
③ 阎孟伟:《社会协商与社会治理》,载《南开学报》(哲学社会科学版)2015 年第 5 期。

立情绪、消除冲突的过程。开展社会协商,不仅有利于保证社会各界和广大人民群众有效参与政治建设,实现民主权利,也有助于公共决策的科学化和民主化,由此促进社会治理创新,并最大限度地实现社会和谐①。社会协商的广泛、多层、制度化发展,可以最大限度地将社会纳入社会治理的各个领域之中,并在理性、规范和制度化的互动中,不断完善和强化共建共治共享的社会治理格局。

社会组织协商是一种重要的协商形式,是社会协同的重要路径,具有十分重要的作用。社会组织既是特定群体的集合,代表着这一群体的利益,也遵循着他们的章程与群众交往,从而可以将其拥有的相关领域的专业知识与群众共享,进而影响群众的知识结构和价值观念,引导民众有序参与。同时,社会组织作为国家承认的第三部门,与政府部门存在一定的沟通渠道,由此可以向政府部门传达群众意见和诉求,起到政府与社会沟通的桥梁纽带作用。另外,"社会组织在民主监督方面具有独立性、组织性以及监督成本低、监督形式灵活等优点,能够承担一部分民主监督责任"②。这些都使得社会组织在社会协商方面具有独特的优势。社会组织协商与政党协商、人大协商、政协协商等其他协商渠道相比,具有社会性强、专业性强等独特优势,是其他协商民主渠道的重要补充,也是培养公民精神的重要场域。③ 社会组织协商是社会组织在党的领导和政府依法管理的前提下发起、组织或参与的协商民主活动。④ 社会组织协商的价值和意义,体现在如下几个方面:其一,社会组织具有多元化的特征。在各种协商渠道中,社会组织协商都能以特定的方式介入并发挥重要作用。因此,社会组织协商贯穿协商民主体系的各个层次。其二,社会组织扎根于基层,群众基础深厚。社会组织协商主要在基层协商中开展,对激发基层活力、改善基层治理具有重要意义,能够促进积极有效的基层协商。其三,

---

① 参见本书编写组编:《基层协商民主典型案例选编》,人民出版社 2015 年版,第 295 页。
② 蓝军:《发挥社会组织在协商民主中的重要作用》,载《学会》2018 年第 3 期。
③ 参见阎孟伟:《社会协商与社会治理》,载《南开学报》(哲学社会科学版)2015 年第 5 期。
④ 参见谈火生、于晓虹:《社会组织协商的内涵、特点和类型》,载《学海》2016 年第 2 期。

社会组织作为组织化的个体,具有自我组织、自我教育、自我管理和自我服务的内生机制,社会组织协商可以引导公民有序政治参与,规避因非理性参与而带来的冲突。

基层协商是一种直接"触底"的社会协商,其内容具体细微,且往往关联着民生问题,对人民群众的影响深刻,因此需要得到及时、有效的解决。习近平指出:"涉及人民群众利益的大量决策和工作,主要发生在基层。要按照协商于民、协商为民的要求,大力发展基层协商民主,重点在基层群众中开展协商。"[1]事实上,这些矛盾和冲突都只是人民内部矛盾,属于根本利益一致基础上的利益纷争,其之所以成为治理难题,很大程度上是缺乏沟通和对话的结果。即使有立场上的不同,涉及不同主体的利益关切,也存在相互妥协和让步的可能性。协商民主不是以牺牲某一方利益为代价来维护另一方利益,而是通过商量最终达成共识、优化决策的过程,其路径是"经妥协达成共识"。在这一过程中,要努力寻求"最大公约数",但也要宽容"议而不决"。从各方都有想法、偏见,到观点不断修正,不断拓展各主体的视野,逐步形成最大公约数,最后达成广泛共识。这个过程实现了两个转变:一是事实认知从不一致到统一的转变。这需要参与协商的各方理性表达自己的诉求,摆事实、讲道理,通过各种观点的相互碰撞、相互辩驳和相互说服,最终使事实越来越清楚,道理越来越明白,由此可能达成相互的妥协和共识;二是由个人利益到公共利益的转变。推进协商民主的过程将社会治理所涉及的诸多问题,包括相关议题的成本、风险、收益及分配等,通过程序化的公共讨论呈现出来,从而使其暴露在"阳光"下,在利益相关方的审视和公共辩驳中,超越狭隘的、短期的个人利益或一时的个人满足,找到各方利益的最大公约数,确立以公共利益为目标的方案。

事实上,在社会治理议题中,个体和社会的利益往往具有根本的一致性。以社区疫情防控为例,基于防疫这一社会整体利益的需要,公民个体可能必须

① 习近平:《在庆祝中国人民政治协商会议成立65周年大会上的讲话》,人民出版社2014年版,第20页。

放弃其特定的利益,比如,一定的自由、经济收入方面的牺牲或损失,但这种牺牲或损失既是社会整体利益的要求,同时也将在根本和长远上有利于个体。在新冠肺炎疫情暴发初期,由于沟通不够充分,有些居民不理解防疫规则,对防疫工作的重要性缺乏认知,甚至发生辱骂防疫工作人员的现象。在这种情况下,基于微信搭建网上协商论坛,可以为居民提供一种"非常态"下的替代性沟通媒介。让居民和相关代表有序发言,各抒己见,这种理性的表达本身就有利于舒缓居民情绪,使其能够理性地审视防疫规则和要求;通过社区工作人员的回应及必要性的解释,以及各种相关信息的汇集和交流,可以进一步增进居民对于疫情防控的认知和理解。由此引导各方相互理解,化解矛盾和冲突,共同应对各种困难和危机。

基层协商是落实群众路线、实现人民当家作主的"最后一公里"。通过基层协商,既可以使基层人民群众更好地理解和掌握相关政策的精神、意图及预期效益,化解政策落实中的难题,也能够将广大人民群众最关切的问题纳入社会治理,进而调动群众参与管理的积极性、主动性,推动社会积极力量的全面成长以及社会自我管理能力的不断提升,真正实现共建共治共享。

第二节　政府负责

充分发挥社会协商的作用,是社会自主性增强的表现,也是不断增强的社会自主性的内在要求。但是,必须注意,社会自主性即社会对于政治国家的独立性是相对的。社会治理是国家治理的一个方面。国家仍是治理的主体,而且是主导性的一极。虽然国家把一部分社会管理职能让渡给了社会,但即使是让渡的这一部分,国家也不是放弃了自己的责任。

社会治理是社会建设的重要内容,也是国家治理的重要组成部分。构建社会治理共同体,不仅需要构建适宜的治理结构,还要从社会微观领域进行主体自主性的培养。这种社会自主性的强弱,在一定程度上决定了其治理参与的空间和能力。

一、社会自主性

自主性是主体按自己意愿行事的动机、能力或特征。社会自主性即社会作为主体所具有的自主行动能力,包括自主地享受权利、自觉地承担义务,能在合适的权责范围内来处理国家和社会的关系,是"权责利"的有机统一。社会自主性具有相对性和动态性,有学者认为,社会自主性"是指社会自我价值意识、自我权利意愿与自我利益意图具有的相对独立于政治权威的实现能力"①。从内容上看,社会自主性表现为社会在经济建设、社会建设、文化建设、政治建设以及生态建设过程中的主体性,这种主体性在国家、社会及个体的关系中得以呈现,其具体状况随着国家与社会互动情境的变化而变化。社会自主性反映了社会相对于国家的独立程度、行动能力和行动效果。"社会自主性对市场侵蚀的抵抗和对国家权力的制约有利于形成均衡性的治理结构"②。在国家和社会的关系中,如果社会没有自主性,就始终处于国家和政府的支配之下,那么社会或人民就会被动地依附于国家,而不可能成为治理的主体。

国家和社会的关系是一个动态的演变过程。在这一过程中,社会自主性的发育与国家和政府的作用紧密相连,这是由中国特殊的政治生态所决定的。与西方国家较为发达的社会相比,中国社会自治的思想传统和组织资源极为稀缺。自古以来,"大一统"的专制秩序通过剥夺其他社会主体的自主性来保障专制权力的任意性。因此,在中国的历史上,除了有限的家族自治以外,"严格地讲几乎不存在西方意义上的'社会自治传统',社会秩序基本上依赖'专制权力'的强制性控制"③。在计划经济时代,中国实行政社合一的体制,政府承担了一切社会职能。改革开放以来,中国社会主义市场经济的快速发

---

① 黄建洪:《自主性管理:创新社会管理的引导性议题》,载《社会科学》2012 年第 10 期。

② 陈霞:《社会自主性的三种提升路径》,载《北京理工大学学报》(社会科学版)2018 年第 5 期。

③ 何显明、吴兴智编:《大转型:开放社会秩序的生成逻辑》,学林出版社 2012 年版,第 127—128 页。

展,带来了社会基本结构的转型以及社会诸领域的分化。社会成员逐渐从对国家、单位的依赖中被解放出来,社会自主性逐渐增强,"他们不仅尝试着借助个人能力在市场经济中寻求个人发展的空间,同时也开始探索借助新型的结社与组织化方式来追求自身权益、价值和社会目标"①。

在政府尚未做出充分回应和实质性转变的情况下,这种来自社会自主领域扩展的诉求可能会导致政府和社会的张力与冲突。一方面,国家权力的强制受到来自"社会"的策略性抵制,普通民众采用自己的方式,自发或自主地建构自己的"社会"。权力将"社会组织"误认为是一种具有破坏性的威胁力量,由此产生对培育、建设和发展它的拒斥,表现为限制、抑制和打压。"长期以来,包打天下、总体性权力的存在,造成大众对单一权力核心的信奉和依赖,造成对社会自主性的怀疑和否定。人们在表达、追求和维护自身权益时,也通常不断诉诸总体性权力,却避免公共参与和形成社会自组织。"②在这个意义上,社会组织自主性实现的本质上就是获取社会权力,因而国家权力的让渡是社会自主性产生的基本原因。

从根本上讲,"自主性"是权责利的辩证统一。将社会自主性等同于社会权利获取的错误观念,事实上将国家和政府视为"统治社会、压制社会的力量"③。国家就其本质而言是从属于社会的,它"决不是从外部强加于社会的一种力量"④,也并不必然就是社会的宰制。社会的自主性建立在"互惠和公益"基础上,是有效弥补国家与市场不足的"潜在行动资源和力量"⑤。为此,国家把权利让渡给社会,使社会自我管理乃是"实现社会治理的必经之路,然

① 黄晓春、张东苏:《十字路口的中国社会组织——政策选择与发展路径》,上海人民出版社 2015 年版,第 47 页。

② 本书编委会:《锐词》,现代出版社 2017 年版,第 23 页。

③ 叶险明:《中国政治体制改革的前提性批判:一种马克思主义政治哲学的视角》,载《哲学研究》2014 年第 11 期。

④ 《马克思恩格斯文集》第 4 卷,人民出版社 2009 年版,第 189 页。

⑤ 陈霞:《社会自主性的三种提升路径》,载《北京理工大学学报》(社会科学版)2018 年第 5 期。

而这绝不是说社会自主性是在权利赋予的简单条件下实现的"①。社会治理的理念是通过多元主体的合作共同解决那些具有动态性、开放性和复杂性的难题,因而协同共赢是其内在的思维方式。拥有权力并不意味着社会站在了国家和政府的对立面。它只是表明,政府和社会之间的关系从单向支配转向双向互动,且彼此之间互动的内容、形式及其相应的结果,将由双方的合力所决定。这意味着,社会在拥有了权利和自主性的同时,也还面临着与之相应的责任和义务,并因此存在着与之相应的规范。

以权利获取为导向的社会自主性建设,将国家和社会对立起来,很容易导致社会主体权利和责任之间的错位,同社会应该具备的"自主"本性相违背。②从实践来看,很多个体和组织为了追求自身的利益,往往依据其自身狭隘的观念和立场,不顾政府和社会整体的、更为广泛的目标,并因此制约和阻碍公共问题的有效解决,甚至牺牲整体利益。不仅如此,将社会发展归结为国家和政府权利的让渡,其现实危险并不在于社会被动性的累加,而在于"国家—社会"竞争模式的强化。事实上,国家与社会之间的关系并非零和博弈的关系,也可能是相互推助、相互强化的关系。现代性发展中社会自主性的构建绝不是"给出来的",更不是"让出来的",而是"社会自身发育而来的"。③

中国的社会自主性的发育起源于党和政府积极的自我改革和发展。强大的国家主义背景以及社会自治传统的缺乏,决定了中国的社会治理创新很难走上西方式的社会自治之路,有学者指出,"政府主导下的社会协同治理是社会治理模式创新唯一现实的目标"④。在中国,社会自主性的建构需要在国家

---

① 韩美群、龚先庆主编:《依法治国与以德治国相结合下的社会主义核心价值观与国家治理现代化》,武汉大学出版社 2019 年版,第 115 页。

② 曾琰:《超越"结构性自主":中国社会组织发展的"内在性自主"导向及启示》,载《中南大学学报》(社会科学版)2017 年第 6 期。

③ 金太军、鹿斌:《治理转型中的社会自主性:缘起、困境与回归》,载《江苏社会科学》2017 年第 1 期。

④ 何显明、吴兴智编:《大转型:开放社会秩序的生成逻辑》,学林出版社 2012 年版,第 129 页。

与社会的互动结构中实现,社会自主性的提升"需要国家以主动塑造的方式进行引导"①。为此,建构社会自主性的可行路径是在现实的生活中精心地培育中介性的社会组织,而不是根据抽象的逻辑"制造",或者按照理性主义原则无条件地"移植"②。社会自主性只有在社会治理实践过程中才能得到彰显,也只有在社会治理的实践过程中才能不断增强。培育社会自主性,必须高度重视社会组织的自治作用。习近平强调:"社会治理的重心必须落到城乡社区,社区服务和管理能力强了,社会治理的基础就实了。"③推动管理重心下移,就要"把人财物和权责利对称下沉到基层,把为群众服务的资源和力量尽量交给与老百姓最贴近的基层组织去做"④。在这些具体的社会治理实践中,必须明确的是,凡是公民、法人和其他组织通过自律能够解决的,行业和中介组织能够解决的问题,政府不干预,简政放权。该由政府管理的事项,政府应当管住管好。德鲁克对于知识社会的组织创新的分析,为政府的放权提供了一个理由。德鲁克指出:"知识社会必须下放权力。在这种社会中,每种组织必须能够迅速决策,这就需要将权力下放给那些接近组织运作、市场、技术、社会变化、环境变化、人口变化的人去做决策——这些都必须被视为创新的机会,并得到利用"⑤。换言之,政府要充分认识和尊重社会组织在社会治理与建设中的主体地位,运用法律、政策手段,为社会组织的发展让渡更多的空间,为社会组织的"在场"提供更多的支撑。只有当社会组织被纳入国家设定的制度性渠道,在公共事务治理中积极发挥建设性而不是挑战性的作用时,社会组织才能获得自身发展以及在公共事务治理中发挥积极作用的合法空间。

当然,中国社会自主性的增强不是无限的,并不是社会组织成长越快速,

① 陈霞:《社会自主性的三种提升路径》,载《北京理工大学学报》(社会科学版)2018年第5期。

② 肖瑛:《法人团体:一种"总体的社会组织"的想象——涂尔干的社会团结思想研究》,载《社会》2008年第2期。

③ 《习近平关于社会主义社会建设论述摘编》,中央文献出版社2017年版,第127页。

④ 《习近平关于全面建成小康社会论述摘编》,中央文献出版社2016年版,第148页。

⑤ [美]彼得·德鲁克:《知识社会》,赵巍译,机械工业出版社2021年版,第56页。

社会自主性越强,社会治理水平就越高。有学者深刻分析了我国社会自主性的"迷失"问题,这种"迷失"包括三个方面:其一,社会组织为快速获得社会认同,过分强调组织结构、人员构成、机构设置等"外表"要素,注重形式化建构,缺少内涵式发展;其二,社会组织以公共利益为"外衣",试图"包装"私利取向的真实目的,对社会组织、社会共同体乃至公平正义价值造成不良影响;其三,以社会组织的快速发展为载体的社会自主性陷入"盲目扩张"。这意味着,社会自主性的狂飙突进,极有可能导致社会结构在自主与自立的对抗中"失序",从而引发大范围的"现代性危机"。在这个意义上,推进社会治理创新,并非是社会组织越多越好,社会自主性越高越好,而是保持一定的"度",以适应当前我国社会发展的阶段性特征,维系自治与他治张力的平衡。①

总之,社会的自主性不只是相对于国家对社会的控制而言的,它强调的是社会发展过程中表现出来的自主行动能力,且取决于社会成员的成熟状况。社会自主性是在相对的、动态意义上说的,是在国家、社会、个体互动交融中得以实现的,其范围和内容存在一定的边界和限度。在我国,社会自主性及其重要性不仅取决于社会和国家在各自权利和责任上的合理划分,还取决于从社会管理向社会治理的动态转变。在社会管理的框架下,人们在高度关注并依赖专业化、理性化的工具手段解决公共问题时,往往忽略了公众、非政府组织、商业组织、草根组织等所具有的解决问题的能力和资源,而只是将其视为被动的实体,单向度地接受政府的服务和干预。这种政治思维方式必然导致社会自主性水平的低下。在这个意义上,社会自主性不是一个纯粹的理论问题,而是一个动态的社会治理实践问题。只有社会的自主能力提高了,社会治理的基础就坚实了,社会治理结构也就渐趋合理了。

二、政府治理主体的作用和责任

在国家、政府与社会的动态关系中,"政府行为日益依赖于非政府的合作

---

① 金太军、鹿斌:《治理转型中的社会自主性:缘起、困境与回归》,载《江苏社会科学》2017年第1期。

伙伴,这并不意味着政府权力已经完全被削弱,而是人们越来越意识到,正式的理性官僚制模型不再适用,政府事务实际上需要更为广泛的行动主体的参与。这种参与的目的是使政府更具效率和效益,而不是完全将政府的权力转让给外部的行动主体。"①也就是说,国家将其原来独自承担的责任转移给社会一部分,各种私人部门和公民自愿性团体都可以承担一些以往由国家承担的责任。但国家对于社会治理并非放任不管,也有"管理","但与社会管控不同,它是在法治的框架内,在政府与社会各归其位、各尽其能、各负其责的前提下,在尊重社会自主、自治、自律的基础上,化解社会矛盾,实现社会的和谐稳定"②。在社会治理格局中,政府的作用和责任主要表现为:

其一,发挥政府主导作用,努力为社会组织、社会力量创造优越的制度环境和外部条件。政府在社会管理方面的作用主要体现在制度建设上,包括法制、社会制度(社会保障、医疗、教育、住房)等。政府要转变自身的功能,从直接控制社会转变为通过法治来监管社会,引导形成健全的政府和社会关系。一种公共治理理论认为,政府的角色是促进互动和交流,鼓励通过多样性的制度安排来应对政策问题,并通过自我管制、共同规制及公私伙伴关系,或者通过"社会互动类型"及"治理模式和治理层次"来确保服务在不同主体间的公平分配③。尽管这种理论对于"社会互动类型"和治理模式有着特殊的理解,但是其关于政府功能的分析对于我们在这里讨论社会治理的理念和体系是有参考意义的。诚然,社会治理本质上是一种合作和共赢的思维方式,这意味着,社会各主体之间不是你死我活的零和博弈,而是彼此合作、共享发展的共生共荣。在这种体系中,国家和社会之间并不存在此消彼长的单向关系,而是一种协同共生的关系。不难发现,在诸多社会治理实践中,如垃圾分类治理、

---

① 〔英〕奥斯本:《新公共治理? —公共治理理论和实践方面的新观点》,包国宪、赵晓军等译,科学出版社 2016 年版,第 90 页。

② 李忠汉:《论社会建设、社会治理与法治社会的逻辑关系》,载《高校马克思主义理论研究》2017 年第 3 期。

③ 〔英〕奥斯本:《新公共治理? —公共治理理论和实践方面的新观点》,包国宪、赵晓军等译,科学出版社 2016 年版,第 22 页。

突发事件治理、公共卫生治理等,党和政府的顶层设计是支柱,但是政府的能力又是有限的,而许多社会组织有其相应的资源和专长,为此以社会组织为主体的社会创新已成为社会组织解决社会问题、满足社会需求、推动社会发展的重要途径。

在进入新时代的中国,建构政府与社会之间的良性互动关系是构建新型社会治理体系的必然要求。政府应该积极培育和发展社会组织,切实处理好放管服,既要简政放权、优化服务、积极培育扶持,又要加强事中事后监管、促进社会组织健康有序发展,不断推动政府和社会之间建立一种伙伴关系。党的十八届三中全会提出,"加快实施政社分开,推进社会组织明确权责、依法自治、发挥作用";"十三五"规划提出,支持社区服务类社会组织发展,建立社区、社会组织、社会工作者联动机制;《关于政府向社会力量购买服务的指导意见》等文件的发布,也为社会组织参与社区治理提供了具体指导和政策支持。从整体上说,我国社区社会组织还存在"总体数量不够、分布不均、自主性不足、自治能力不强、参与治理范围不广"等问题。① 在社会组织发育不足的情况下,政府向社会购买公共服务和转移职能往往会遭遇"社会失灵"的困境,因此,政府要做好顶层设计和底线设计,据此发挥其引导作用,不断优化政策环境,赋予社会组织更大的发展空间,确立社会组织的行为边界。在此基础上,才能进一步推动建立健全社会组织服务支持体系、健全社会组织退出机制,为正规社会组织良性、有序发展提供保障,从而形成社会组织不断成长、社会治理不断优化的良性机制。

其二,创新社会组织引导和管理机制,培育和规制社会自我管理。社会如果没有自我管理的能力,什么都必须依赖政府,政府管得越多,管理自然低效。要使社会形成自我管理能力,必须激发社会组织的内在活力和发展动力,促进社会组织真正成为提供服务、反映诉求、规范行为、促进社会和谐的重要力量。这意味着,政府必须放权给社会,容许社会自治力量的成长,形成社会组织自

---

① 郭金云:《社会组织发展与社区协同共治》,中国社会出版社 2018 年版,第 77 页。

我管理、社会监督、政府监管、有序退出的综合治理机制。但是,社会的自我管理、自治并不是社会的放任自由,政府必须要对涉及公共利益的社会领域进行"规制"①。完全放开、缺乏规制,就会导致黑社会盛行和无政府状态的出现。② 近年来,我国社会组织的发展在数量上迅速增加、类型上日益多元化,行业细分趋势明显。在对社会组织予以鼓励放权的同时,必须要做好规范和引导工作。原因在于,很多完成登记认证的社会组织可能只是名义上的,并不必然成为公共利益的代表,它们的行动和参与也并不必然转化为社会治理效能、带来预期的效果。社会组织同样需要建设、需要维系、需要规范。这种规范和维系,虽然主要是靠社会的自我教育和自我管理,但是政府的规制和引导也必不可少。也就是说,政府不但要把那些社会组织自身无法解决的问题,如合法化问题、参与的权利和边界等问题妥善解决好,为其提供必要的政策支持,还要对其进行合理的法律规制。

从现实状况来看,由于政府在社会组织工作中存在法规制度建设滞后、管理体制不健全等问题,加之社会组织自身运行规范性、行为自律性和合作化水平较低,社会组织违法违规的现象时有发生。比如,2021 年 4 月 6 日,民政部社会组织管理局发布《关于进一步加强社会组织管理严格规范社会组织行为的通知》列举了一些社会组织具体的违法违规问题:有的与非法社会组织勾连沦为非法社会组织的"挡箭牌";有的评比表彰违规操作成为社会诟病的对象;有的通过各种途径向会员乱收费牟取经济利益;有的举办研讨会、论坛偏离宗旨造成不良社会影响。根据中国社会组织政府服务平台统计,2021 年 3 月来,全国各地先后曝光取缔涉嫌非法社会组织多批,这些组织未经登记、擅自以社会组织名义开展活动,或筹备期间开展筹备以外的活动等。应当说,这些状况的存在对于政府和社会组织加强对自身责任的认知以及进一步需要开展的工作提出了更高的要求。政府相关部门在党的十八届三中全会《决定》等文件的指导下,在充分调研和协商的基础上,应进一步降低社会组织的门

---

① 郑永年:《保卫社会》,浙江人民出版社 2016 年版,第 321 页。
② 参见郑永年:《保卫社会》,浙江人民出版社 2016 年版,第 322 页。

槛,取消一些不合理的限制条件,优化制度和程序。关键在于抓住影响社会组织发展的主要因素和主要矛盾,既要强化对于社会组织的支持和服务,又要强化责任意识和法治观念,完善相关规章制度,以法律法规的形式明确公民、志愿者、专业团体和社会组织等在社会治理过程中的权利和义务,更好地用法律来调整各类社会关系,保障社会组织依循正常渠道参与治理。易言之,社会治理中政府的作用和责任,在很大程度上和社会自主性的发育状况有关。因此,在社会治理中,政府必须保护并尊重社会的主体地位,遵从社会自身的运作机制和规律,努力消除官本位、泛行政化等不良现象的影响,着力培育和发展社会力量,并使其成为社会治理新的主体。

总之,在共建共治共享的要求下,政府越来越成为治理的责任中心而非权力中心,它日益依赖于非正式的权力和影响力,而不是正式的权威。政府更为关键的职能是引导和促进多元主体之间的互动和交流,并为其提供必要的条件和秩序。"一方面,作为一个制度性子系统的国家不过是更广泛更复杂的社会的一部分,但它同时又按常规承担着(特别是作为最后一着)保证该社会的机构制度完整和社会凝聚力的责任。"①政府既要约束国家对社会的不当侵蚀,也要培育健全的社会理性,克制社会的非理性扩张,走出"一统就死、一放就乱"的怪圈,形成政府和社会相互合作的关系格局,促进社会组织健康有序发展,推进构建共建共治共享的社会治理体系。

三、社会治理与服务型政府

毫无疑问,当代中国社会治理的发展模式是"国家主导的社会治理"。这种治理模式表现为:"国家积极、主动推动社会建设,具有自上而下构建社会治理的要求;国家角色从直接控制社会转向制度提供者和协调者;国家适应社会发展趋势,在制度体制内追求变革,主动做出政治和社会制度的转型;国家在社会发展中的作用必不可少,必须在发挥其社会治理功能的前提条件下,对

---

① [英]鲍勃·杰索普:《治理的兴起及其失败的风险:以经济发展为例的论述》,漆燕译,载《国际社会科学杂志》(中文版)1999年第1期。

社会自治提供需要的资源份额与有效的制度供给。"①因此,打造中国特色社会治理新格局不仅要强化、更要优化政府的社会管理和公共服务职能。事实上,社会治理与"治理政府"的越位和错位是内在一致的,都需要政府更好地实现其职能。共建共治共享的社会治理格局就形成于多元主体共同参与的治理过程中。政府不仅是公共政策的制定者、规制者、政策的组织实施者和利益分配的主导者、公共理念的倡导者,还发挥着一种"催化剂"的作用。它通过治理机制的创新促进社会组织的成长和治理结构的优化,提升治理体系和治理能力,由此促进公共利益和公共价值的最大化和现实化,推进社会治理共同体的形成。多元主体共治的社会治理格局,对于政府发挥作为主导性的社会治理主体的角色和职能有着更强的要求,这就需要加大力度进一步推动"服务型政府建设"。

一般来说,服务型政府是适应于全球化时代与后工业化社会发展需求而出现的新型政府。服务型政府的提出,要求政府改变管制型的管理方式,把政府职能切实转变为协调经济、监管市场、管理社会和服务公共领域,这是政府职能的适应性转变。马克思主义认为,国家和政府具有社会历史性,恩格斯指出:"国家是社会在一定发展阶段上的产物;国家是承认:这个社会陷入了不可解决的自我矛盾,分裂为不可调和的对立面而又无力摆脱这些对立面。而为了使这些对立面,这些经济利益互相冲突的阶级,不致在无谓的斗争中把自己和社会消灭,就需要有一种表面上凌驾于社会之上的力量,这种力量应当缓和冲突,把冲突保持在'秩序'的范围以内;这种从社会中产生但又自居于社会之上并且日益同社会相异化的力量,就是国家。"②这就是说,在社会发展的不同阶段,基于不同的生产力发展水平,国家的职能也会发生相应地改变。新中国成立后,我国在完成生产资料所有制的社会主义改造之后,剥削阶级作为一个阶级已经消失,国家的统治(即专政)职能逐渐减少,而服务的职能逐渐

---

① 俞可平等:《中国的治理变迁:1978—2018》,社会科学文献出版社2018年版,第340页。
② 《马克思恩格斯文集》第4卷,人民出版社2009年版,第189页。

增强。在新时代的中国,基于转型期社会的复杂性以及国家与社会关系的新变化,从社会管理到社会治理理念的转变,更加强调"以人民为中心",解决好人民最关心、最直接、最现实的利益问题,增强人民群众的幸福感、获得感和安全感,让人民共享经济、政治、文化、社会、生态等各方面发展成果,为人民提供更好的教育、医疗、卫生、环境保护、公共事业和社会保障。因此,在新的社会治理框架下,政府要积极主动地为民众着想,尽可能地回应和满足民众的各种需求,真正体现为人民服务的宗旨。由此可以说,社会治理的发展和政府职能从管制型向服务型政府的转变具有目标和实践逻辑的一致性。

服务型政府是一种有限责任政府,即是说,政府职能是"有限的",主要"提供维护性的公共服务和社会性的公共服务",或者说,是负责那些市场和社会不能做、不愿做或做不好的事情。其中"社会性公共服务是服务型政府的主要体现"①。从"无限权力"的政府向"有限责任"的政府转变,意味着政府的权力是有边界的,权力在边界内发挥作用;服务型政府建设不仅需要转变政府职能,更需要创新公共服务体制,创新社会管理体制,有效破解政府职能缺位、错位、越位和不到位等问题。政府职能转变以及社会转型过程中出现的大量社会管理事务,从政府转移出来的大量社会管理职能,以及政府无法有效承载的大量新涌现出来的管理职能,迫切需要借助社会力量来承担,这就为社会治理的发展提供了巨大的动能和空间。在此意义上说,有限责任政府与社会治理是齐头并进的。这是因为,既然大量社会公共事务需要用自组织机制来处理,政府就必须对自身有所限制,就需要划定自己合理的职责边界,把那些政府无法管理或管理不好的空间让渡给社会进行自我管理,或者与各类社会力量进行共同治理,并基于这一新的职能定位形成与社会的良性互动格局。如果政府不支持社会组织或对社会组织持有戒心、不愿意转移职能,社会组织也就只能处于政府的支配之下,并因此缺乏必要的生存空间而难以获得发展。社会组织力量和能力不足,就无法充分承接政府转移过来的职能。如果政府

---

① 陈继勇、荣仕星:《21世纪中国现实问题研究报告》,中央民族大学出版社2003年版,第422页。

与社会组织之间缺乏良性互动,那么就会导致服务型政府建设和社会治理难以协同前进。

在某种意义上说,服务型政府是一种"廉价政府"。马克思在总结1871年巴黎公社革命的经验时,对作为无产阶级政权的首次尝试的"公社"实现了廉价政府给予了肯定,他指出:"公社实现了所有资产阶级革命都提出的廉价政府这一口号,因为它取消了两个最大的开支项目,即常备军和国家官吏。……公社给共和国奠定了真正民主制度的基础。但是,无论廉价政府或'真正共和国',都不是它的终极目标,而只是它的伴生物。"[①]从马克思的上述论述,我们得到的启发是,在特定社会发展阶段,国家和政府的存在是必要的,但是其职能有合理的范围,必须要把一部分职责归还给社会。如果政府对社会公共事务的大包大揽,不仅造成政府的高成本运转,也不能让人民群众满意。不仅如此,它还将严重削弱社会的活力和自治能力。政府管好自己该管的事情,不断提升其治理水平和服务能力,是合乎社会和国家关系的发展逻辑的。

服务型政府建设的落脚点是"服务人民",这也是由中国共产党人的初心和使命所决定的。伴随着社会经济的不断发展,我国社会的主要矛盾从"人民日益增长的物质文化需要同落后的社会生产之间的矛盾"转化为"人民日益增长的美好生活需要和不平衡不充分的发展之间的矛盾"。这种社会主要矛盾的转化,既为社会治理提供了动力,也使社会治理的目标更加清晰化。打造共建共治共享的社会治理格局,就需要在"人民利益至上""改革发展成果公平惠及全体人民""让人民群众享有更多的获得感、幸福感和满意度"理念引领下,充分发挥政府、社会等各方主体的智慧和力量,共同开创中国特色社会主义的社会治理之路。事实表明,在政府和社会的关系中,政府和民众、社会组织是平等的主体。政府对社会组织、民众的话语权和参与权的尊重,以及民众对政府权威的信任与认同之间是互为中介、相互推进的。现实的公共服

---

① 《马克思恩格斯文集》第3卷,人民出版社2009年版,第157页。

务水平和状况是人民群众认识政府、进而评价政府的经验基础和主要依据。2020 年 7 月 25 日,美国知名公关公司爱德曼发布的信任度调查显示,中国民众对本国政府信任度达 95%,较 2020 年 1 月新冠肺炎疫情暴发初期上升 5 个百分点,在受访国家中排名第一[①]。显然,这是我国广大民众对于政府和国家及时、有效治理疫情的反馈,也是疫情应对过程中政府和社会之间进行良性互动和积极合作的结果。

党的十九大报告提出,"转变政府职能,深化简政放权,创新监管方式,增强政府公信力和执行力,建设人民满意的服务型政府。"这既指明了服务型政府建设的价值目标,也提供了服务型政府建设的基本路径。转变政府职能、简政放权、创新监管方式以及增强政府公信力和执行力,既是服务型政府得以实现的前提条件,也是建设服务型政府的重要抓手和着眼点。转变政府职能,首先就要逐步提高公共服务职能在政府职能框架中所占的比重,提高公共服务的能力;其次是提升公共服务品质,切实回应和解决人民群众的烦心事,提升人民群众的获得感、幸福感和满意度。服务型政府建设的逻辑起点,就是坚持和尊重人民的主体地位,其价值旨归就是为人民服务、对人民负责、让人民满意。服务型政府建设的过程,也伴随着社会组织的成长和人民群众的参与,因此也需要切实简政放权、创新监管方式。政府的公信力和执行力既是服务型政府建设的必要条件,也在政府公共服务的实践中得到检验。

近些年的实践表明,服务型政府建设既面临着政府自身职能转变与体制创新的任务,更要求迅速提升公共服务的质量,满足民众日益增长的公共服务需求,消除潜在的社会动荡因素。"多重因素的交织作用,使得中国的服务型政府建设过程尤为复杂与艰难"[②]。在这个意义上,服务型政府建设内在要求"政府治理模式"的根本变革,建设服务型政府不仅是职能、结构、运行等实体过程的优化,还是价值、理念和文化层面的转变与重塑;服务型政府建设不仅

---

① 《中国民众对本国政府信任度在受访国家中排名第一》,载《人民日报》2020 年 7 月 27 日。

② 沈亚平:《服务型政府及其建设路径研究》,天津人民出版社 2017 年版,第 245 页。

要考虑政府治理模式的更新,还要考虑对人民群众进行价值理念层面的教育和引导。人的需求是丰富多样的,但并非所有的需要都是合理的,也不是所有的需要都可以得到满足。如果政府只是迎合民众的短期利益,或者不能主动从民众的迫切需要出发,而是被动地应付迫在眉睫的某些压力,就会导致公共服务供给不能真正符合社会共同体的根本需要。在这种情况下,引导民众形成合理需要以及合法合理表达利益诉求就是极为必要的。正如库珀所言:"公共行政,从它的几个特征来看,我们可以说它是一个教育问题。……作为公共行政管理者,都必须具有良好的表达能力,以便向人们说清楚问题的现状、未来的走向以及可能采取的措施。"①在我国,高品质的服务、高效率的运行和管理、对民众需求的积极回应、社会公平正义无疑已经成为人们所认可的公共服务目标,因而"大力扶持社会部门的自治性社区组织的成长,是政府转向和重新发挥作用的重要一步"②。在日趋多元化、复杂化的当代社会中,这些服务的内容及其标准既有其相应的客观性,并因此具有为大家共同感知和把握的内容,但同时也具有主观建构性,有着各自不同的看法和定义。因此,我国政府作为公共资源的管理员、公共组织的监督者、公民权利和民主对话的促进者、社区参与的催化剂等角色必须充分发挥其相应的引导作用,不断提升公共服务水平,这是国家治理和社会治理的共同要求。

第三节　公众参与

人民的主体地位是权利和责任的统一。党的十九届四中全会《决定》指出,加强和创新社会治理,完善"公众参与"的社会治理体系,"建设人人有责、人人尽责、人人享有的社会治理共同体"。全体人民是社会治理的责任主体,共建共治共享之谓也。概言之,一是公民有权利参与社会治理,应积极保证公

① ［美］菲利普·J.库珀等:《二十一世纪的公共行政:挑战与改革》,王巧玲、李文钊译,中国人民大学出版社 2006 年版,第 2—3 页。

② ［美］彼得·德鲁克:《知识社会》,赵巍译,机械工业出版社 2021 年版,第 166—167 页。

民对社会治理的参与权、话语权,不断提升公民进行政治参与和社会治理的能力;二是公民有责任参与协商、塑造那些影响自己生活的规则,这也是自我治理的一种体现;三是打造共享的社会价值,需每个人增强公共关怀。

一、人民的主体地位是权利和责任的统一

人民是国家和社会的管理主体与权力监督主体。人民享有最广泛、最充分的对国家和社会的管理权、监督权,是人民当家作主的本质特征和内在要求。党的十八大报告明确提出:"最广泛地动员和组织人民依法管理国家事务和社会事务、管理经济和文化事业","让人民监督权力,让权力在阳光下运行"。[1] 这些论断充分说明,人民既是依法治国、依法管理的主体,又是社会监督、权力监督的主体,并且统一于人民当家作主的本质特征中,统一于中国特色社会主义民主政治建设中,统一于坚持人民主体地位的根本要求中。人民群众作为治理主体、权责统一,依法管理是每个公民应承担的责任和应尽的义务。

人民的主体地位首先表现在享有的权利上。人民不是抽象的概念或范畴,而是社会生活中现实的个人的总和,表现为"公众"。"公众参与"是人民当家作主的具体体现和实现手段。公众参与公共利益、公共事务管理,是宪法赋予的权利,也是作为党的群众路线的逻辑延伸和具体反映,受到党和政府的高度重视。公众被赋予广泛参与社会治理的权利和资格,能够在与自身利益相关的议题中作为治理主体参与决策、提出诉求,保证公共服务更适合他们的需求、符合他们的利益。这既是公民参与社会治理的前提,也是共享之所以可能的前提。"狭窄的、限制性的公民参与过程则会将民众放在反对政府行动而不是积极参与公共政策制定的位置上"[2]。在 21 世纪的今天,应该进一步依法落实人民主体地位的权利空间。接受优质高效的公共服务乃是公民的基

---

[1] 《十八大以来重要文献选编》(上),中央文献出版社 2014 年版,第 11、23 页。
[2] [美]理查德·C.博克斯:《公民治理:引领 21 世纪的美国社区》,中国人民大学出版社 2014 年版,第 9 页。

本权利,亦是人们所能享有的最真实的、最基本的正义。① 博克斯指出:"21世纪,在那些民众聚集在一起,集体决定社区未来的地方,民众将更有可能质疑以往经济发展和物质膨胀的模式,他们将花更多的力气关注空气和水的质量、学校培养能力、社会不公平、基础设施建设成本、交通堵塞以及生活环境美化等问题。"②同样,在新时代的中国,人民作为治理主体地位的确立,将是公民意识和公共行动的前提和基础。如果在社会治理中不尊重人民作为治理主体地位的参与权利,公众就成为被动的治理对象,这显然不符合新时代中国社会发展的状况,不符合新时代的政治思维方式,会为治理增添无限的困难,从而无法取得社会治理成效。比如,在一些基层治理实践中,"政府干、百姓看"的现象屡见不鲜,甚至愈演愈烈,成为政府工作的顽疾和难题。比如,很多公共项目之所以受到民众抵制,很大一部分原因就在于项目运行过程中的不透明以及将公众排斥在外,由此忽视了公众未被尊重的权利、未被满足的诉求。面对这些状况,作为基层领导干部和决策者必须转变社会管理理念,尊重公众参与的权利,激发公众参与的积极性和创造性,群策群力,夯实社会治理的基础。

人民的主体地位不仅体现在享有的权利上,而且必须真实地参与到社会治理和社会建设过程中,履行作为责任主体的义务。公众不只是公共服务的享受者、社会建设的旁观者,而是社会治理的实践者和行动者。公共责任是每个公民不可推卸的责任。正如弗雷德里克森所言:不论是官员还是私人,都"不能躲藏在一个组织、一个政府或者一个企业之中,逃避公共的责任。公共责任不是集体的责任,而是我们每一个人的个人责任"③。从根本上说,社会治理不是多元主体之间你输我赢的博弈,而应该是彼此受益、共建共享的合作

---

① 参见[英]卡罗尔·哈洛、理查德·罗林斯:《法律与行政》上卷,杨伟东等译,商务印书馆2004年版,第158页。

② [美]理查德·C.博克斯:《公民治理:引领21世纪的美国社区》,中国人民大学出版社2014年版,第6页.

③ [美]乔治·弗雷德里克森:《公共行政的精神》,中国人民大学出版社2003年版,第47页。

共赢,社会各主体都应为此做出自己的贡献,承担起相应的责任。在高度复杂性和不确定性的条件下,社会治理所面对的各种问题,不可能有某种统一的、普遍的、明确的规则和模式,也不可能将各个主体的责任完全明晰化。这意味着,人们必须主动承担起责任,根据自己的道德存在作判断,用自己的行动影响和驱动着社会治理体系运行的效率和方向。[①] 对于公众来说,如果公众不顾及自身应负的责任和义务,过度张扬自身的权利和诉求,就会导致个体利益或小团体利益之间的冲突和矛盾,仅仅以个体利益为驱动的治理实践,必然会陷入狭隘的利益困境,导致公共利益受损抑或社会"失序"。

公众除了表现为公民个人以外,还表现为社会领域中存在的多元化的社会组织。各种各样的社会组织也通过自身的行为对社会建设事业施加影响,并因此承担着各自的社会责任,成为社会治理的责任主体。在新时代的社会治理的框架下,国家会逐渐退出社会领域,这不仅意味着国家权力的退出,也意味着国家某些责任的弱化和职能的转变。一些原本由国家承担的责任和事务,要由社会和公众来承担。也只有社会和公众将其真正地承接下来并能够胜任,才不至于出现治理空白和责任"坍塌"。

总之,尊重人民主体地位,仅仅强调人民的权利却忽视其责任,或者强调责任而忽视权利,都是错误的。因为无论是政府部门还是公民个体均可能从自身的立场出发,选择性地强调利己的一面,并因此导致权、责、利的割裂和失衡。郑永年认为,中国的改革政策从来就是自上而下的,社会在"墙"之外,极少有参与政策制定的机会。在他看来,从"三个代表"到"三接近"(接近实际、接近群众和接近生活)再到"民本主义",都是要拆掉政府、资本和社会之间的一堵"墙",真正让公众参与进来。[②] 加强和创新社会治理,必须充分激发公众参与的积极性,使公众真正成为有参与权利的治理主体。在这里,成为治理主体不仅仅意味着获得治理的权利和资格,同样意味着治理的责任和义务。如果公众仅仅被动的服从政府的要求,缺乏社会治理的主人翁意识和能力,或者

---

① 参见张康之:《启蒙,再启蒙》,江苏人民出版社2020年版,第298页。

② 郑永年:《保卫社会》,浙江人民出版社2016年版,第234页。

单向度地要求权利而不愿意负起相应责任,都不可能是健全的、完整的治理主体。

我们看到,在新冠肺炎疫情的防控过程中,党和政府、社区、社会组织、居民形成的抗疫共同体,是此次疫情应对的关键。面对尚未被科学认知的新冠病毒,理性的和经验的做法就是某种意义的躲避和退让。为了应对新冠病毒而做出的封城、封村、封社区以及保持社交距离、戴口罩等一系列做法,都在一定意义上强调个体与他者的"社交距离"。这种隔离既是人与人之间交往的距离,也是人与自然交往的中断。它扩大了人与人之间的物理距离,降低了个体活动的范围、频率和强度,带来了社会交往的简化和虚化。这种巨大的变化,就其持续性和影响力来讲,形成了对人的行为、规范、心理乃至本质的"重构",并因此导致人们生活的不适应和焦虑、抑郁等不良情绪。在这种情况下,无缝隙且持续的社交距离既是应对病毒的选择,也是对每一个个体的考验。每一个人对自己的保护,也是对他人的保护,因而成为疫情应对的有效环节。每一个人的疏于防范都可能会成为病毒攻击的突破口,每一个人的防范失败也都将导致全盘皆输的结果。因而,人民群众作为"疫情防控的基础性力量",其是否负责的行为选择直接关系着疫情应对的成败。

此外,在这种突发性公共卫生事件中,"封城"的成本是巨大的,没有公众的支持和配合几乎不可能完成。面对疫情的严峻形势,我党和政府采取了及时高效的防控措施,显示出强大的危机应对能力,派出一批批医护人员驰援抗疫一线,给老百姓吃下"定心丸";政府人员、社会组织以及志愿者团队及时解决和回应群众生活诉求,疏导紧张和焦虑情绪,切实解决好群众的操心事、烦心事、揪心事;公众之所以识大体、顾大局,自觉配合甚至主动参与疫情防控工作,其根本原因也在于他们"感受到了切切实实的关心和爱护",在于他们的生活和健康的各种需要得到了切实保障,体验到作为中国人的自尊和骄傲。2020 年 5 月 22 日,习近平在参加内蒙古代表团审议时特别提到了这件事,并且强调:"人民至上、生命至上,保护人民生命安全和身体健康可以不惜一切代价。"这里所展现出来的,正是坚持人民主体地位的权责统一。

二、确保公民对社会治理的参与权、话语权

社会治理强调建立权利型社会,"就是要保障公民享有各种政治经济、社会和文化的权利,培养公民的参与意识和参与能力,促进公众参与的发展,真正体现和维护公民参与公共事务的权利,促进社会自我管理、自我服务和独立发展"①。

积极保证公众对社会治理的参与权。公众参与是在制度化、规范化的社会交往中进行的。有效的公众参与,要求公众能够获得并解读相关信息,以正当、合法的交往手段将自己的意见与诉求融入社会治理的整个链条,传导至该意见指向的特定环节,并以此影响和干预特定主体的行为。这一链条中任何一个环节的失效或缺失,都将使公众参与实质性失败。公众对社会治理的参与权,意味着公众在社会治理从治理议题的建构到决策以及执行的全过程和各环节,均有参与的权利。否则,公众关心的问题就无法纳入议程,其意愿和诉求均得不到必要的回应,也就无法参与到治理的各项活动之中。

保证公众在社会治理中的参与权,必须贯彻群众路线,尊重群众的首创精神。人民是历史的创造者,也是社会治理的根本力量。在 2019 年 1 月 15 日—16 日的中央政法工作会议上,习近平强调,"要贯彻好党的群众路线,坚持社会治理为了人民,善于把党的优良传统和新技术新手段结合起来,创新组织群众、发动群众的机制,创新为民谋利、为民办事、为民解忧的机制,让群众的聪明才智成为社会治理创新的不竭源泉。"②因此要主动问计于民,尊重人民、依靠人民,充分调动起广大人民的积极性、主动性、创造性,广泛凝聚人民群众的聪明才智。这既是社会治理的目的,也是社会治理的手段,是目的和手段在实践中的统一。

保证公众在社会治理中的参与权,必须尊重公众的话语权。在社会治理中,公众参与的权利首先就体现为话语权。话语是言谈、辩论、对话、交流等活

---

① 江治强:《民政转型发展研究》,中国社会出版社 2017 年版,第 117 页。
② 《习近平谈治国理政》第 3 卷,外文出版社 2020 年版,第 352—353 页。

动,是表达意愿和权利的方式和工具,话语的目的就是为了达成共识。"话语权就是阐释和支配话语的权利和权力,基于话语的社会性,其在本质上是对话语背后的价值判断和意识形态进行塑造和引导的资格与力量。"①拥有话语权,意味着发表与自己利益有关的言论,建构起特定的政策议题,并使其得到更多人的支持和拥护。话语权作为一种潜在的现实权力,从根本上体现的是一种社会关系。每一位公民都具备参与公共事务讨论,发表各自意见和观点、提出建议的权利和资格。正如有学者指出:"21世纪公共行政迫切需要的正是公民在提升公共价值中的积极参与能力。如果我们继续依赖政府和官僚的权力来强制地改变社会和世界,那么,我们将无法开启人类力图创造美好治理制度的潜能,在这一制度中,参与者能够采取集体行动来应对公共事务的各种挑战,诸如平等、社会公正、正义、包容、多元文化、参与、环境的可持续性和生活质量等"②。公众参与到社会治理过程中,也必须能将自己对问题的看法表达出来,建构表达公共利益和公众诉求的话语并使其成为公共讨论和决策的议题。保证公民的话语权,必须真正尊重群众的根本需要,聆听和回应公众的声音,确保公众有意愿、有能力、有渠道表达自己的利益和诉求。

保证公民在社会治理中的参与权和话语权,要求积极推进以协商民主为核心的社会治理决策体系,探索公民、社会组织在社会治理中话语权和参与度双提升的制度化推进路径。正如社会学家贝克在评论气候政治时所指出的那样:"气候政治的话语迄今为止仍然是专家和精英的话语,平民、社团、公民、工人、选民以及他们的兴趣、观点和声音都被完全忽视了"③。在传统的社会管控模式中,公众的主张在政府与社会的互动中更多的处于被冷落和边缘化的状态。公众话语权的"失落",会使公共决策的价值关照更加狭隘,使某些公众所关注的某些价值诉求排斥在决策之外。

---

① 许哲:《自媒体话语权研究》,知识产权出版社2018年版,第22页。

② [美]全钟燮:《公共行政的社会建构:解释与批判》,孙柏瑛等译,北京大学出版社2008年版,第24页。

③ [德]乌尔里希·贝克:《气候变化:如何创造一种绿色现代性》,温敏译,载《马克思主义与现实》2009年第5期。

从根本上讲,社会治理的目的是满足人民的美好生活需要。保证公民的话语权,将"话语权"交给群众,让百姓把烦心事、操心事、揪心事讲出来,把他们真实的需要和诉求摆出来,使之成为社会治理的议题,进而在政府和社会的共同行动中得到解决。这既符合中国社会治理的价值理念,也契合社会治理的实践逻辑,将更有利于治理目标的达成。

三、公民有责任参与协商、自我治理

公众参与社会治理有助于政府与公众之间的双向交流,其目的在于使民众能够参加社会治理的全过程和各个环节,并由此优化决策以及相应的政策实施,贯彻社会治理的人民性和提升社会治理的有效性。社会治理的价值理性和规范性要求政府不能、也不应该将自己的意志单方面强加给社会和公众,但这也不意味着公众可以随意、任性地进行参与。实践表明,并非所有的公民参与都会带来真正的、富有意义的公民治理,可以带来预期的结果。"那些自发的、无意识的、不加限制的、没有充分考虑相关规则的公民参与行动,对于政治和行政体系可能带来功能性失调的危险"。[①] 一种富有效能的、良性的公众参与,一定是理性、有序的参与,是内容广泛、层次丰富的全过程参与。

作为一种理性有序的公众参与形式,协商民主既有赖于负责任的公民,也培育负责任的公民。它所给予相关主体的,不仅是发言的权利和机会,同时也是倾听的责任和义务。在这个意义上,辩论和说服是一种相互作用,参与协商的各方都需要有在说服之后修改或放弃己见的思想准备,而不能固执于自己的既有观念。即使彼此之间达不成共识,也要着眼于寻找共同点,以达到求同存异、理性妥协的结果。对于协商民主的其他主体的尊重,不仅是协商民主的重要规范,也是协商参与者的责任。

因此,参与协商不仅仅要求公民具有基本的素质和能力,还要求公民有着协商所要求的责任意识。公民协商形式需要社会治理结构的制度设计,这种

---

① 转引自[美]约翰·克莱顿·托马斯:《公共决策中的公民参与》,孙柏瑛等译,中国人民大学出版社2012年版,前言第10页。

设计为公民的有序政治参与提供了必要的条件,但是其效果如何,并不只是取决于制度的运行效率,在很多程度上还有赖于公民自身的状况。其中,责任感就是一种重要因素。"在任何组织结构中,只要员工对公共服务及实现政策目标有高度的责任感,那么他们的工作效率都会是比较高的。反之,即使有最好的结构安排,但员工对公共服务缺乏或少有责任感,那么要求他们高效率地执行公务和维护公共利益,就如缘木求鱼。"①公民协商的能力与责任意识既是协商民主赖以发生的主体条件,也是协商民主实践的结果,并因此与一定共同体协商民主的发展水平密切相关。在社会治理实践中,公众必须认识到协商参与的责任要求,并据此遵循协商民主的基本规范和规则,积极学习公共议题,与利益相关者进行负责任的交流和沟通,讨论和商谈解决方案,并能够做出适当的妥协,承担其作为协商者的义务和责任。

公民协商充分体现了民主的群众性、有序性、自治性和参与性,也因此要求公民的自我治理。"民主是这样的一种状况:人们在其中学会如何应对冲突,如何对问题情境加以研究,以便通过解决问题的自觉努力去解决冲突,在与他人的不同关系中获得共同知识、相互理解、社会责任与信任。"②在这个意义上,民主是一种人民群众自我教育的方法。协商民主是实现当家作主的重要路径,具有实质性民主的意涵。公民协商要求公民充分发挥主体性,将协商真正当作自己的事情,生成一种"我要协商"的自主意识,通过与不同利益相关者及组织之间的理性商量,达成各方行动的共识,取得持久的共同收益。从一些基层协商的实践来看,公民协商的确可以在很大程度上培育公民的公共精神和责任意识,使其超越狭隘的个人立场和个人偏好,习得更加健全的权利意识。但是在有的情况下,公民协商能否顺利展开,也受到诸多因素的制约,其中一个关键的问题就是公民协商参与热情和意愿的不足。正如毛泽东指

---

① [美]B.盖伊·彼得斯:《政府未来的治理模式》,吴爱明等译,中国人民大学出版社2001年版,第105页。

② [美]文森特·奥斯特罗姆:《民主的意义及民主制度的脆弱性——回应托克维尔的挑战》,李梅译,陕西人民出版社2011年版,第94页。

出："要联系群众,就要按照群众的需要和自愿。一切为群众的工作都要从群众的需要出发,而不是从任何良好的个人愿望出发……凡是需要群众参加的工作,如果没有群众的自觉和自愿,就会流于徒有形式而失败。"①这是因为,协商民主具有相当的复杂性,既对主体的理性和能力具有一定的要求,也需要他们付出较多的时间、精力和资源,甚至会付出一些牺牲。公民必须能对所讨论的主题有较为全面且具有一定深度的背景知识。也只有在公民获取和积累知识,在经过一系列的讨论和决策验证的基础上,才能产生富有意义的政策。期望那些排斥细节知识和经验的公民做出深度的决策也是不现实的、不合理的。② 从某种意义上讲,理想的协商民主应该是一种"为公"的实践,协商民主最基本的规范,就是要求每一位参与者都能超越个体利益的局限,运用公共理性,追求公共利益的实现。对于其参与者来讲,协商民主是一种以个体资源的某种程度的付出谋求公共利益的行动。这意味着,作为协商主体的公民必然具有较强的参与意愿和一定程度的公共意识和责任意识的自觉。没有这种自觉性,公民协商很难顺利推进,也很难实现其协商意图。

与西方国家相比,由于中国缺乏公民协商的传统,缺乏成熟的自治需求和自治实践,整个社会也没有达到成熟公民社会的水平,公民意识和公民能力都还不够健全③。尽管伴随着社会主义市场经济的发展,公民的民主意识和权利意识得到了一定的发展,但远非健全。公民协商中的无序参与和参与不充分的问题同时并存。一方面,"市场经济造成了一些公民主体性的畸形增长,个人功利思维逐渐占据上风,他们在具体的政治参与中往往突出'自我'利益,而且不达目的决不罢休,以至于寻求体制外的非理性的方式表达自己的偏好"④。另一方面,传统社会积淀的臣民意识遏制了公民主动参与的意识和责任。他们对自己的权利与义务,既缺乏自觉也不珍惜。即使是与自身利益相

---

① 《毛泽东选集》第 3 卷,人民出版社 2006 年版,第 1012 页。

② [美]理查德·C.博克斯:《公民治理:引领 21 世纪的美国社区》,中国人民大学出版社 2014 年版,第 78 页。

③ 参见林尚立:《协商民主:中国的创造与实践》,重庆出版社 2014 年版,第 138 页。

④ 陶富源、王平:《中国特色协商民主论》,安徽师范大学出版社 2011 年版,第 143 页。

关的公共事务,也往往被其视为政府的事情,与自己关系不大。在一些极端的情况下,这两种情况殊途同归。那些在协商活动初期"事不关己,高高挂起"的"吃瓜群众",无论如何置身事外,只要决策结果超出了自己的预期,导致自身利益受损,也就不可避免的产生悲观、排斥情绪,甚至采取非理性的方式维护自身利益。

习近平指出:"决胜全面建成小康社会的伟大进军,每一个中国人都有自己的责任。"①社会治理是共同体的事业,人人参与,人人有责。每一位公民都应该认识到,社会治理的目的是为自身创造更加美好的生活,参与协商民主是实现人民当家作主的重要举措,也是塑造那些影响自己生活的规则的现实行动,是自身权益的呈现。公民积极主动参与协商治理,是自我治理的一种体现。这不仅是公民个体的事情,需要公民的理解和自觉,也需要党和政府在制度层面上的创新,容纳和引导公民在社会治理议题的形成、方案的制定、决策的形成以及实施和评估等各阶段和全过程的参与,由此畅通公民自主行使其权利的渠道,确保公民实现当家作主;同时也需要通过宣传、教育等方式,开启公民参与的自主意识。

四、构建共享的社会价值

社会治理作为国家治理的重要内容,旨在服务于公共利益,而不是特定的私人利益。社会治理共同体中的"公众参与",要求公众应当走出个体狭隘的私人空间,增进公共关怀,更加关注治理领域的公共问题,成为公共利益和公共服务导向的行动者。这就需要构建共享的社会价值。

构建共享的价值理念对于构建新型社会治理体系来说是必要的。共享的价值理念不仅可以在个体与个体以及社会之间创建连结,也在公共目标和个人目标、公共利益和个人利益、公共道德和个人道德之间形成某种连结。这种连结形成了各类主体的共同预期,为彼此之间的理解与行动提供了"桥梁"和

---

① 《习近平关于全面建成小康社会论述摘编》,中央文献出版社 2016 年版,第 201 页。

"中介",使得主体间的互感互通成为可能。在这个意义上,共享价值理念有助于培育一种"公共精神",它使人们在考虑个人的利益之外,也关注他者和公共利益,进而生成一种参与共同体行动的意愿,有助于增强公众参与社会治理的积极性和自觉性。

共享的社会价值的现实载体是公共利益和公共服务。公共服务之所以为人民群众所共享,是因为公共服务具有公共性和非排他性,即每个人都有权利享受公共服务,而不受其他人的影响;公共利益是共享的社会价值的前提。只有当人们的个体利益之间不是竞争和对立的关系,而是一致和相容的,共享才是可能。当然,这有赖于中国特色社会主义的合理的利益观和公平正义原则的引导。可以看到,西方国家的治理以保障个人的权利和追求个人的利益为指向,导致了人与人、人与社会、人与自然之间的冲突,带来了诸如"公地"悲剧、囚徒困境、搭便车等治理难题。新冠肺炎疫情期间发生于西方各国的社会撕裂现象,是这种西方治理理念的结果。西方国家在应对新冠肺炎疫情过程中所呈现出来的诸多问题,也反证了社会共享价值和公共精神的必要性。

当然必须指出,构建公众的共享的价值理念并不是完全否定公众的个人利益。人的本质是社会关系的总和,人就是社会性的存在,每个人都需要参与和融入"社会",并通过一定的社会交往而获得一定的共享价值。尽管人的社会本性为共享价值的形成提供了社会基础,但是共享的社会价值并非等同于社会性。共享价值的建构只有在个人走出自己的狭隘视野,将个人利益与公共利益协调一致的时候才会产生。应当说,从现实的个人出发,寻求个人利益的实现,是社会实践主体现实而具有合理性的选择。以共建共治共享为内核的社会治理框架,不是否定个人利益或私人利益,而是要求相关主体拓展关注视域,从主体性走向主体间性,切实增进个人的公共关怀,开启公共意识,并由此重置个体自发的利益和立场。恩格斯认为,人们的利益不是彼此背离的,每一个人的利益、福利和幸福同其他人的福利有着不可分割的联系。① 只有认

---

① 《马克思恩格斯全集》第 2 卷,人民出版社 1957 年版,第 605 页。

识到个人利益与他者利益的这种相互关系,将个人利益与公共利益协调一致,才能激发公众对于社会治理的参与和行动,才会使公民避免从"私人利益的眼睛"①看待彼此。

构建共享的社会价值,需要加强公共性的培育。公共性是一种共同存在的意识,蕴含着主体间性、共享性、互利性、开放性等多重内涵,是公共生活的本质属性与价值尺度。当前,公共性发育不健全已经"成为制约社会治理现代化进程的主要不利因素"②。公众总是从其自身的位置、立场和视角出发参与社会治理,并因此具有相应的局限性。缺乏公共关怀,偏执于个人或小团体的利益,忽略或无视他者利益和公共利益,既不可能带来对社会治理的认同感和归属感,也不可能带来有效的公众参与。事实上,"极端的个人主义、享乐主义、拜金主义以及民粹主义、无政府主义等,给社会主义核心价值体系带来了空前的冲击"③。不成熟的公民个人和公民组织,缺乏健全的权利意识和理性的价值观念。他们在实际的集体行动中始终处于不平衡的状态,当遇到外界压力的干扰和鼓动时,由情感、心情、态度等非理性因素所造成愤懑、激动、狂热易于导致失去自我,使得本就脆弱的集体行动"瞬时崩塌",其后果往往难以控制。在这个意义上,"社会建设的关键就在于能否形成共享的社会价值观,由此推动社会整合与社会秩序的形成,并以此为社会的稳定与发展提供有效的支撑"④。

构建共享的社会价值,要构建一种包容性的社会交往结构。恩格斯指出:"人们自觉地或不自觉地,归根到底总是从他们阶级地位所依据的实际关系中——从他们进行生产和交换的经济关系中,获得自己的伦理观念。"⑤建构

① 《马克思恩格斯全集》第1卷,人民出版社1995年版,第255页。
② 马克林:《论我国社会治理中的公共性困境及其超越》,载《甘肃社会科学》2020年第1期。
③ 金太军、赵军锋:《群体性事件发生机理的生态分析》,载《山东大学学报》2011年第5期。
④ 杨雄、李煜主编:《社会学理论前沿》,上海社会科学院出版社2016年版,第20页。
⑤ 《马克思恩格斯文集》第9卷,人民出版社2009年版,第99页。

新时代中国特色的共享的社会价值,就需要构建一种能够包容和引导公众参与社会治理的交往结构。在这种交往结构中,要切实打破公众在交往结构中的被动地位及资源限制,使其拥有与其责任一致的参与渠道和影响力。凡是与公众切身利益相关的各项议题,从相关决策的制定到实际运行,从问题的发生、发现到最终的解决,无论是决策之前的议题建构和信息沟通,还是决策之中的论证和权衡,或者决策之后的执行和监督,公众都有平等的权利和资格参与其中。在参与相关议题的过程和各环节中,公众都有权力理性表达自己的意见和建议,并在相互性的讨论和辩驳中获得政府、专家以及其他主体的回应。在此基础上,通过这种公共事务的全方位参与,使得公众立足于"共同生活的事实"和公共问题,与他人在分享和互动中获得共同的经验,在共同的行动中获得利益和认同,由此形成一种共享的社会氛围和价值形态。

构建共享的社会价值,要推动公共精神和公共文化建设。政府在这个过程中应该发挥积极的作用。英国学者霍普在其《个人主义时代之共同体重建》一书中探讨了公共精神和共同体的关系,他认为:"公共精神文化建设可以为构建富有生机的、互相支持和赋予包容性的地方共同体带来愿景;同时,也能够抵御生活在这个个人主义时代的一些消极因素。鉴于此,政府应当更加重视并投入资源来推进公共精神文化的发展。"①霍普的看法是有道理的。我们在开展公共精神文化建设过程中,政府需要引导公众在现实的社会生活中关注公共治理问题,通过各种不同形式的座谈会、讨论会,使其在关注与讨论中强化社会责任;宣传、表彰积极参与社会治理的典型,引导公众的价值意识;倡导共享精神,以便支持共享的社会价值的形成。从效果上说,尽管一种公共精神文化的发展并不能保证它会带来人们所理想的结果,但它至少可以作为一种积极的因素和力量,推动社会朝着预期的方向发展。②

---

① [英]保罗·霍普:《个人主义时代之共同体重建》,沈毅译,浙江大学出版社 2010 年版,第 81 页。

② 参见[英]保罗·霍普:《个人主义时代之共同体重建》,沈毅译,浙江大学出版社 2010 年版,第 164—166 页。

第四节　法治保障

社会治理是在宪法基础上展开的复杂性社会建设活动。完善社会治理新格局,需要"法治保障","法治保障"就是推进"社会治理的法治化",用法治的手段巩固和创新社会治理,用法治的理念规范政府行为,保护公民的合法权益。其"核心要义"是运用法律法规约束人们在社会治理实践中的行动,使社会治理过程沿着法治化的轨道推进。无论是政府对社会的治理,还是社会的自我治理,都需要法治。[1] 法治是平衡社会利益、弥合社会矛盾、实现社会公平最有效的方式,具有固根本、稳预期、利长远的保障作用。基于法治形成的治理秩序,是保证执政理念、路线和方针连续性、稳定性、权威性的先决条件。从现实来看,"'法治'是一个剔除现有制度体系中的各种恶法、不成熟法,依托好的法律制度体系,并使之得到有效实施的动态过程"[2]。面对错综复杂的社会治理问题,"必须加快形成完备的法律规范体系、高效的法治实施体系、严密的法治监督体系、有力的法治保障体系,形成完善的党内法规体系"[3],由此确保社会治理有法可依、有规可守、有章可循。

一、完善社会治理的法律法规

从形式上讲,法治保障首先需要依法办事的一整套制度安排及其运行体制机制。改革开放之后,在社会治理问题上,党和政府持续出台了一系列相关法律、法规和政策,推进社会治理的法治化。但整体来看,这些法律法规还存在许多问题,还不能适应当前经济社会快速发展的需要,对于社会治理亟待解决的许多深层次的矛盾和问题尚不能做出有效回应。推进社会治理的法治化,必须加强开展立法工作,使得社会治理的各方面和各环节都真正能够有法

---

① 郑永年:《保卫社会》,浙江人民出版社 2016 年版,第 233 页。
② 范如国:《制度演化的复杂性理论》,武汉大学出版社 2019 年版,第 75 页。
③ 《习近平谈治国理政》第 2 卷,外文出版社 2017 年版,第 119 页。

可依。习近平指出,要"以解决法治领域突出问题为着力点,坚定不移走中国特色社会主义法治道路,在法治轨道上推进国家治理体系和治理能力现代化"。因而完善社会治理的法律法规,补齐法律短板和空白,是社会治理法治化的首要任务。

其一,完善既有法律制度法制体系。从技术视角看,法律法规都属于社会技术,包含法律理念和程序,要通过一定的程序将理念转化为富有治理效能的法律规则。如果在立法过程中,主体违背立法规律或欠缺立法技术,就可能制定出来不能实行或难以实行的法律。例如,有些法律规定太过笼统、抽象,缺乏可操作性,使公民难以准确把握,甚至无法遵守和应用;有些法律规定不完备,缺乏配套措施,使得实施起来困难重重;有些新出台的法律与旧法之间存在冲突,或者和上位法冲突,以至于公民无所适从。这些存在问题的法规,使得民众在社会治理实践中难以运用,容易导致人们对法律产生怀疑和疏远的态度。比如,在突发性公共事件的应对中,相关法规对于通过合法授权让地方政府紧急调动所需资金缺乏明确规定,"一方面,极容易造成地方政府'不得已'通过违规甚至违法操作来应急。另一方面,过于宽泛、缺乏监管的授权也有可能损害公众利益,损害法律的权威。"①习近平指出:"我们在立法领域面临着一些突出问题,比如,立法质量需要进一步提高,有的法律法规全面反映客观规律和人民意愿不够,解决实际问题有效性不足,针对性、可操作性不强;立法效率需要进一步提高。"②

《中国法治政府评估报告(2017)》显示,地方法治政府建设的水平在持续提高,但仍然处于低位徘徊的发展阶段。各地区行政规范性文件和行政决策法治化障碍突出,各地在将国务院相关文件或规定落实为具体政策制度时常出现"各自为政"的情况,地方政府对规范性文件的制定主体混乱,文件本身

---

① 敖带芽:《政治参与与公共治理》,广东经济出版社2017年版,第108页。
② 《中国共产党第十八届中央委员会第四次全体会议文件汇编》,人民出版社2014年版,第83页。

质量不高,甚至存在违法越权等现象。① 伴随着法治政府建设进程的不断深入,上述一些问题正逐步得到改善。根据《中国法治政府评估报告2020》,当前的问题主要在于政府、市场与社会的边界仍然不清、整体治理的趋势与制度体系碎片化之间的矛盾需要谋求化解、区域法治不平衡与法治中国目标之间尚存落差等亟待解决的深层次问题。法治政府建设已从严格形式法治意义上的外塑形象向实质法治层面的内涵式发展转变,法治政府建设进入深水区②。

法律制度得不到贯彻实施,除了执法的问题以外,也可能是法律制度本身的合理性问题,因而必须提高立法质量,推进社会治理的法治化必须抓住这个关键问题。对此,习近平的一系列重要论述做出了重要指示:"不是什么法都能治国,不是什么法都能治好国;越是强调法治,越是要提高立法质量。"③"要坚持问题导向,提高立法的针对性、及时性、系统性、可操作性,发挥立法引领和推动作用。要抓住提高立法质量这个关键,深入推进科学立法、民主立法,完善立法体制和程序,努力使每一项立法都符合宪法精神、反映人民意愿、得到人民拥护。"④"要发挥法治对转变政府职能的引导和规范作用,既要重视通过制定新的法律法规来固定转变政府职能已经取得的成果,引导和推动转变政府职能的下一步工作,又要重视通过修改或废止不合适的现行法律法规为转变政府职能扫除障碍。"⑤

其二,社会治理带来的法律创新与重构。作为国家治理的有机组成部分,社会治理不仅为我们提供了新的社会生活开展方式,更为我们描绘了社会权力分配、运作、交往的全新图景。⑥ 伴随着社会管理向社会治理的转变,各方

---

①　中国政法大学法治政府研究院编:《中国法治政府发展报告·2017》,社会科学文献出版社2018年版。

②　参见中国政法大学法治政府研究院编:《中国法治政府评估报告·2020》,社会科学文献出版社2020年版,第9页。

③　《习近平关于全面依法治国论述摘编》,中央文献出版社2015年版,第43页。

④　习近平:《在庆祝全国人民代表大会成立60周年大会上的讲话》,人民出版社2014年版,第10页。

⑤　《习近平关于全面依法治国论述摘编》,中央文献出版社2015年版,第45页。

⑥　周瑾平:《社会治理的政治哲学话语》,社会科学文献出版社2020年版,第1页。

面的社会关系和社会结构也将发生相应的变化和重构,这就需要重新确立法律关系,使得相关各方及其关系在新的情境中有一个清晰的定位,为社会治理提供法律支撑。

比如,在基层治理方面,我国《居委会组织法》和《村委会组织法》两部基层自治法律"偏重选举框架设计,制度粗线条,竞选、联系选民、信息公开等关键的公民参与环节缺失";"忽视了日常化、可操作、长效化的基层治理制度,居民事务和村民事务的主动公开、意见征询、民主讨论的制度供给不足,公共事务和公益事业的治理机制缺失"①。显然,这些"缺失"和"不足"与我国构建新型社会治理体系的要求是有差距的,不能为社会治理的相关环节提供有效的约束和规范。比如,在社会组织的设立及运作方面,目前主要依据的法规是《社会团体登记管理条例》。《条例》旨在审批,重心落在严格限定登记批准的手续上,而对公民自组织、自主治理的权利,公民开展民主治理的机制,公民在社会组织中的权利实现及其相应的监督机制等重要问题较少或根本未涉及,因而在一定意义上无法有效规范公民对社会治理的参与。

推进社会治理的法治化,必须将多元共治的社会各主体真正纳入法治化的运行轨道上。这需要"合理界定政府、社会组织、个人在社会治理方面的权利和义务,强化政府的社会治理责任,明确社会组织、个人参与社会治理的权利、义务及程序,实现社会治理权责关系明晰化、法治化,形成党政善治、社会共治、基层自治的良好局面"②。不断健全完善社会保障、教育文化、医疗卫生、生态环境、安全稳定等社会领域的立法,建立健全社会组织法律制度,依法保障社会组织、公众等主体生存权、发展权以及社会治理参与权、治理权的实现。

其三,社会治理实践形成的新领域存在亟待填补的法律空白。社会治理是一个动态而开放的复杂过程,具有相关主体的多元化、议题的多样性以及涉

---

① 刘旭:《社会治理构成及法治保障》,载《北京交通大学学报》(社会科学版)2015年第2期。

② 徐汉明、张新平:《提高社会治理法治化水平》,载《人民日报》2015年11月23日。

及面的广泛性。伴随着我国社会生活快速变化,新的社会关系和社会交往不断形成并日益深化,法不周延甚至无法可依的情况大量存在,在社会治理的很多领域都存在法律真空地带。比如,关于在社会治理过程中发挥着重要作用的社会组织的相关规范,还处于缺乏状态。再比如,诚信作为社会主义核心价值观的内容,是公民的基本道德规范,但在信用体系建设方面还缺少国家层面的统一立法。这种法律空白的一个结果和表现就是各主体在相应领域的社会治理中法律边界不清,权责利不明,导致角色定位模糊,行动失据,影响治理效能。习近平指出:"实践是法律的基础,法律要随着实践发展而发展。转变经济发展方式,扩大社会主义民主,推进行政体制改革,保障和改善民生,加强和创新社会管理,保护生态环境,都会对立法提出新的要求。"①实践是法律的基础,法律要随着实践发展而发展。推进社会治理的法治化,必须在这些新的领域立法,填补法律真空地带,使社会治理在法治的轨道上运行,使之有法可依。

习近平概括指出,要继续推进法治领域改革,填补法律空白和盲点。"要积极推进国家安全、科技创新、公共卫生、生物安全、生态文明、防范风险、涉外法治等重要领域立法,健全国家治理急需的法律制度、满足人民日益增长的美好生活需要必备的法律制度,填补空白点、补强薄弱点。数字经济、互联网金融、人工智能、大数据、云计算等新技术新应用快速发展,催生一系列新业态新模式,但相关法律制度还存在时间差、空白区。网络犯罪已成为危害我国国家政治安全、网络安全、社会安全、经济安全等的重要风险之一。"②这些新问题,应该及早纳入立法程序,在广泛协商的基础上,形成健全有效的法律制度体系。

法治化是社会治理的最基本准则,其直接目标是规范各个行为主体的行为,使政府、市场和社会各个部门在既定的法律框架内工作。完善社会治理的法律体系,推进中国特色社会主义法治化建设进程,将使得法律真正成为人民

---

① 《习近平关于全面依法治国论述摘编》,中央文献出版社2015年版,第43页。
② 习近平:《坚定不移走中国特色社会主义法治道路　为全面建设社会主义现代化国家提供有力法治保障》,载《中国民政》2021年第6期。

权力和权利的依据,由此为人民的合法诉求提供畅通的渠道,为人们维护自己的合法权利提供有力保证。为此,要推进科学立法、民主立法,将立法置于"阳光"下,最大限度地在立法过程中体现人民意志和要求,使每一项立法都得到人民拥护,进而增强法律权威,促进法律执行落实。

二、建立健全社会治理的监督机制

做好社会治理各项制度的设计与构建,形成一系列行之有效、相互衔接、相互配合的法律制度体系,是实现社会治理的先决条件和必要条件,但却不是提高社会治理水平的充分条件。这是因为,制度的健康运行和价值实现是有条件的,既不能过分迷信制度的自发作用,认为制度不需要制度主体的努力,就可以自发实现;也不能想当然地认为,制度可以解决一切问题,只要从理论上认识到并设计出一个足够好的、先进的、优越的制度并宣布实行,这一制度就能解决所有我们希望解决的问题,产生满意的治理效果[1]。任何制度只有在运转中,在现实的实践和应用中,才能不断进化并趋于完善。健全的法制并不能在静态的设计中实现,而是需要与社会主体的心理、观念以及其他行动规则相互调适、修正,因而它是一个渐进的过程[2]。党的十九届四中全会《决定》明确要求加强对法律实施的监督,指出"保证行政权、监察权、审判权、检察权得到依法正确行使,保证公民、法人和其他组织合法权益得到切实保障"[3]。建立健全社会治理的监督机制,确保社会治理的各项法律制度真正落实到位,是社会治理法治化的基本要求和关键路径。

其一,强化社会主体守法意识和守法行为,塑造社会的法律信仰。以法治为基础的社会治理才是良好的社会治理。确保各类主体在社会治理的过程中能始终恪守法律法规,使其各项工作都在法治的轨道上进行,是社会治理顺利

---

① 参见辛鸣:《道理:中国道路中国说》,中共中央党校出版社 2011 年版,第 279 页。

② 参见张保伟:《影响中国协商民主制度化发展的几个问题》,载《南开学报》(哲学社会科学版)2020 年第 2 期。

③ 《中共中央关于坚持和完善中国特色社会主义制度 推进国家治理体系和治理能力现代化若干重大问题的决定》,载《人民日报》2019 年 11 月 6 日。

推进的重要保障。习近平指出："党既领导人民制定宪法法律,也领导人民执行宪法法律,做到党领导立法、保证执法、带头守法。"①领导干部虽然在数量上是少数,但却是关键少数,在社会治理的各环节都发挥着关键作用,对于全社会具有示范作用。领导干部应该是依法治国的领头雁、排头兵,也应该是全社会守法的表率和模范。强化社会主体的守法意识和守法行为,首先要重视领导干部法律思维的培养,提升其运用法治方式的能力,将法治思维和法治方式的运用能力内化为自己的政治人格、法律素养、从政素质和领导能力。政府是执法主体,执法领域存在的有法不依、执法不严、违法不究甚至以权压法、权钱交易、徇私枉法等突出问题,不仅使得老百姓深恶痛绝,还会直接带来公众对于法律的怀疑,甚至失望,破坏了法律的权威性。其结果是人民群众不遵守既定的法律法规,而总是寻求法治之外的路径解决问题。因此,要提高全社会法律意识,政府应带头做到有法必依、执法必严,做法律法规的捍卫者。最后,还要让社会治理各主体都应该尊崇法的精神,在处理社会事务的各个环节中依照法律规定进行,严格依法办事,有问题依靠法律来解决,真正地尊法、信法、守法、用法、护法。

其二,切实保障各类主体的合法权益。法律的意义不仅在于惩罚,凸显底线规范,更重要的是权益维护,促进公平正义。党的十九届四中全会明确要求"保证公民、法人和其他组织合法权益得到切实保障"。任何人都应该尊重他人的合法权益。任何公民以及国家机关、团体、社会组织、企业事业单位都不得妨碍他人合法权益的享有。任何主体对他人的合法权益构成侵犯的,都要依法排除妨碍,要承担应有的法律责任。法律面前人人平等原则的首要要求就是任何公民或者组织都必须平等守法。对于任何公民或者组织的合法权益都应当予以平等保护。法定的执法机关、司法机关也是合法权益的维护机构,应当担当起维护相应主体合法权益的职责。在执法、司法活动中,公务人员应是非分明、惩恶扬善,通过法律程序让合法权益得到有效保护,让侵权者承担

---

① 《坚持严格执法公正司法深化改革　促进社会公平正义保障人民安居乐业》,载《人民日报》2014年1月9日。

应有的法律后果、承担应有的法律责任、受到应有的法律制裁。

其三,实现监督机构的法定职能。法律的价值在于公平正义,法律的生命在于实施,如果有了法律而不实施,或者实施不力,搞得有法不依、执法不严、违法不究,那制定再多法律也无济于事。而法律正确实施的动力来自有效的监督。国家监察机关担负着重要的法律监督职责。人民检察院是我国宪法确认的国家法律监督机关。充分发挥这些监督机构的法定职能,依法对所有行使公权力的公职人员进行监察,开展廉政建设和反腐败工作,维护宪法和法律的尊严。这种外在的强制将会在极大程度上推进法治成为社会信仰,推进法治文化建设水平。"让人民群众在每一个司法案件中都感受到公平正义","回应人民群众对司法公正公开的关注和期待"。①

其四,增强法律法规的权威性。法律法规的权威性首先来自法律自身的合法性与合理性。习近平指出:"要完善立法工作机制和程序,扩大公民有序参与,充分听取各方面意见,使法律准确反映经济社会发展要求,更好协调利益关系,发挥立法的引领和推动作用。"②在社会治理的过程中,首先要最大限度地在立法过程中体现人民意志和要求,以人民利益为出发点和落脚点,使每一项立法都得到人民拥护,进而增强法律权威,促进法律执行落实。其次,要在全社会牢固树立宪法和法律权威,更加注重发挥法治在国家治理和社会管理中的重要作用。有了完善的法律法规体系,还必须使其得到人们的普遍认同和普遍遵守,成为社会行动的边界和依据,成为人们的信仰,引导社会治理的顺利进行。为此,要"引导群众遇事找法、解决问题靠法,逐步改变社会上那种遇事不是找法而是找人的现象",使大家都相信,"只要是合理合法的诉求,就能通过法律程序得到合理合法的结果"。③ 最后,法律的权威依赖于有效的法律实践。必要的惩罚是法律威慑力的体现,是法律国家强制力的现实

---

① 《依法治国依法执政依法行政共同推进　法治国家法治政府法治社会一体建设》,载《人民日报》2013 年 2 月 25 日。

② 《依法治国依法执政依法行政共同推进　法治国家法治政府法治社会一体建设》,载《人民日报》2013 年 2 月 25 日。

③ 《十八大以来重要文献选编》(上),中央文献出版社 2014 年版,第 722 页。

化。惩罚是违法犯罪行为的可信的威胁,是法律法规意志的彰显,直接发挥着维护公平正义,保障人民群众合法权益的基本作用。形成人们不愿违法、不能违法、不敢违法的法治环境,做到有权必有责、用权受监督、违法必追究,有效地惩罚违法犯罪,是确立法律权威、推进社会治理法治化的重要举措。

必须看到,推进社会治理的法治化是一个多因素参与塑造的动态开放的过程,具有高度的复杂性和不确定性。法治的维系和运行,既需要各主体自身的认同和努力,也离不开多层次监督机制的外在约束,从而使其真正得以实践和持续运行。

第五节　科技支撑

构建社会治理共同体,不仅需要构建相对完善的治理体系,还要在动态开放的情境中把握这一治理体系的实际运行;不仅要正确把握社会治理共同体的价值诉求,还要在社会治理的具体实践中予以实现。现代社会被称为知识社会、科技社会,科学技术作为第一生产力所带来的物质生产力的极大发展,不仅为社会治理提供了更为坚实的物质条件,使人民群众享受到更为充分的公共服务,也使越来越多的人从直接生产劳动中解放出来,有了更多的自由和空闲,使得人人参与社会治理具有了可能性。同时,科学技术还为社会交往提供了更为便利的空间和基础。"技术的合理性本质上不是导致统治的合理性,而是导致社会政治民主化。"[1]以互联网、人工智能、大数据为核心的新兴技术的形成与发展,使社会治理层次和水平得到提升,使治理过程更加优化、更加科学、更加智慧。

马克思主义政党高度重视科学技术在推动人类社会文明进程中的作用,强调人类在认识世界和改变世界的理论和实践中遵守科学精神和理性精神的重要性和必要性。习近平多次强调指出社会治理的科学性。在 2014 年中央

---

[1]　陈学明、黄力之、吴新文:《中国为什么还需要马克思主义》,天津人民出版社 2013 年版,第 9 页。

政法工作会议上,他指出:"社会治理是一门科学,管得太死,一潭死水不行;管得太松,波涛汹涌也不行。要讲究辩证法,处理好活力和秩序的关系。"①在参加十二届全国人大二次会议上海代表团审议时的讲话中,习近平又指出,"社会治理是一门科学,要着力提高干部素质,把培养一批专家型的城市管理干部作为重要任务,用科学态度、先进理念、专业知识去建设和管理城市"②。在2015年春节前夕赴陕西看望慰问广大干部群众时,习近平指出:"社区工作是一门学问,要积极探索创新,通过多种形式延伸管理链条,提高服务水平。"在这个意义上可以说,科学技术对于社会治理的支撑作用首先体现为科学精神和理性精神。

科学探索过程中形成的以实事求是、开拓创新、诚实守信、求真务实等为内核的科学精神,与社会治理所必须的实事求是、求真务实、真抓实干、创新管理等要求本质上具有一致性,科学精神为我们正确理解和认识社会治理提供了理性基础。科学精神是由科学性质所决定并贯穿于科学活动之中的基本的精神状态和思维方式,是体现在科学知识中的思想或理念。但这种精神并不是科学探索活动的专属,而是广泛地适用于社会实践的思维方式和方法。梁启超把科学精神解读为"教人求得有系统之真智识的方法",并指出,"所有政治学、经济学、社会学,等等,只要够得上一门学问的。没有不是科学。我们若不拿科学精神去研究,便做哪一门子学问也做不成"③。英国学者梅尔茨指出,"尽管事实上生活常规是个迥异于科学方法的过程,但我们还得承认,科学精神很大程度上弥漫于今天的业务之中"④。在更为宽泛的意义上,科学精神是人类认识自然和社会、适应自然和社会的理想追求、价值准则和行为规范的体现。这使得科学精神在社会治理过程中发挥着重要的作用。

---

① 《习近平关于全面依法治国论述摘编》,中央文献出版社2015年版,第125页。

② 习近平:《推进上海自贸区建设 加强和创新特大城市社会治理》,载《人民日报》2014年3月6日。

③ 《梁启超谈修身》,百花洲文艺出版社2019年版,第145页。

④ [英]约翰·西奥多·梅尔茨:《十九世纪欧洲思想史》第2卷,周昌忠译,商务印书馆2016年版,第434页。

科学精神是一种理性思维，它崇尚真知、尊重事实和证据，尊重客观规律。普及和弘扬科学精神，在社会和管理领域消除主观主义和盲从、迷信，引导人们遵从正确的做事方法，以实事求是的态度和科学有效的手段解决问题，可以增强社会治理预见性、精准性、实效性。社会发展有着不以人的意志为转移的规律。如果缺乏科学精神、不尊重客观规律，再好的愿望也可能走向反面。在进行社会治理过程中，人们很容易从主观意愿出发，陷入先验论，持有政治浪漫主义思维，比如，偏爱从道德人心去诊断和求解社会问题，相信有可以解决任何社会问题的万灵药方，企图一劳永逸地解决所有问题。这种政治浪漫主义思维是缺乏科学素养的表现，不可能真正解决问题，甚至会带来危险的后果。摆脱这种政治浪漫主义的思维，必须遵循科学精神的指导，尊重客观规律，并随时准备修正自己的错误[1]。

科学思维还可以为加强和创新社会治理提供正确的思维方式。科技既是执行政策的方式，也是制定政策的工具，还是理解政策的基础。"没有互联网思维、数字化思维，就无法理解今天的数字政府以及数字政府背后的治理含义；公众与政策制定者之间对于科技理解的分歧，也是今天治理问题的症结所在。"[2]社会治理是一种事实与价值相统一的辩证实践过程，其涉及的主体多元，领域极其广泛，深受科学技术及其思维方式的深刻影响。建构新型社会治理体系，既需要运用哲学的辩证思维来抓关键、找重点，进行整体性和过程性把握，深化对社会运行规律和治理规律的认识，也需要秉持严谨的求知态度，运用科学的思维方式认识事物，真正把握事实情况，提出有针对性的解决问题的方案、指导行为。

习近平强调，要"善于运用先进的理念、科学的态度、专业的方法、精细的标准提升社会治理效能，增强社会治理整体性和协同性，提高预测预警预防各

---

①　参见冯仕政：《中国道路与社会治理现代化》，载《社会科学》2020 年第 7 期。

②　张成岗：《走向"智治"时代　以科技创新推动社会治理现代化》，载《国家治理》2020 年第 14 期。

类风险能力,增强社会治理预见性、精准性、高效性"①。实现这种社会治理的要求,不仅要坚持科学精神,以科学的态度看待问题、评价问题,用科学的方法推进工作、勇于创新,还必须善于利用科学技术手段,将社会治理融入现代科学技术体系,回应社会需求,提升治理实效。

在具体技术层面上,科学技术的运用对于社会治理积极作用,表现在如下几个方面:

其一,实现信息共享。当前中国社会治理的情境极其复杂,不仅社会治理的各项议题具有高度复杂性,具有多元复合和动态生成的特点,而且包括政府、企业、社会组织、公众、专家等在内的多元治理主体之间,也存在利益、价值、认知的异质性,获取和判断信息的能力及方式上的差异性。因此,构建社会治理共同体,必然伴随着各类社会治理主体之间快速、海量的信息生产和流动。如果这些信息分散存储于各个职能部门,形成一个个"信息孤岛",那么既降低了治理的成效,也会导致治理的风险性。为此,构建数据和信息共享的云平台,可以让公众更加了解世情和国情,塑造充分知情的公民,还将促进公众之间的相互联系和相互沟通,推动公众共享的知识和体验。进而,这种信息共享有利于人们建立基本的信任,推进彼此之间的更加深入的理解和互动,极大降低协商成本,增加信息的生产效率,还可以使具有相同信息需求的网民聚在一起,由此整合社会治理资源,克服治理碎片化。

其二,建构合作平台。构建社会治理共同体的一个重要前提是各类社会主体参与社会治理实践的"共同在场"。事实上,任何治理行动都具有现实的局限性,在特定的时间和空间条件下并借助于一定的手段来进行。治理主体因受制于信息、距离、机会、时间、渠道等因素,而难以实现全过程、全方位的治理参与。这直接影响着公众参与治理的积极性。在互联网时代,"互联网+"拓宽了社会治理的渠道,突破了时间和空间的限制,能够从更深层次、更广领域促进政府与民众之间的互动。"互联网思维"的核心内容之一是"互联互通

① 《习近平谈治国理政》第2卷,外文出版社2017年版,第386页。

共享共治"。互联网具有扁平化、交互式、快捷性的优势,它革新了资源的组织方式,畅通了沟通渠道,有利于不同层级、地域、系统、部门之间的合作。互联网作为社会信息的集散地,作为民众利益表达和诉求的重要渠道,日益成为信息交流、观点碰撞的主渠道,成为亿万人民群众共同的精神家园。从虚拟社区到现实生活,互联网正在发挥着越来越大的作用和影响,其社会动员功能和相互影响的能力日益增强。近年来,通过互联网集聚正能量,应对灾害、事故等突发性事件,已经屡见不鲜。总之,建立在"互联网+"基础上的社会治理具有一种去中心化的趋势,有助于重构政府、市场、社会甚至公民之间的治理关系模式。

其三,提高治理效能。大数据技术可以准确分析海量的社会信息,从中识别出真实的社会问题和需求,由此增进决策的科学性、系统性和全局性。同时,移动互联网、大数据、物联网、云计算和人工智能等与社会治理的深度融合,可以将治理活动置于社会公众的监督之下,使其实现社会治理各环节和全过程的监督和评价,增进社会治理的有效性。基于这些技术形式的交往互动,既打破了物理时空的局限,无限缩短了人与人之间的沟通距离,也降低了沟通的成本,在世界范围内实现了更加便捷的交流,弥补了治理主体在认知、记忆等方面存在的不足,由此提升了社会治理活动的效率和效果,增加了治理主体的可及性。这些新兴的科学技术日益成为共建共治共享社会治理体系的重要载体。

其四,提供主体参与新形式。以大数据、互联网为基础的现代新兴技术成果,具有深刻的即时性、互动性和对称性特征,优化了传统技术条件下人与人之间对话体验,为人们超越时空的交往活动提供了重要条件。"基于互联网构建的电子政务平台具有广泛性、便捷性、多向传播等特点,是凝聚社会共识的有效平台。电子政务平台能够大大提升社会治理主体之间互动的速度和频度,使不同领域的社会治理主体方便快捷地进行交流协商,有利于社会共识的快速形成与不断增进。"①这也为公众参与提供了新形式,即数据参与。"数据

---

① 孙叶青:《以新科技支撑社会治理共同体建设》,载《人民日报》2020年3月16日。

参与"是指公民将移动客户端等电子设备运用到政治参与的过程中。这种参与方式不但可以克服政治参与的各种不便利,只需要一部移动终端的信息化操作就可以完成政治参与的整个过程,而且设备所提供的数据分析和处理功能,"还可以为参与者提供个性化的服务,提升参与者的参与感和积极性,克服带有一定区隔的'主体间性'"。① 通过数据参与,公民可以及时、便捷地对政府工作提出更多的要求,获取政府发布的信息,与政府人员进行有效沟通。而大数据平台对公民意愿和参与行为的采集和分析,也可以使公民的表达和参与能够获得更为全面和科学的对待,进而实现政府、公民和其他参与者之间的有效互动。

总之,现代科学技术正日益深刻地影响和塑造着社会。进入 21 世纪以来,"科学技术从来没有像今天这样深刻影响着国家前途命运,从来没有像今天这样深刻影响着人民生活福祉"②。习近平指出:"互联网深刻改变人类交往方式,社会观念、社会心理、社会行为发生深刻变化。"③在一定意义上,"未来已来,只是尚未流行"④。人们越来越深刻地感受到,包括互联网、大数据、人工智能、云计算等在内的新兴技术,不但已经走进社会生活,产生了广泛的影响,还将继续拓展,深刻改变人类生产生活的方式和思维模式,重构人类经济、政治、社会、生活的形态。伴随着这些技术的广泛运用,"社会正达到一个新的临界点,虚拟与现实的边界进一步被拉近"⑤。这种复杂的科技在使得传统的管理体系捉襟见肘的同时,也日益深刻地塑造着社会主体的思想意识和价值观念,为社会治理的内涵、体系、方式及能力带来创造性变革。⑥ 对此,习近平强调指出:"随着互联网特别是移动互联网发展,社会治理模式正在从单

---

① 高奇琦:《人工智能:驯服赛维坦》,上海交通大学出版社 2018 年版,第 174—175 页。
② 《习近平谈治国理政》第 3 卷,外文出版社 2020 年版,第 245—246 页。
③ 习近平:《在经济社会领域专家座谈会上的讲话》,人民出版社 2020 年版,第 8—9 页。
④ 张意轩、尚丹:《"人工智能+"时代来了吗》,载《人民日报》2018 年 1 月 29 日。
⑤ 车品觉:《数据的本质》,北京联合出版社 2017 年版,第 17 页。
⑥ 参见张成岗:《走向"智治"时代 以科技创新推动社会治理现代化》,载《国家治理》2020 年第 2 期。

向管理转向双向互动,从线下转向线上线下融合,从单纯的政府监管向更加注重社会协同治理转变。"①科学技术对于社会治理所产生的影响是深刻的、系统性的。因此,"我们要深刻认识互联网在国家管理和社会治理中的作用,以推行电子政务、建设新型智慧城市等为抓手,要强化互联网思维,利用互联网扁平化、交互式、快捷性优势,推进政府决策科学化、社会治理精准化、公共服务高效化,用信息化手段更好感知社会态势、畅通沟通渠道、辅助决策施政"②。这既是对科学技术发展及其贡献的高度肯定,也是对构建社会治理体系的科技支撑体系的准确把握。科学技术所导致的社会变化以及与之相应的社会治理理念和实践的变化,既需要用科学的思维方式去看待,也离不开科学技术维度的支撑和推动。

需要指出的是,科学技术是对传统社会治理方式的一种补充、完善、优化与创新,而非简单的替代或否定。易言之,一方面,要充分认识到科学技术在社会治理过程中的支撑作用,自觉运用科技优化社会治理结构,提升治理效能;另一方面,也必须充分认识到技术治理所带来的负面效应与衍生问题,克服对于技术治理的路径依赖,避免将科学技术的使用极端化和教条化,平衡好社会治理共同体的价值理性与技术治理的工具理性。事实上,科学技术作为一种治理工具与治理手段,其本身并不必然具备自主性与潜在风险,其风险来自技术使用背后的治理主体意志与制度安排的约束效度。这意味着,政府不仅要关注技术治理本身所带来的红利,更要意识到潜在的社会性问题,承担人工智能等技术治理所造成的负面效应,维护社会稳定。中国共产党始终坚持人民主体、为人民谋幸福的初心和使命,为科技支撑体系的构建与运行提供了价值定位和目标依据。习近平指出,"要适应人民期待和需求,加快信息化服务普及,降低应用成本,为老百姓提供用得上、用得起、用得好的信息服务,让亿万人民在共享互联网发展成果上有更多获得感"③。李克强在 2016 年《政

---

① 《习近平关于全面依法治国论述摘编》,中央文献出版社 2015 年版,第 134 页。
② 《习近平关于全面依法治国论述摘编》,中央文献出版社 2015 年版,第 134—135 页。
③ 习近平:《在网络安全和信息化工作座谈会上的讲话》,人民出版社 2016 年版,第 5 页。

府工作报告》中也指出："大力推行'互联网+政务服务',实现部门间数据共享,让居民和企业少跑腿、好办事、不添堵。简除烦苛,禁察非法,使人民群众有更平等的机会和更大的创造空间。"①这些对于科技运用的要求和期待,都呈现出强烈的价值诉求,即充分发挥科技之善、以科技"致"善,使科技为共同体所用,为人民群众所共享,成为社会治理体系的有效支撑,不断提高公共服务的可及性和均等化水平,满足和回应人民群众美好生活的需要。建立在这一价值理性基础上的科学技术运用,可以使其置于公共理性的驾驭和规范之下,从而在很大程度上规避科学技术的风险,避免其异化。

第六节　党委领导

一、坚持党的领导是核心

中国特色社会主义最本质的特征是中国共产党的领导,中国特色社会主义制度的最大优势是中国共产党的领导。在中国特色社会治理格局中,坚持党的领导是核心和支柱。构建新时代中国的社会治理体系,既适应于新时代中国的社会发展,又是对广大人民群众美好生活需要的回应,还是基于马克思主义基本原理的社会认知和建构。在这一过程中,中国共产党的领导作用,突出地表现在"以人民为中心"的执政理念上:既将广大人民群众的根本利益与诉求作为执政的第一要务,纳入各个不同阶段的党的文件以及相应的制度安排,又将这种反思性的认知凝结为统一的精神和意志,引导各类社会主体凝聚共识、通力合作、协同共治,以便最大限度地实现社会公共利益。

从内容上讲,党的领导首先是一种政治和组织的领导。1978 年,在全国科学大会开幕式上,邓小平指出:"党委的领导,主要是政治上的领导,保证正

---

①　《十二届全国人大四次会议政府工作报告辅导读本两会政府工作报告辅导读本》,人民出版社、中国言实出版社 2016 年版,第 21 页。

确的政治方向,保证党的路线、方针、政策的贯彻,调动各个方面的积极性。"①但"正确的政治路线要靠正确的组织路线来保证"②。党的组织领导是党对政治路线的逻辑延伸和必然结果。只要我们直面这样一个经验事实:"在中国这样的大国,要把几亿人口的思想和力量统一起来建设社会主义,没有一个由具有高度觉悟性、纪律性和自我牺牲精神的党员组成的能够真正代表和团结人民群众的党,没有这样一个党的统一领导,是不可能设想的,那就只会四分五裂,一事无成"③,就很容易接受和承认共产党领导的合理性。而中国共产党的统一领导在国家和社会各层次、各领域、各方面的展开,构成了党的领导的全部内容。

马克思主义政党是为了人民的政党,马克思主义政权是为了人民的政权。这是党的十九大报告之所以做出"全党务必牢记,为什么人的问题,是检验一个政党、一个政权性质的试金石"之重大论述的根本原因。中国共产党是最广大人民根本利益的忠实代表,人民对美好生活的向往,就是共产党人的奋斗目标。在这个意义上,党的领导的实质就是帮助人民群众正确认识自己的利益,并团结起来为自己的利益而奋斗。这就要求把党的领导落实到一切工作当中去,贯穿到经济社会各个领域改革发展的全过程和每个环节。习近平指出:在国家治理体系的大棋局中,党中央是坐镇中军帐的"帅",车马炮各展其长,一盘棋大局分明,党委具有总揽全局,协调各方的领导核心作用。"党是领导一切的。"④党的领导是政治领导、思想领导和组织领导的有机统一。在这个意义上,党的领导是一种全面的领导,是对一切工作的领导。

坚持党的领导,必须不断改善党的领导,让党的领导更加适应实践、时代、人民的要求。"问题是党要善于领导;要不断地改善领导,才能加强领导。"⑤

---

① 《邓小平文选》第 2 卷,人民出版社 1994 年版,第 98 页。
② 《邓小平文选》第 3 卷,人民出版社 1993 年版,第 380 页。
③ 《邓小平文选》第 2 卷,人民出版社 1994 年版,第 341—342 页。
④ 习近平:《中国共产党领导是中国特色社会主义最本质的特征》,载《求是》2020 年第 14 期。
⑤ 《邓小平文选》第 2 卷,人民出版社 1994 年版,第 342 页。

在党的坚强领导下,中国特色社会主义事业建设取得了巨大成就,如何将这一伟大实践继续推向前进,既需要坚持马克思主义的指导,更需要深入中国社会发展实际,获取对这一事业规律性的认识。这就需要党根据具体情况,适时推进理论创新。从毛泽东思想、邓小平理论、"三个代表"重要思想、科学发展观,到习近平新时代中国特色社会主义思想的提出,无不是党和人民群众实践智慧的结晶和理论创新的成果。这些成果既一脉相承,也相互补充,逐步深化,为中国特色社会主义各项事业的发展提供了战略层面的指导和方向。各级党委作为党的方针路线的实施者,其对这些创新成果的正确把握和实践运用,是"中国之治"成败的关键。伴随着中国社会转型进入深水区、敏感区和攻坚区,社会治理面临着日益复杂的环境和条件,社会治理的过程及其成效均存在着高度的不确定性和复杂性,人民群众对社会治理的要求和期望日益提升。在这种情况下,各级党委既要强化治理的制度、程序和规则建设,从而提供社会治理的合理规范,使社会治理主体的实践有迹可循、有序推进,更要"不忘初心和使命",及时把握社会治理中可能存在的偏差和偏离并予以纠正。这是因为,差之毫厘,谬以千里,治理过程中的方针路线的微小偏差,将会通过政府和社会各类主体构成的复杂网络的放大而产生意料之外的影响,导致社会建设的低质低效甚至方向性偏差。在这个意义上,习近平强调领导干部的"四个意识",其重要性就在于时刻保持这种思想观念的统一性,规避可能出现的偏差。由各级党委所构成的党委系统,将作为社会治理的信念和价值系统,为社会治理提供凝聚力和方向感。正如习近平所讲,"只有全党思想和意志统一了,才能统一全国各族人民思想和意志,才能形成推进改革的强大合力","坚持把完善和发展中国特色社会主义制度,推进国家治理体系和治理能力现代化作为全面深化改革的总目标"。①

改善党的领导,更重要的是党的建设,坚持全面从严治党。"打铁还需自

---

① 《习近平谈治国理政》,外文出版社 2014 年版,第 90 页。

身硬"。党领导一切的权力,是通过各级党委具体行使的。这种权力运用中的腐败,会使党的领导失去合法性,失去民心和执政根基。习近平在庆祝中国共产党成立95周年大会上强调:"全党要以自我革命的政治勇气,着力解决党自身存在的突出问题,不断增强党自我净化、自我完善、自我革新、自我提高能力,经受'四大考验'、克服'四种危险',确保党始终成为中国特色社会主义事业的坚强领导核心。"①党的十九大报告也指出:"全面加强党的领导和党的建设,坚决改变管党治党宽松软状况""不断增强党的政治领导力、思想引领力、群众组织力、社会号召力,确保我们党永葆旺盛生命力和强大战斗力。"②这种自我审查、自我革命、自我修复和纠错的能力和意愿,是共产党领导合法性的主体保证。

坚持党的领导,要充分发挥党在社会治理制度创新中的作用。坚持和发展马克思主义,"以人民为中心"不断推进社会治理和社会建设,是中国共产党的初心和使命。中国社会治理坚持人民立场、坚守以人民为中心的治理理念,首先就要坚持党的领导方针路线不走偏,将党章的立场、精神、原则和规定融入社会治理的制度设计和制度创新,推进社会治理体系的现代化,进而在具体实践中转化为治理效能。与此同时,还要坚持党的群众路线不动摇,在尊重群众首创精神的基础上,及时总结社会治理实践所获的经验和教训并上升为制度。由此将党的领导落实在治理制度的各个环节。

坚持党的领导,要把中国共产党改造社会、服务社会的理念贯穿于社会治理全过程。人人有责、人人尽责、人人享有的社会治理共同体,既是社会治理的主体,也是社会治理的客体。它是由这些参与其中的各类社会主体展开的治理行动,也是一种预期达成的治理状态。这里的"人人"不仅是指单个社会成员,也包括共同组成社会的其他组织、单位、机构及团体等,无论是社会组织还是政府机构,都作为社会成员构成社会治理共同体。在极端个人主义的理

①　习近平:《在庆祝中国共产党成立95周年大会上的讲话》,人民出版社2016年版,第22—23页。

②　《习近平谈治国理政》第3卷,外文出版社2020年版,第6、13页。

念支配下,每个人都只顾及自己的利益而不考虑对他人的影响,社会就只能成为一个个相互隔离的个体和小群体的简单集合。即使拥有了治理主体的权利和资格,也只是局限于主体自身利益,而有意无意地忽略公共利益。如有学者所言,"如果主体性只是单个个人、个体主体的独立性、自主性和自由,每个人都成了绝对化的主体,相互间不能有适当的联系和结合,那么社会就会离散"①。事实上,社会作为"人们交互活动的产物"②,作为"个体的活动所借以实现的必然形式"③,其内容和形式都只能是社会交往实践的结果。治理实践是其理念、制度和行动综合作用的结果。一方面,主体的理念来自社会交往实践,另一方面,人们已经确立的理念将直接影响和塑造人的行动。在社会治理和社会建设过程中,党委居于领导地位,这种领导的核心是一种党的理念的贯彻和执行。中国共产党对于社会治理中人民利益至高无上、改革发展成果公平惠及全体人民、不断增加人民群众的获得感、满意感和幸福感等理念一以贯之的贯彻和实施,将会引领和塑造新时代中国社会治理的过程和机制,使其真正展现中国特色,实现共建共治共享。

二、打造共建共治共享的新格局

1. 确立并发挥党在社会治理体系中的核心作用

打造共建共治共享的社会治理格局,其实质就是以共建共治共享为目标和理念,引导各种治理主体形成富有效能的互动治理格局。其中,党委具有领导核心作用。

社会治理共同体的一个应然要求是政府、市场和社会各种主体都成为真正的治理主体,被赋予平等的地位,但是,在具体的社会治理实践中,社会治理的诸多参与主体之间并不一定具有平等的作用和影响。事实上,共同体之所

① 郭湛等:《公共性哲学——人的共同体的发展》,中国社会科学出版社 2019 年版,第59 页。
② 《马克思恩格斯选集》第4卷,人民出版社 2012 年版,第408 页。
③ 《马克思恩格斯选集》第4卷,人民出版社 2012 年版,第409 页。

以成其为共同体,也不只是每个个体自发行动的集成,而往往有一个顶层设计或者整体规划者。这些规划者必须能够代表社会成员的根本利益,具有统筹全局、整体谋划的能力和意愿。换言之,他能够作为共同体的代表,具有以共同体"观"共同体的眼光和胸怀,并由此在共同体的运行过程中扮演着权威的领导者角色。与西方治理理论对国家和社会关系的理解不同,政党在中国的社会治理体系中具有尤其重要的作用。可以认为,共建共治共享的社会治理体系形成的实践逻辑和理论逻辑内在于中国共产党的初心和使命之中,生成于中国革命和社会建设的过程中,是对中国近百年实践经验的总结和理论创新。作为一种新时代的政治思维方式,共建共治共享的社会治理理念将使得中国特色社会主义建设更具有自觉性和主动性,也更进一步对党的领导提出了现实性的规范和要求。当今中国,构建共建共治共享的社会治理共同体,首要的是坚持党的领导,更为重要的是使得党作为社会共同体的真实代表而实现其统领全局的作用。

2. 坚持党的初心和使命,为社会治理共同体灌注价值目标

社会治理需要有效激发社会各主体的能动性和主体性。社会是全体人民的社会,也就是每个人的社会。社会建设的美好前景是一个动态开放的过程,建设美好社会,满足人民对美好生活的期待和向往,是中国共产党的初心和使命。中国共产党的初心"就是要牢记全心全意为人民服务的根本宗旨,以坚定的理想信念坚守初心,牢记人民对美好生活的向往就是我们的奋斗目标"①。社会治理新格局的构建是一个动态开放的复杂过程,必然会面临着一些困难和风险,甚至可能会付出努力却达不成预期目标。推进社会建设,人人有责,完善社会治理,人人尽责,每一个主体的活动都构成了社会治理格局的鲜活要素。构建社会治理共同体,需要一种"功成不必在我,建功必定有我"的使命认同与"为而不恃"的胸怀和气度。这是个体发展和社会有序的过程,也是个体价值和公共价值有机融合的过程。在这一过程中,"每个人的自由

---

① 习近平:《在"不忘初心、牢记使命"主题教育工作会议上的讲话》,人民出版社 2019 年版,第 6 页。

发展是一切人的自由发展的条件"①。多元主体之间的相互助推,既是相互成就的前提,也是其合乎逻辑的结果。可以说,社会治理是一种基于公共价值的治理过程,贯彻其中的,是党的初心和使命,是人民至上、人民当家作主的价值理念。党的领导提供了这种公共价值的原点和策动力。党的十八大以来,中国共产党围绕着社会治理提出了一系列新思想新观点,为构建全民共建共治共享的社会治理格局提供了根本遵循,奠定了坚实的基础。也只有如此,才能使具有高度复杂性的背景中进行着的社会治理克服一切困难,实现最终目标。因此,构建共建共治共享的社会治理新格局,必须坚持党的领导,以党的初心和使命为社会治理立定目标,聚心凝气,引领航线。

3. 推进共建共治共享的社会治理制度化

加强和创新社会治理,制度和机制都是非常重要的。社会治理主体互动的发生及其相关制度运行的原则也是非常重要的。这是因为,每一类治理主体都有其局限性,既不具有完全理性和公共性的视角,也不具有解决问题所需要的全部知识、信息和行动能力,因此可能存在超越边界或缺位的问题。从社会治理的实践层面看,治理主体的行动受既有社会结构的限制和驱动,尤其是文化和制度的塑造和规范。"共建共治共享"作为一种具有中国特色的治理理念和价值诉求,比一般的治理理论更强调跨越不同主体的权利和责任的边界,强化了利益的公共性和同一性。但是,作为"现实的个人",社会治理共同体成员之间的利益、价值和认知的差异性仍是现实存在的。不仅如此,创造共建共治共享的社会治理格局,需要进一步推动政府和社会既有关系的深刻改变,形成二者的良性互动关系。各个治理主体也要以共同的目标结合在一起,共同推进社会治理不断向前。在此过程中,必然要求推动共建共治共享的社会治理理念的制度化,构建与之相应的制度体系,以此规范和约束各主体的治理行动,打造共建共治共享的社会治理格局。

在规制性层面上,社会治理的制度化是将共建共治共享的理念表达为某

---

① 《马克思恩格斯文集》第2卷,人民出版社2009年版,第53页。

种具有强制性的法律或正式制度。以国家力量为保障,由权威性机构来执行,强制性地要求社会成员合法合理地参与社会建设,以顺应国家和社会大局发展的要求。打造共建共治共享的社会治理体系,必须从法律和制度的层面上承认社会组织和公众作为治理主体的地位,赋予其相应的权利、责任和义务,为其在教育、就业、医疗、卫生、社保等社会服务中发挥作用创造条件与空间,提供必要支持和保障。要确保其成为克服和应对"政府部门利益化、权力部门化以及权力寻租化"的有效力量,具有承接政府职能、与政府合作的资本和能力。

在规范性层面上,社会治理的制度化是确立和落实共建共治共享的价值观和社会规范的过程。这些规范将作为一种社会义务或者对共同价值的承诺而发挥作用。依托于公共利益和公共服务,民众能够相信这种共享的价值标准,逐渐会接受共建共治共享的规范作为一种道德指引的权威性。进一步说,共建共治共享应当成为每个组织、每个个人的道德自觉和价值认同。为此,要进一步完善社会规范体系,推进行业规范、社会组织章程、村规民约、社会公约建设,形成健全的权责利意识和组织规则,围绕社会治理的各环节和全过程,形成合理的管理制度、运作程序,推动各类社会主体积极参与社会建设,服务社会,促进各方的共建共治共享。

在文化—认知性层面上,社会治理的制度化是要将共建共治共享作为一种主导性的认知框架,影响和塑造人们对社会治理实践及其意义的理解,形成特定的社会秩序或文化模式。要塑造以共建共治共享理念为核心的文化形式,塑造社会各方合作共赢、互利共生的认知框架和社会愿景,使人人有责、人人尽责、人人共享成为社会的信仰和自觉选择。

在理想状态下,真正的制度化不仅需要国家强制力的维护,还需要有主体的行为习惯、深层的观念保障。进而是一种高度的制度化、法律化状态。① 各种不同层面的制度最终形成了一套为人们所遵循和认同的制度体系,从而将

---

① 参见浦兴祖:《中华人民共和国政治制度》,上海人民出版社 2005 年版,第 6 页。

人们的社会行为纳入明确的制度轨道,维系和保障着共建共治共享的社会治理体系。

党的十九届四中全会《决定》明确提出"坚持和完善共建共治共享的社会治理制度"。这是一项涉及全局性、整体性的工作。从制度化的过程来看,推进社会治理现代化,要坚持顶层设计和社会自主相结合,既要总结社会治理发展规律,通过自上而下的途径推进制度建设,也要总结全国各地在实践中积累的成功经验,及时将可复制的地方经验纳入国家政策体系中。在这一过程中,必须坚持党的领导,发挥党统揽全局、协调各方的作用,才能破除固有障碍,推进共建共治共享理念的制度化。

4. 构建党委领导下政府、社会和市场相融合的治理结构

社会治理格局不仅是静态的建构,更是动态的实践过程。它必须面对动态开放、不断变化的外界环境,做出适应性行动,适应新的需求。只有在这种持续不断的实践中,社会治理格局才能得到建构和完善。

社会治理是社会建设的重大任务,也是国家治理的重要内容。与西方建基于公民社会和市场经济高度发展基础上的治理模式不同,中国的社会治理面临着社会发育不够充分、经济建设相对不足,并因此与政府治理和市场治理融为一体,相互影响,难以清晰界分的问题。这既是"先天不足"也是"后天优势"。如果说西方的社会治理理论奉行的是"社会中心主义","理性经济人"的社会自我治理是其基本的理论逻辑,那么,中国特色的社会治理则是指在执政党的领导下,吸收政府、企事业单位、社会组织、社区以及个人等多方面社会治理主体,共同治理社会①。由此观之,构建共建共治共享的社会治理格局,首先就要求政府、社会和企业等主体治理功能的实现和完善。"就整体而言,它们将共同完成社会的各种任务。但就自身而言,它们将各自完成一种任务,并视之为它们的唯一任务。"②在整体的治理架构中,个体可以是脆弱的,但

① 参见王浦劬:《国家治理、政府治理和社会治理的基本含义及其相互关系辨析》,载《社会学评论》2014 年第 3 期。

② 〔美〕彼得·德鲁克:《知识社会》,赵巍译,机械工业出版社 2021 年版,第 96 页。

系统必须是强健而有韧性的,能够在变动不居的复杂环境中,有效应对各种突发事件和不确定性的冲击。中国社会治理的核心就是通过多元主体的相互配合、共同行动,创造一个让人民过上美好生活的社会。事实上,任何一项社会事业,如医疗事业、教育事业等,其"治理结构不是简单的政府或市场的问题,而是政府、市场、社会三种治理机制共同发力的结果"①。一个完善的社会治理格局的中心目标就在于将政府、社会、企业等主体的相对脆弱且具有较多风险的单一治理力量,汇合成一种相互支撑、互为依托的整体性治理结构。

　　总而言之,构建中国特色社会治理的基本路径是"党领导人民有效治理社会"。中国特色社会主义步入新时代,社会治理具有议题的复杂性、生成的动态性和涉及主体的广泛性,绝大多数事情都与公众的切身利益直接相关,还会面临着一些社会矛盾和冲突,因此具有高度敏感性和复杂性。社会治理的制度规范的形成也具有高度复杂性,不能奢望一蹴而就。在有些情况下,治理行动也可能达不到预期的结果,甚至导致一定的治理风险。如果缺乏坚定的信念和正确的观念引导,就极有可能出现实践意志的飘摇,进而偏离甚至于抛弃社会治理的根本目标,重新走上社会管理的老路。"我们共产党人的根本,就是对马克思主义的信仰,对共产主义和社会主义的信念,对党和人民的忠诚。"②在中国的社会治理体系中,党领导全体人民进行社会治理和社会建设,既不是党和政府放弃自己的权力和责任,也不是以党和政府代替人民进行治理,更不是对治理各个环节进行审查和控制,而是引导人民并且为了人民而进行治理。中国共产党既有坚持一切以人民为中心的初心和使命感,也有践行使命所必须的强大的动员力、向心力和凝聚力,可以将这种价值和信仰有机地融入社会治理的全过程和各环节,从而实现党的领导,人民当家作主和依法治国的有机统一。在这种意义上可以说,党的领导为各类主体的治理自身行动

---

　　①　罗家德、曾丰又:《复杂治理:个人和组织的进化法则》,中信出版社 2020 年版,前言 XI。
　　②　《时时铭记事事坚持处处上心　以严和实的精神做好各项工作》,载《人民日报》2015 年 9 月 13 日。

提供了依据和基础,由此形成政府治理、市场治理与社会治理的共融局面,并在这种自治和共治的融通中推进共建共治共享,最终形成具有中国特色的社会治理新格局。

主要参考文献

《马克思恩格斯全集》第 1 卷, 人民出版社 1995 年版。

《马克思恩格斯全集》第 2 卷, 人民出版社 1957 年版。

《马克思恩格斯全集》第 3 卷, 人民出版社 2002 年版。

《马克思恩格斯文集》第 1—10 卷, 人民出版社 2009 年版。

《马克思恩格斯选集》第 4 卷, 人民出版社 2012 年版。

《毛泽东选集》第 2 卷, 人民出版社 2006 年版。

《毛泽东选集》第 3 卷, 人民出版社 2006 年版。

《邓小平文选》第 2 卷, 人民出版社 1994 年版。

《邓小平文选》第 3 卷, 人民出版社 1994 年版。

《习近平谈治国理政》第 1、2、3 卷, 外文出版社 2018、2017、2020 年版。

《论坚持全面深化改革》, 中央文献出版社 2018 年版。

《习近平关于社会主义社会建设论述摘编》, 中央文献出版社 2017 年版。

《习近平新时代中国特色社会主义思想学习纲要》, 学习出版社、人民出版社 2019 年版。

《习近平总书记系列讲话读本》(2016 年版), 学习出版社、人民出版社 2016 年版。

《党的建设大事记》, 党建读物出版社 2018 年版。

《十八大以来重要文献选编》(上), 中央文献出版社 2014 年版。

《十八大以来重要文献选编》(中), 中央文献出版社 2016 年版。

《习近平关于全面建成小康社会论述摘编》, 中央文献出版社 2016 年版。

《习近平关于依法治国论述摘编》, 中央文献出版社 2015 年版。

《习近平扶贫论述摘编》, 中央文献出版社 2018 年版。

《中国共产党第十八届中央委员会第四次全体会议文件汇编》, 人民出版社 2014 年版。

《十二届全国人大四次会议政府工作报告辅导读本两会政府工作报告辅导读本 2016 版》, 人民出版社、中国言实出版社 2016 年版。

[英]安东尼·吉登斯:《资本主义与现代社会理论——对马克思、涂尔干和韦伯著作的分析》, 郭忠华、潘华凌译, 上海译文出版社 2013 年版。

[加]C.B.麦克弗森:《占有性个人主义的政治理论:从霍布斯到洛克》,张传玺译,浙江大学出版社 2018 年版。

[英]亚当·斯密:《国民财富的性质和原因的研究》上卷,郭大力、王亚南译,商务印书馆 1972 年版。

[英]亚当·斯密:《国民财富的性质和原因的研究》下卷,郭大力、王亚南译,商务印书馆 1974 年版。

[法]涂尔干:《社会分工论》,渠东泽译,生活·读书·新知三联书店 2000 年版。

[美]约翰·麦克里兰:《西方政治思想史》(下册),彭淮栋译,人民出版社 2010 年版。

[德]黑格尔:《法哲学原理》,范扬、张企泰译,商务印书馆 2007 年版版。

[法]托马斯·皮凯蒂:《21 世纪资本论》中信出版社,巴曙松等译,2014 年版。

[英]克里斯托弗·皮尔森:《新市场社会主义/对社会主义命运和前提的探索》,姜辉译,东方出版社 1999 年版。

[英]G.A.科恩:《为什么不要社会主义?》,段忠桥译,人民出版社 2011 年版。

[英]罗纳德·哈里·科斯、王宁:《变革中国——市场经济的中国之路》,徐尧、李哲民译,中信出版社 2013 年版。

[英]卡尔·波兰尼:《巨变——当代政治与经济的起源》,黄树民译,社会科学文献出版社 2013 年版。

[美]詹姆斯·博曼:《公共协商:多元主义、复杂性与民主》,黄相怀译,中央编译出版社 2006 年版。

[英]R.A.W.罗兹:《理解治理:政策网络、治理、反思与问责》,丁煌、丁方达译,中国人民大学出版社 2020 年版。

[意]安东尼奥·葛兰西:《狱中札记》,曹雷雨等译,河南大学出版社 2016 年版。

[美]艾丽斯·M.杨:《包容与民主》,彭斌、刘明译,江苏人民出版社 2013 年版。

[德]哈贝马斯:《公共领域的结构转型》,曹卫东等译,学林出版社 1999 年版。

[美]托克维尔:《论美国的民主》(下卷),董果良译,商务印书馆 1991 年版。

[美]莱斯特·M.萨拉蒙等:《全球公民社会——非营利部门视界》,贾西津、魏玉等译,社会科学文献出版社 2007 年版。

[英]戴维·赫尔德:《民主的模式》,燕继荣等译,中央编译出版社 1998 年版。

[美]萨瓦斯:《民营化与公私部门的伙伴关系》,周志忍等译,中国人民大学出版社 2002 年版。

[美]西奥多·夏兹金、[美]卡琳·诺尔·赛蒂纳、[德]埃克·冯·萨维尼:《当代理论的实践转向》,柯文、石诚译,苏州大学出版社 2010 年版。

[美]邓穗欣:《制度分析与公共治理》,张铁钦、张印琦译,复旦大学出版社 2019 年版。

[美]兰德尔·柯林斯、迈克尔·马可夫斯基:《发现社会——西方社会学思想评述》,李霞译,商务出版社 2014 年版。

〔法〕皮埃尔·卡蓝默:《破碎的民主——试论治理革命》,高凌翰译,三联书店2005年版。

〔美〕世界观察研究所:《可持续发展的治理》,谢来辉等译,中国社会科学出版社2016年版。

〔英〕加雷斯·戴尔:《卡尔·波兰尼:市场的限度》,焦兵译,中国社会科学出版社2016年版。

〔美〕戴维·约翰·法默尔:《公共行政的语言——官僚制、现代性和后现代性》,吴琼译,中国人民大学出版社2009年版。

〔英〕奥斯本:《新公共治理?——公共治理理论和实践方面的新观点》,包国宪、赵晓军译,科学出版社2016年版。

〔日〕佐佐木毅、〔韩〕金泰昌:《21世纪公共哲学的展望》,卞崇道、王青、刁榴译,人民出版社2008年版。

〔美〕盖伊·彼得斯:《政府未来的治理模式》,吴爱明、夏宏图译,中国人民大学出版社2001年版。

〔美〕托马斯·索维尔:《经济学的思维方式》,陈宇译,四川人民出版社2018年版。

〔美〕彼得·德鲁克:《知识社会》,赵巍译,机械工业出版社2021年版。

〔美〕全钟燮:《公共行政的社会建构:解释与批判》,孙柏瑛等译,北京大学出版社2008年版。

〔美〕菲利普·J.库珀等:《二十一世纪的公共行政:挑战与改革》,王巧玲、李文钊译,中国人民大学出版社2006年版。

〔美〕理查德·C.博克斯:《公民治理:引领21世纪的美国社区》,中国人民大学出版社2014年版。

〔英〕卡罗尔·哈洛、理查德·罗林斯:《法律与行政》上卷,杨伟东等译,商务印书馆2004年版。

〔美〕乔治·弗雷德里克森:《公共行政的精神》,中国人民大学出版社2003年版。

〔美〕约翰·克莱顿·托马斯:《公共决策中的公民参与》,中国人民大学出版社2012年版。

〔美〕文森特·奥斯特罗姆:《民主的意义及民主制度的脆弱性——回应托克维尔的挑战》,李梅译,陕西人民出版社2011年版。

〔英〕保罗·霍普:《个人主义时代之共同体重建》,沈毅译,浙江大学出版社2010年版。

王浦劬、臧雷振编译:《治理理论与实践:经典议题研究新解》,中央编译出版社2017年版。

俞可平等:《中国的治理变迁:1978—2018》,社会科学文献出版社2018年版。

顾海良编:《经典与当代——马克思主义政治经济学与现时代》上册,经济科学出版社

2019 年版。

陈晏清主编:《当代中国社会转型论》,山西教育出版社 1998 年版。

王新生:《市民社会论》,广西人民出版社 2003 年版。

王新生:《马克思政治哲学研究》,科学出版社 2018 年版。

王南湜:《从领域合一到领域分离》,山西教育出版社 1998 年版。

王南湜等编:《哲学视野中的社会政治生活》,天津人民出版社 2007 年版。

聂锦芳主编:《重读马克思:文本及其思想》第 9 卷,中国人民大学出版社 2018 年版。

若缺:《社会系统学的基本原理》,湖北科学技术出版社 2012 年版。

袁木、白克明等编著:《迈向 21 世纪的行动纲领——学习党的十四大报告》,新华出版社 1992 年版。

崔翔:《中国共产党在社会治理体制创新中的功能研究》,中国经济出版社 2018 年版。

魏礼群主编:《中国社会治理通论》,北京师范大学出版社 2019 年版。

宋瑞芝主编:《中西方社会管理体系生成基础的比较研究》,商务印书馆 2019 年版。

彭光灿:《公民社会视域下的中国社会管理创新研究》,知识产权出版社 2016 年版。

郭湛等:《公共性哲学——人的共同体的发展》,中国社会科学出版社 2019 年版。

王伟光:《利益论》,中国社会科学出版社 2010 年版。

王伟光:《社会矛盾论:我国社会主义现阶段阶级、阶层和利益群体的分析》,中国社会科学出版社 2011 年版。

张静:《社会治理——组织、观念与方法》,商务印书馆 2019 年版。

王名等:《中国社会组织:1978—2018:社会共治:正在生成的未来》,社会科学文献出版社 2018 年。

王名主编:《中国民间组织 30 年:走向公民社会》,社会科学文献出版社 2008 年版。

李德顺:《新价值论》,云南人民出版社 2004 年版。

广东省社会科学院编:《长治久安:在营造共建共享共治社会治理格局上走在全国前列》,广东人民出版社 2018 年版。

雷晓康、马子博:《中国社会治理十讲》,中国社会科学出版社 2019 年版。

马长山:《国家、市民社会与法治》,商务印书馆 2002 年版。

康晓强:《社会建构的逻辑:中国社会组织发展论纲》,中国政法大学出版社 2017 年版。

黄晓勇主编:《中国社会组织报告·2019》,社会科学文献出版社 2019 年版。

黄晓勇主编:《中国社会组织报告·2020》,社会科学文献出版社 2020 年版。

张志杰:《中国公民社会研究》,沈阳出版社 2015 年版。

曾红颖:《创新社会治理:行动者的逻辑》,社会科学文献出版社 2019 年版。

王沪宁主编:《政治的逻辑:马克思主义政治学原理》,上海人民出版社 2004 年版。

鲁可荣:《农村社会组织建设与农村基层社会治理创新——基于浙江实践的研究》,山东人民出版社 2015 年版。

罗昕、支庭荣主编：《中国网络社会治理研究报告 2019》，社会科学文献出版社 2019 年版。

徐彬主编：《社会管理学十讲》，安徽师范大学出版社 2015 年版。

龚维斌：《社会管理与社会建设》，国家行政学院出版社 2011 年版。

陆学艺主编：《当代中国社会结构研究报告·4》，社会科学文献出版社 2018 年版。

顾海良、张雷声：《社会建设》，湖南教育出版社 2014 年版。

孙玉霞：《公共经济学视阈的财税改革问题探究》，光明日报出版社 2016 年版。

周沛、易艳阳、周进萍：《社会保障概论》，武汉大学出版社 2010 年版。

周瑾平：《社会治理的哲学话语》，社会科学文献出版社 2020 年版。

阎孟伟：《诚信中国》，江苏人民出版社 2019 年版。

张国清：《社会治理研究》，浙江教育出版社 2013 年版。

林尚立、赵宇峰：《中国协商民主的逻辑》，上海人民出版社 2015 年版。

林尚立：《协商民主：中国的创造与实践》，重庆出版社 2014 年版。

本书编写组：《基层协商民主典型案例选编》，人民出版社 2015 年版。

黄晓春、张东苏：《十字路口的中国社会组织——政策选择与发展路径》，上海人民出版社 2015 年版。

何显明、吴兴智编：《大转型：开放社会秩序的生成逻辑》，学林出版社 2012 年版。

韩美群、龚先庆主编：《依法治国与以德治国相结合下的社会主义核心价值观与国家治理现代化》，武汉大学出版社 2019 年版。

本书编委会：《锐词》，现代出版社 2017 年版。

郭金云：《社会组织发展与社区协同共治》，中国社会出版社 2018 年版。

郑永年：《保卫社会》，浙江人民出版社 2016 年版。

陈继勇、荣仕星：《21 世纪中国现实问题研究报告》，中央民族大学出版社 2003 年版。

沈亚平：《服务型政府及其建设路经研究》，天津人民出版社 2017 年版。

张康之：《启蒙，再启蒙》，江苏人民出版社 2020 年版。

江治强：《民政转型发展研究》，中国社会出版社 2017 年版。

许哲：《自媒体话语权研究》，知识产权出版社 2018 年版。

陶富源、王平：《中国特色协商民主论》，安徽师范大学出版社 2011 年版。

杨雄、李煜主编：《社会学理论前沿》，上海社会科学院出版社 2016 年版。

范如国：《制度演化的复杂性理论》，武汉大学出版社 2019 年版。

敖带芽：《政治参与与公共治理》，广东经济出版社 2017 年版。

中国政法大学法治政府研究院编：《中国法治政府发展报告·2017》，社会科学文献出版社 2018 年版。

中国政法大学法治政府研究院编：《中国法治政府评估报告 2020》，社会科学文献出版社 2020 年版。

辛鸣：《道理：中国道路中国说》，中共中央党校出版社 2011 年版。

陈学明、黄力之、吴新文：《中国为什么还需要马克思主义》，天津人民出版社 2013 年版。

《梁启超谈修身》，百花洲文艺出版社 2019 年版。

高奇琦：《人工智能：驯服赛维坦》，上海交通大学出版社 2018 年版。

车品觉：《数据的本质》，北京联合出版社 2017 年版。

浦兴祖：《中华人民共和国政治制度》，上海人民出版社 2005 年版。

罗家德、曾丰又：《复杂治理：个人和组织的进化法则》，中信出版社 2020 年版。

The Oxford Handbook of Governance, edited by David Levi-Faur, Oxford University Press, 2012.

MatthiasFreise and Thorsten Hallmann edited, *Modernizing Democracy：Associations and Associating in the 21st Century*, Springer, 2014.

Klein A., Adloff F., *Civil Society Theory：Marx*, In：List R. A., Anheier H. K., Toepler S.（eds）International Encyclopedia of Civil Society. Springer, Cham, 2021.

陈晏清、王新生：《市场经济社会中的个人权利与公共伦理》，载《伦理学研究》2002 年第 2 期。

李淑梅：《以人民为中心发展思想的具体全面性及其践行路径》，载《理论视野》2020 年第 2 期。

李德顺：《论民主与法治不可分——"法治中国"的几个基本理念之辩》，载《中共中央党校学报》2017 年第 1 期。

李景源：《依道治国是习近平治国理政的精髓》，载《山西大学学报》（哲学社会科学版）2021 年第 2 期。

阎孟伟：《马克思主义政治哲学在中国的兴起与发展》，载《教学与研究》2019 年第 10 期。

阎孟伟：《社会协商与社会治理》，载《南开学报》（哲学社会科学版）2015 年第 5 期。

虞崇胜：《民生与民主：满足人民美好生活需要的双重杠杆》，载《中国党政干部论坛》2019 年第 11 期。

李静：《社会转型期稳定问题历史回溯与当代审视》，载《青海社会科学》2012 年第 6 期。

高尚全：《改革：中国特色社会主义的伟大实践——中国改革 40 年的回顾和思考》，载《全球化》2017 年第 9 期。

张琦：《公益性领域不能依靠市场机制吗——对一个颇有影响的观点析》，载《北京日报》2015 年 11 月 23 日。

龚维斌：《加强和创新基层社会治理》，载《理论导报》2020 年第 9 期。

赵黎：《政党整合型社会治理：后疫情时代社会治理的中国范式》，载《中国农村观察》

2020 年第 6 期。

李洋:《西方治理理论的缺陷与马克思治理思想的超越》,载《哲学研究》2020 年第 7 期。

乔耀章:《全面社会治理的主客体辨析及具新社会革命之特质》,载《河南社会科学》2020 年第 9 期。

佟德志:《当代西方治理理论的源流与趋势》,载《人民论坛》2014 年第 14 期。

杨光斌:《发现真实的"社会":反思西方治理理论的本体论假设》,载《中国社会科学评价》2019 年第 3 期。

俞可平:《中国公民社会:概念、分类与制度环境》,载《中国社会科学》2006 年第 1 期。

康晓强:《群众团体与人民团体、社会团体》,载《社会主义研究》2016 年第 1 期。

康晓强:《社会组织一定促进协商民主吗？——对国外文献的评述和批判性考察》,载《马克思主义与现实》2018 年第 1 期。

雷勇:《西欧中世纪的城市自治——西方法治传统形成因素的社会学分析》,载《现代法学》2006 年第 1 期。

王臻荣:《治理结构的演变:政府、市场与民间组织的主体间关系分析》,载《中国行政管理》2014 年第 11 期。

曾永和:《当下中国社会组织的发展困境与制度重建》,载《求是学刊》2013 年第 3 期。

王宝治、李克非:《公共治理视角下弱势群体话语权的保护》,载《河北大学学报》(哲学社会科学版)2015 年第 2 期。

徐家良:《疫情防控中社会组织的优势与作用——以北京市社会组织为例》,载《人民论坛》2020 年第 23 期。

叶林:《"陌生人"城市社会背景下的枢纽型组织发展》,载《中国行政管理》2013 年第 11 期。

教育部中国特色社会主义理论体系研究中心:《协商民主的根在基层》,载《求是》2016 年第 1 期。

梁立新:《社会组织介入协商民主的价值体现及其实现路径》,载《学术交流》2016 年第 2 期。

赵宇新:《探索中国特色社会组织的科学内涵》,载《毛泽东邓小平理论研究》2017 年第 2 期。

邢元敏:《协商民主与群众路线》,载《求是》2014 年第 10 期。

张维真、李荣亮、白燕妮:《天津市基层协商民主现状与分析——以宝坻区基层协商民主实践为例》,载《求知》2017 年第 5 期。

张等文、陈佳:《中国基层协商民主的实践困境与解策略》,载《理论与现代化》2015 年第 4 期。

何明升:《中国网络治理的定位及现实路径》,载《中国社会科学》2016 年第 7 期。

刘斌、程亮:《网络社会组织培育与监管研究》,载《社团管理研究》2011 年第 10 期。

熊光清:《中国网络社团兴起的影响:国家与社会关系的视角》,载《南京社会科学》2009 年第 11 期。

伍俊斌:《网络协商民主的契合、限度与路径分析》,载《马克思主义研究》2015 年第 3 期。

张文宏:《网络社群的组织特征及其社会影响》,载《江苏行政学院学报》2011 年第 4 期。

王欣悦:《从社会治理视角看网络"无组织"的组织力量——以新冠病毒肺炎疫情为例》,载《东南传播》2020 年第 6 期。

陆学艺:《关于社会建设的理论和实践》,载《理论前沿》2008 年第 11 期。

郑杭生:《关于和谐社会建设的几个问题》,载《江苏社会科学》2005 年第 5 期。

郑杭生:《抓住改善民生不放 推进和谐社会构建——从社会学视角领会十七大报告的有关精神》,载《广东社会科学》2008 年第 1 期。

郑杭生:《社会建设和社会管理研究与中国社会学使命》,载《社会学研究》2011 年第 4 期。

魏礼群:《加快推进以改善民生为重点的社会建设》,载《求是》2007 年第 22 期。

梁鸿、徐进:《社会事业、公共财政投入与经济增长:一个内生框架》,载《东南学术》2008 年第 3 期。

谢立中:《"社会建设"的含义与内容辨析》,载《北京大学学报》(哲学社会科学版)2015 年第 3 期。

朱士群、张杰华、包先康:《从社会管理到社会治理:动力、逻辑和制度发展》,载《学术界》2015 年第 3 期。

杨宜勇、黄燕芬:《十八大以来中国社会建设的新思路、新成就》,载《社会学研究》2017 年第 6 期。

李培林:《社会治理与社会体制改革》,载《国家行政学院学报》2014 年第 4 期。

宋国恺:《论社会治理是社会建设的重要方略——兼论"社会建设就是建设社会现代化"》,载《探索》2018 年第 1 期。

李友梅:《党的人民观:破解"中国之治"的社会密码》,载《文汇报》2021 年 6 月 27 日。

夬平清:《福利社会建设与社会治理——兼论社会政策研究的理论自觉》,载《教学与研究》2015 年第 11 期。

丁素:《社会建设的中国成就》,载《河南日报》2018 年 11 月 13 日。

郁建兴、关爽:《从社会管控到社会治理——当代中国国家与社会关系的新进展》,载《探索与争鸣》2014 年第 12 期。

刘志洪:《美好生活须有美好需要》,载《光明日报》2020 年 10 月 19 日。

张成福:《意识的转化与内在革命——关于我们时代公共行政大问题的对话》,载《中国行政管理》2019 年第 10 期。

田毅鹏：《转型期中国社会原子化动向及其对社会工作的挑战》，载《社会科学》2009 年第 7 期。

郭道久、杨鹏飞：《国家与社会协同："社会治理共同体"的一种理解》，载《中国治理评论》2020 年第 2 期。

王德福：《社会治理共同体：新理念新在何处?》，载《半月谈》2019 年第 11 期。

陈朋：《社会治理重在"社会"》，载《学习时报》2019 年 4 月 10 日。

林尚立：《社会协商与社会建设：以区分社会管理与社会治理为分析视角》，载《高校社会科学》2013 年第 4 期。

蓝军：《发挥社会组织在协商民主中的重要作用》，载《学会》2018 年第 3 期。

谈火生、于晓虹：《社会组织协商的内涵、特点和类型》，载《学海》2016 年第 2 期。

黄建洪：《自主性管理：创新社会管理的引导性议题》，载《社会科学》2012 年第 10 期。

陈霞：《社会自主性的三种提升路径》，载《北京理工大学学报》(社会科学版)2018 年第 5 期。

叶险明：《中国政治体制改革的前提性批判：一种马克思主义政治哲学的视角》，载《哲学研究》2014 年第 11 期。

曾琰：《超越"结构性自主"：中国社会组织发展的"内在性自主"导向及启示》，载《中南大学学报(社会科学版)》2017 年第 6 期。

金太军、赵军锋：《群体性事件发生机理的生态分析》，载《山东大学学报》2011 年第 5 期。

金太军、鹿斌：《治理转型中的社会自主性：缘起、困境与回归》，载《江苏社会科学》2017 年第 1 期。

肖瑛：《法人团体：一种"总体的社会组织"的想象——涂尔干的社会团结思想研究》，载《社会》2008 年第 2 期。

李忠汉：《论社会建设、社会治理与法治社会的逻辑关系》，载《高校马克思主义理论研究》2017 年第 3 期。

马克林：《论我国社会治理中的公共性困境及其超越》，载《甘肃社会科学》2020 年第 1 期。

刘旭：《社会治理构成及法治保障》，载《北京交通大学学报》(社会科学版)2015 年第 2 期。

徐汉明、张新平：《提高社会治理法治化水平》，《人民日报》2015 年 11 月 23 日。

张保伟：《影响中国协商民主制度化发展的几个问题》，载《南开学报》(哲学社会科学版)2020 年第 2 期。

冯仕政：《中国道路与社会治理现代化》，载《社会科学》2020 年第 7 期。

张成岗：《走向"智治"时代 以科技创新推动社会治理现代化》，载《国家治理》2020

年第 14 期。

　　孙叶青:《以新科技支撑社会治理共同体建设》,载《人民日报》2020 年 3 月 16 日。

　　张意轩、尚丹:《"人工智能+"时代来了吗》,载《人民日报》2018 年 1 月 29 日。

　　王浦劬:《国家治理、政府治理和社会治理的基本含义及其相互关系辨析》,载《社会学评论》2014 年第 3 期。

　　[英]鲍勃·杰索普:《治理的兴起及其失败的风险:以经济发展为例的论述》,漆蕪译,载《国际社会科学杂志(中文版)》1999 年第 1 期。

　　[德]乌尔里希·贝克:《气候变化:如何创造一种绿色现代性》,温敏译,载《马克思主义与现实》2009 年第 5 期。

后　记

　　还记得 2018 年我刚刚从牛津大学访学归来,就从陈晏清先生那里获知了关于新时代政治思维方式研究丛书立项的消息。我非常荣幸地承担了关于社会治理子课题的研究任务,从一开始组建团队、收集资料、整理文献到初稿写作、研讨整合、最后统稿,经过一点一滴地梳理、积累和研究,在本书课题组成员近两年的努力下,最终使这本小书呈现在读者面前。社会治理不是一个纯粹的理论问题,而是一项需要在实践中不断向前推进的事业。对于社会治理问题的思考,存在着多种视角,本书只是从政治哲学视角做出的一种阐释。

　　本书由张保伟、刘盛威和我本人分工合作完成。绪论、第一章、第二章由我本人撰写;第三章由我和刘盛威合作撰写;第四章、第五章由张保伟撰写。全书由我本人统稿。本书即将出版,感谢他们的辛苦付出和大力支持!

　　本书在写作过程中得到了陈晏清先生高屋建瓴的指导,每当课题组成员遇到瓶颈或困惑的时候,陈先生总是及时为我们拨开迷雾,让我们在研究和写作中"畅行"。感谢新时代政治思维方式课题组的诸位师友,他(她)们不仅是我从事学术研究的榜样,而且为本课题的研究提供了灵感和许多具体的指导。还要感谢赵景来老师对本书初稿的认真审读,让我们发现了自己的不足,促使我们不断提高和完善。此外,还要感谢我可爱的学生们,她们为我提供了不少文献资料,为本书的写作提供了支持。

　　最后,感谢人民出版社的崔继新主任和所有编辑老师们,感谢他们为本书出版所做的辛勤工作!

2022 年 1 月 15 日于南开大学

责任编辑:崔继新

封面设计:林芝玉

版式设计:东昌文化

图书在版编目(CIP)数据

创造社会治理的新格局/齐艳红 等 著. —北京:人民出版社,2022.9

(新时代政治思维方式研究丛书/陈晏清主编)

ISBN 978－7－01－025013－7

Ⅰ.①创… Ⅱ.①齐… Ⅲ.①社会管理-研究-中国 Ⅳ.①D63

中国版本图书馆 CIP 数据核字(2022)第 153310 号

创造社会治理的新格局

CHUANGZAO SHEHUI ZHILI DE XIN GEJU

齐艳红 张保伟 等 著

人民出版社 出版发行

(100706 北京市东城区隆福寺街 99 号)

中煤(北京)印务有限公司印刷 新华书店经销

2022 年 9 月第 1 版 2022 年 9 月北京第 1 次印刷

开本:710 毫米×1000 毫米 1/16 印张:19

字数:266 千字

ISBN 978－7－01－025013－7 定价:88.00 元

邮购地址 100706 北京市东城区隆福寺街 99 号

人民东方图书销售中心 电话 (010)65250042 65289539